城市地理国情监测
理论与方法

罗名海　李建松　谭波　李盼盼　秦思娴　尹言军　编著

WUHAN UNIVERSITY PRESS

武汉大学出版社

图书在版编目(CIP)数据

城市地理国情监测理论与方法/罗名海等编著.—武汉:武汉大学出版社,2024.9
ISBN 978-7-307-24058-2

Ⅰ.城…　Ⅱ.罗…　Ⅲ.城市地理—监测—研究—中国　Ⅳ.K92

中国国家版本馆 CIP 数据核字(2023)第 197141 号

责任编辑:胡　艳　　责任校对:李孟潇　　整体设计:马　佳

出版发行:**武汉大学出版社**　(430072　武昌　珞珈山)
　　　　　(电子邮箱:cbs22@whu.edu.cn 网址:www.wdp.com.cn)
印刷:湖北诚齐印刷股份有限公司
开本:787×1092　1/16　印张:15　字数:343 千字　插页:1
版次:2024 年 9 月第 1 版　　2024 年 9 月第 1 次印刷
ISBN 978-7-307-24058-2　　定价:69.00 元

序

地理国情是一个国家基本国情的重要组成部分，是空间化、可视化的国情信息，是从空间角度反映一个国家自然、经济、人文的基本情况，包括国土疆域概况、地理区域特征、地形地貌特征、道路交通网络、江河湖海分布、土地利用与地表覆盖、城市布局和城镇化扩张、人口和生产力布局等，是搞好宏观调控、促进可持续发展的重要决策依据。

在国务院统一部署下，第一次全国地理国情普查于 2013 年至 2015 年完成。之后，原国家测绘地理信息局、自然资源部按年度部署了地理国情监测，包括基础性监测和专题性监测，先后组织开展了京津冀协同发展、国家级新区空间格局、全国海岸带开发利用、长江经济带、三峡库区生态空间承载力、南水北调中线工程水源保护地、洞庭湖生态经济区、城市地区地理国情监测和武汉市大数据城市空间格局变化监测试点等一系列跨流域、跨省域的地理国情监测和分析评价研究。武汉市联合武汉大学等多家单位，发挥"产学研"结合的优势，聚焦城市高质量协调发展主题，融合地理国情数据、社会经济统计数据和人口流动大数据，开展了区域联系、空间格局、开发园区、综合交通、公共服务和生态环境等一系列跨学科的综合分析评价研究。这些工作拓展了测绘地理信息的服务领域，为全面掌握国情国力、促进资源环境保护和经济社会可持续发展发挥了重要支撑作用。

《城市地理国情监测理论与方法》一书由武汉市测绘研究院和武汉大学相关同志在长期生产实践和教学科研基础上总结提炼、编写完成，内容包括地理国情监测的内容与指标、数据获取与处理、统计分析常用方法、分析评价理论方法等，对从事相关工作的科研技术人员及相关专业学生具有较好的借鉴意义和参考价值。作为地理国情监测工作的倡导者，我很高兴看到此书的出版，希望作者继续努力，持续深化理论研究，拓展实践领域，为推动测绘事业发展而不懈努力。

当前，我国正处于数字经济蓬勃发展时期，面临着资源环境压力上升、人口和城镇化拐点显现、新旧动能转换等重大挑战。希望测绘行业主动作为，积极建设"通导遥"一体化的智能卫星体系，实现对地观测的跨越式发展，将时空信息和人工智能、大数据、物联网深度融合，加快智慧城市建设，赋能新质生产力，促进经济社会转型升级发展。也希望调查监测工作与时俱进，充分利用科学技术发展的最新成果，面向重大战略需求，建立空天地一体化的监测体系，实现对自然生态环境、国土空间规划实施、经济社会发展和人类活动的全覆盖、全过程监督预警，助力生态文明建设和经济社会的高质量发展。

2024 年 9 月于武汉大学

前　言

地理国情是空间化、可视化的国情信息，反映了自然资源家底、社会经济发展和人类活动规律。城市是地理国情要素集聚、变化快、流动性强、关联复杂的地方，城市地理国情监测一方面要科学测度资源环境时空变化，动态识别流动空间特征；另一方面还需综合分析不同场景下人与土地、社会、经济、交通等多要素的耦合关系，涉及大量的理论基础和复杂的方法模型。

作为我国中部地区的超大城市，武汉市在国家统一部署下，于2013—2015年完成了全市第一次地理国情普查，2016—2020年持续开展年度监测更新和综合分析研究，以自然资源部2018年国家地理国情监测项目"武汉市大数据城市空间格局变化监测试点"为契机，构建起"地理国情+大数据"监测评价体系，开展了区域联系、空间格局、开发园区、综合交通、公共服务、生态环境(低碳城市、海绵城市、资源环境承载力)、旧城更新、乡村振兴等综合分析评价研究。在摸清"家底"、监测变化的基础上，通过数据挖掘，深刻分析社会经济发展规律，动态感知流动空间特征，拓展了地理国情的内涵和外延，形成涵盖"数据获取—统计分析—综合评价"全方位的城市地理国情监测体系。

有关成果获得30余项科技进步和优秀工程奖励，其中，国家级协会(学会)科技进步一等奖2项、二等奖3项，优秀工程金奖5项、银奖3项；省级学会(协会)科技进步特等奖2项、一等奖7项，优秀工程一等奖4项。参编2部国家标准，主编1部地方规范，获得发明专利1项和软件著作权11项。先后发布政府公报1篇、蓝皮书1部，编写政府专报2期上报市委、市政府主要领导，反映了城市发展成就与存在的问题，出版《武汉市地理国情监测与城市协调发展研究》系列专著5部，在"众规武汉"公众号发布"解构武汉"系列微信文章5篇，为促进政府科学决策、行业学术研究和公众认知城市发挥了基础公益智库作用。

有关工作多次被自然资源部网站、湖北省人民政府网站、武汉市人民政府网站和《湖北日报》《长江日报》等媒体报道。2017年9月，武汉市测绘研究院被国务院第一次地理国情普查领导小组办公室表彰为全国先进集体。在2021年3月中国新闻网、学习强国等平台发布的自然资源部宣传片《自然资源调查监测：为中国高质量发展绘制"国情地图"——960多万平方公里的征途》中做了专题报道，"武汉·动态感知"被选作典型示范。

为进一步推动全国地理国情监测的开展，编者尝试结合武汉经验，系统梳理城市地理国情监测的相关理论基础和方法模型，总结凝练成一本兼具理论性、技术性和实践性的工具书。全书分为5章，第1章介绍了地理国情的概念、普查与监测工作、融合创新发展等，由罗名海编写；第2章从基础性监测、专题性监测、大数据挖掘分析和综合分析评价四个方面，介绍了城市地理国情监测的主要内容与指标，由谭波、李盼盼和秦思娴编写；第3章从地理国情普查、基础性地理国情变化更新、专题性地理国情数据获取与处理、大数据获取与处理、数据组织与管理等方面介绍了城市地理国情监测数据获取以及处理技术路线与方法，由李盼盼、谭波和尹言军编写；第 4 章梳理了数理统计分析、空间统计分析和综合指标统计分析等城市地理国情监测常用的统计分析方法，由秦思娴编写；第 5 章从区域空间格局、城市空间格局、土地利用、社会经济、综合交通、基本公共服务和资源环境等方面，介绍了城市地理国情监测主要的分析评价理论与方法，由谭波、秦思娴和李盼盼编写。全书由罗名海统编审稿，李建松参与审稿，由谭波完成汇编，李盼盼、秦思娴完成编辑工作。

不忘初心，方得始终。从地理国情普查到"十三五"地理国情监测圆满收官，历时 8 年艰苦岁月，取得丰硕成果。本书历经 3 年编写完成，2019 年 11 月草拟提纲，书名暂定为"城市地理国情监测理论与实践"。2020 年 7—8 月确定提纲，开始分头编写，10 月底第一次汇总研讨，部分章节初具规模。2021 年 3 月底形成初稿，6 月中旬进行了第一次集中审稿，并进行了结构调整和人员调整，至 7 月初形成了完整的初稿，8 月份进行了 3 轮集中审稿和修改，将书名正式定为"城市地理国情监测理论与方法"。2022 年 5—6 月、10—11 月，根据形势发展需要，补充了自然资源相关内容。2023 年 3—7 月精简、优化了部分内容，补充、完善了指标体系，充实了地理国情普查和监测数据生产内容。2023 年 7 月底，全书定稿。路漫漫其修远兮，吾将上下而求索。编写过程是艰难而曲折的，一是从实践工作到理论总结，对编写人员来说是一次凝练提升的考验；二是在日常工作十分繁忙的情况下，完成资料收集、编写和修改，编写人员克服了许多困难，付出了艰苦卓绝的努力；三是编写期间多次受到机构、人员重大调整及政策变化的冲击，仍然坚持下来，表现出全体编写人员勇往直前的顽强意志和持之以恒的敬业精神。

本书在编写过程中，得到了武汉大学刘耀林、刘艳芳、詹庆明、肖映辉、张鹏林、陈江平、卢宾宾，同济大学钮心毅，华中师范大学罗静，武汉理工大学刘炜、徐涛，华中农业大学张安录，中国测绘科学研究院翟亮、乔庆华、孙立坚、桑会勇等，武汉市测绘研究院甄云鹏、张勇、程琦、肖琨、郝中豫、张雪、史戈、梁武卫、叶琳、秦艳华等的指导和支持，武汉大学张棋、庄静、罗园园和武汉理工大学呼宇飞等参与了资料收集等相关工作，在此一并表示衷心的感谢。由于学识有限，书中谬误之处在所难免，恳请广大读者批评指正。

"融合、创新、应用"是地理国情监测的灵魂。"十三五"期间，城市地理国情监测实现了从摸清底数到认清规律，从动态监测到数据赋能的转型升级。本书编撰完成之时正值"十四五"自然资源和国土空间监测工作开局之际，下一步地理国情监测将深度融合到自然资源"两统一"职责中，继续为助力生态文明建设和高质量发展更好地发挥基础公益智库作用。

罗名海

2024 年 9 月

目　　录

第1章 绪 论

1.1 地理国情概念

国情是一个国家文化历史传统、自然地理环境、社会经济发展状况以及国际关系等各个方面的总和，也特指一个国家某一时期的基本情况和特点。国情可以具体分为七个方面：一是自然环境和自然资源，包括国土面积、地质、地貌、地形、气候、矿产、生物、水、光、热资源等；二是社会状况，包括人口、民族、家庭、婚姻、社会犯罪及其相应对策等；三是经济发展状况，包括经济实力、经济体制、生产关系、生产力布局、对外经济关系等；四是科技教育状况，包括科技队伍、科研水平与体制、教育规模、结构与水平等；五是政治状况，包括阶级和社会阶层的划分、政党和政治团体间的关系、政治体制、政治制度、民主与法制建设等；六是文化传统，包括价值取向、伦理道德观念、宗教信仰、艺术观念及民族传统和风俗习惯等；七是国际环境和国际关系。

地理国情是空间化、可视化的国情信息，是指包括国土疆域面积、地理区域划分、地形地貌特征、道路交通网络、江河湖海分布、土地利用与土地覆盖、城市布局和城镇化扩张、生产力空间布局、灾害分布等在内的自然和人文地理要素在宏观层面的综合表达，是基本国情的重要组成部分。地理国情监测的目标是通过监测地理国情的现状和变化，统计、分析评估地理国情时空特征及发展趋势，形成权威、标准的地理国情监测产品，服务于地缘政治分析与重大国际问题应对、自然资源开发利用与生态环境保护、城乡统筹与区域协调发展、产业布局与空间优化、重大战略与重大工程实施、突发事件与应急处置、国民地理国情教育等，以提高科学决策、科学发展的水平和能力（李德仁，2012）。

李克强同志在2011年5月23日视察中国测绘创新基地时指出："地理国情是重要的基本国情，是搞好宏观调控、促进可持续发展的重要决策依据，也是建设责任政府、服务政府的重要支撑。我国正处在工业化、城镇化快速发展时期，也是地表自然和人文地理信息快速变化的时期。如何科学布局工业化、城镇化，如何统筹规划、合理利用国土发展空间，如何有效推进重大工程建设，地理国情监测至关重要。要充分利用测绘的先进技术、数据资源和人才优势，积极开展地理国情变化监测与统计分析，对重要地理要素进行动态监测，及时发布监测成果和分析报告，为科学发展提供依据。"

1.2　地理国情普查与监测

1.2.1　地理国情普查

1.2.1.1　工作部署

地理国情普查是国务院统一部署的一项重大的国情国力调查，目的是摸清地表自然和人文地理要素的空间分布、相互关系及变化规律，为全面掌握国情国力、优化发展布局、保护生态环境、提高科学管理决策水平提供重要支撑。

2013 年 2 月 28 日，国务院下发了《国务院关于开展第一次全国地理国情普查的通知》（国发〔2013〕9 号），决定于 2013 年至 2015 年开展第一次全国地理国情普查工作。2013年 6 月 8 日，成立了由张高丽同志任组长的第一次全国地理国情普查领导小组（以下简称"国普办"），办公室设在原国家测绘地理信息局。2013 年 8 月，张高丽同志在第一次全国地理国情普查电视电话会上，提出了"科学普查、依法普查、创新普查"的总体要求。

1.2.1.2　普查内容与实施

普查对象为我国陆地国土范围内的地表自然和人文地理要素。普查内容包括两个方面：一是自然地理要素的基本情况，包括地形地貌、植被覆盖、水域、荒漠与裸露地等的类别、位置、范围、面积等；二是人文地理要素的基本情况，包括与人类活动密切相关的交通网络、居民地与设施、地理单元等的类别、位置、范围等。

普查标准时点为 2015 年 6 月 30 日。普查工作分为准备与试点、初始普查与预验收、标准时点核准与验收入库、统计分析与成果发布等 4 个阶段。2013 年 1 月至 2013 年 6 月为普查工作第一阶段，主要完成国家、省、市、县 4 级动员与部署，制定普查方案和技术规程，开展试点试验和技术培训、资料收集与获取等前期准备工作。2013 年 7 月至 2015年 6 月为普查工作第二阶段，主要完成普查底图制作、数据采集与处理、外业调查与核查、数据集建设、质量检查与预验收等工作。2015 年 7 月至 2015 年 12 月为普查工作第三阶段，主要将普查成果核准更新至标准时点，完成质量检查与验收入库。2016 年 1 月以后为普查工作第四阶段，主要完成普查信息的整理、汇总、统计分析，形成普查报告，开展跨部门的协调性审查，发布普查结果。

2017 年 4 月 24 日，国务院新闻办公室举行新闻发布会，介绍第一次全国地理国情普查工作和普查公报有关情况，正式对全社会公布第一次全国地理国情普查公报。之后，各省（自治区、直辖市）发布了省级层面的普查公报，湖北省于 2017 年 10 月 26 日发布了湖北省第一次全国地理国情普查公报。

城市层面，武汉市第一次地理国情普查于 2013 年 7 月至 2015 年 12 月底完成，在完成国家任务后，开展了市情深化，在全市 13 个行政区（7 个中心城区、6 个新城区）普查数据基础上，拆分为 17 个区（7 个中心城区、4 个功能区及 6 个新城区），后又依据功能区托管其他区的政策，将实际监测区调整为 15 个区(7 个中心城区、3 个功能区及 5 个新城区)，以满足市区两级数据建库、统计分析和成果编研的要求；在省级入库基础上，开展了市级数据库和平台建设，推动市、区两级地理国情普查成果的应用；开展了基本统计、综合统计、专题研究、成果报告和图册编研等工作，深度挖掘地理国情普查成果，全面反映自然资源家底和城乡建设面貌。

武汉市第一次地理国情普查成果于 2017 年 4 月 27 日通过以原国家测绘地理信息局李维森副局长、李德仁院士为首的专家组验收。2018 年 1 月 16 日，武汉市政府专题会议审核通过并发布了武汉市第一次地理国情普查公报，成为首个正式发布的城市级普查公报。

1.2.2 地理国情监测

1.2.2.1 工作部署

普查之后是监测，地理国情监测是国家统一部署开展的年度监测工作，完成对地表覆盖和地理国情要素的年度变化更新，并结合社会经济统计数据，开展不同层面、不同专题的统计分析评价研究。

2016 年，原国家测绘地理信息局组织陕西、四川、黑龙江、海南 4 个直属测绘地理信息局和重庆测绘院试点开展全国地理国情监测，完成对普查成果的变化更新。

2017 年 4 月，十二届全国人大常委会第二十七次会议通过了新修订的《中华人民共和国测绘法》，要求依法开展地理国情监测，为地理国情监测提供了法理依据。2017 年起，地理国情监测在国家统一组织下，由各省(自治区、直辖市)分别组织完成。

2017 年 3 月和 5 月，原国家测绘地理信息局先后印发《关于下达 2017 年国家地理国情监测项目生产计划的通知》(国测国发〔2017〕4 号)、《关于全面开展地理国情监测的指导意见》(国测国发〔2017〕8 号)，对地理国情监测工作进行了全面部署。2017 年 6 月，原国家测绘地理信息局在上海召开了"城市地理国情监测工作交流会"。

2018 年 5 月，新组建的自然资源部印发《关于下达 2018 年国家地理国情监测项目生产计划和任务书的通知(自然资办发〔2018〕12 号)》，明确要求"持续全面掌握我国陆地范围内地表自然和人文地理要素的现状与变化情况，更好地为自然资源管理和生态文明建设提供地理国情信息保障服务"。

2019 年 6 月，自然资源部办公厅印发《关于开展 2019 年全国地理国情监测工作的通知(自然资办函〔2019〕986 号)》，明确指出："依据《测绘法》和'十三五'规划纲要，决定继续开展 2019 年全国地理国情监测工作。"

2020 年 7 月，自然资源部以司局函《关于印发 2020 年全国地理国情监测实施方案的函》(自然资调查函〔2020〕13 号)部署开展全国地理国情监测。

2021 年 6 月，自然资源部办公厅印发《自然资源部办公厅关于开展 2021 年自然资源监测工作的通知》(自然资办发〔2021〕38 号)、《自然资源部办公厅关于印发 2021 年全国地理国情监测实施方案和技术规定的通知》(自然资办函〔2021〕1087 号)，部署开展全国地理国情监测。

1.2.2.2 监测内容与实施

从内容体系上,地理国情监测与普查阶段相比有了很大变化,分为基础性地理国情监测(后简称"基础性监测")和专题性地理国情监测(后简称"专题性监测")两大方面。

基础性监测是对普查成果的年度变化更新,包含地表覆盖和地理国情要素等主要内容,以当年6月30日为标准时点,延续地理国情普查时期的指标体系和技术标准。基础性监测由原国家测绘地理信息局、自然资源部统一组织实施,具有统一本底、统一影像保障、统一技术标准、统一进度要求、统一质检验收等特点。

专题性监测是在基础性监测基础上,融合社会经济统计数据,开展的综合分析评价研究。2017年7月,原国家测绘地理信息局印发《专题性地理国情监测技术指南(2017—2020年)》。之后,原国家测绘地理信息局、自然资源部先后组织开展了全国层面的一系列监测评价工作,例如京津冀协同发展地理国情监测、国家级新区空间格局变化监测、全国海岸带开发利用变化监测、洞庭湖生态经济区监测、巢湖流域地理国情监测、城市地理国情监测、武汉市大数据城市空间格局变化监测试点等。

城市层面,武汉市主动谋划,于2016年7月和8月分别转发和批复了《武汉市"十三五"时期地理国情监测工作方案》(武政办〔2016〕85号,以下简称《方案》)和《武汉市基础测绘发展"十三五"规划》(武政办〔2016〕104号,以卜简称《规划》)。《方案》调整了市普查领导小组为监测领导小组,明确了全市"十三五"时期地理国情监测的工作目标、基本原则、工作组织、工作内容、职责分工和经费保障等;《规划》则将地理国情监测正式纳入其中,并作为"十三五"期间全市测绘地理信息发展的主要任务和重大项目来实施,基本达到了地理国情监测进法律、进职责、进规划、进预算的"四进"要求,走在了全国前列,为"十三五"地理国情监测工作的持续开展奠定了良好的基础。2021年7月,印发了《武汉市基础测绘"十四五"规划的批复》(武政办〔2021〕76号),自然资源监测基础性保障工作被纳入全市"十四五"基础测绘发展规划,主要任务有基础性调查、基础性监测、综合分析评价三个方面,为"十四五"地理国情和自然资源监测工作的持续开展奠定了良好的基础。

基础性监测方面,武汉市2016年自主完成了全市域普查成果的变化更新,2017年起采取"先国情、后市情"的原则,在完成国家统一要求的数据生产和质检验收基础上,开展了市情深化和市级数据库平台建设。

专题性监测方面,武汉市依据《方案》,产学研相结合,持续开展了城市空间格局变化、开发园区规划实施、综合交通网络、基本公共服务、滨江滨湖生态环境(蓝绿网工程、低碳城市建设、海绵城市建设、资源环境承载力)、区域专题监测等一系列跨学科综合研究。2016年,从无到有、创新构建起专题性监测框架和指标体系。2017年,承接完成古田老工业区改造、青山海绵试点两项国家局试点项目,扩充了规划实施评价、社区宜居评价等内容。2018年,以自然资源部下达的国家地理国情监测项目"武汉市大数据城市空间格局变化监测试点"为契机,扩充了区域城际联系、城市人口流动和职住关系等研究,构建起"地理国情+大数据"的监测评价体系。2019年,全面深化大数据研究,扩充了实际服务人口识别、大都市区多要素联系、旧城人口画像、乡村空心化等研究。2020 年，面对新冠肺炎疫情突袭，发挥大数据技术优势，分析了疫情影响风险因素，动态监测了武汉市居住和就业人口逐月恢复情况以及对外联系、内部流动的恢复情况，为疫情防控和复工复产提供了技术支撑，发挥了应急保障作用。2021 年，依据"十四五"规划，围绕自然资源保护与利用、国土空间规划实施、城市发展与治理等需求，开展了自然资源、生态价值和碳平衡格局演变等一系列综合分析评价研究。

1.3　城市地理国情监测相关理论与技术

地理国情监测是一项综合性工作，需要综合利用多种数据获取与处理技术，融合自然和人文等多种地理要素，集成多种理论方法和模型，开展跨学科、跨领域的交叉分析研究，以深入揭示各种地理要素的时空过程、相互关系和演变规律。

城市地理国情监测涉及的相关理论方法和技术如图 1-1 所示。在数据获取与处理方面，测量学、遥感科学与技术、摄影测量学、地理信息科学等相关理论，以及变化检测、激光雷达、大数据获取与处理、地名地址匹配等技术，为空间信息获取与处理提供了重要手段。

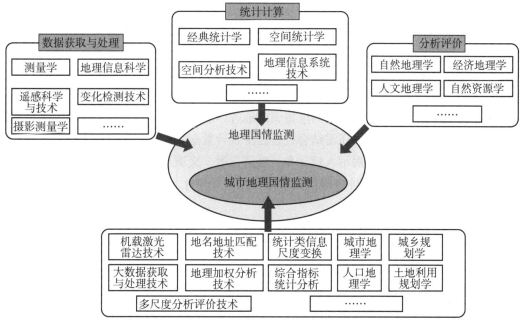

图 1-1　城市地理国情监测涉及的相关理论与技术

在统计计算方面，经典统计学、空间统计学等相关理论，以及地理信息系统、空间分析、尺度变换、地理加权分析、综合指标统计分析等技术，为城市地理国情监测提供了多种要素时空特征及相互关系测度的模型与方法。

在分析评价方面，自然资源学、自然地理学、人文地理学、经济地理学、城市地理学、城乡规划学、土地利用规划学等相关理论与技术，为城市地理国情监测成果在土地利用、社会经济、综合交通、公共服务、资源环境等多种场景应用提供了理论支撑。

1.4　城市地理国情监测的融合创新发展

1.4.1　地理国情内涵与外延的拓展

1.4.1.1　地理国情的基本内涵

地理国情是基本国情的一部分。狭义来看，是指与地理空间紧密相连的自然和人文地理要素基本情况和特征的总和。

城市地理国情监测是综合利用现代测绘技术和各时期已有测绘成果档案，对地表覆盖和地理国情要素等进行全面调查和监测，并统计分析其分布特征和差异、变化量和变化频率以及相互关系等，形成反映自然和人文地理要素的空间分布及其发展变化规律的地理国情数据、地图和报告。

1.4.1.2　地理国情+社会经济数据的融合发展

地理国情是综合国情的一部分。广义来看，是指通过地理空间位置和属性，将包括自然资源、生态环境、经济发展、社会状况、基本公共服务、城乡建设和国土空间规划等在内的各类国情进行关联与分析，从而得出能够深入揭示经济社会发展的时空演变和内在关系的综合国情。

城市是人口、经济等各类要素高度集聚的地方。城市地理国情监测在翔实反映土地利用分布、结构和变化的同时，还需结合社会经济统计数据，开展土地利用与其承载的社会经济要素的融合分析研究，揭示人口分布、经济发展、交通运行等特征和规律，研究物质空间与社会空间各类要素之间的相互关系与作用，评价土地利用的效率、城市增长的质量、经济社会发展的协调性等。

1.4.1.3　地理国情+大数据的融合创新发展

城市是人流、物流、资金流高度活跃的地方。城市地理国情监测往往受限于统计资料是基于一定统计单元(如市、区、街道或乡镇)的统计指标的局限性，无法反映统计单元上人口、经济等要素空间分布的非均质性，结论往往是宏观意义上复杂的指标体系，难以生动地反映微观环境下土地利用对应的社会经济活动，因而在实际应用上有很大的局限性，难以落地。

大数据的蓬勃发展为深化地理国情监测提供了新的契机，可以有效克服传统静态数据的局限性。大数据的核心是人，可以让我们看到微观层面上社会空间中以个体为尺度的活动、移动和交流，为开展微观环境下的社会经济研究和精细化的城市模拟提供了可能。大数据具有样本量大、动态性强、时效性高等特点，可以有效反映土地利用上人口、经济、交通等要素的动态分布、活动规律和相互联系，是对传统静态数据的有益补充，已逐渐成为研究城市问题的热点。

"地理国情+大数据"融合创新研究的宗旨就是发挥地理国情、大数据二者的优势，在翔实反映城市土地利用状况和变化的基础上，分析挖掘流空间特征和社会经济发展规律。换言之，地理国情数据是只见物、不见人，反映的是微观、静态的物理空间；大数据的核心是人，通过观察社会空间中众多的微观个体活动，可以挖掘群体性活动规律，反映微观、动态的社会空间。"地理国情+大数据"的融合研究，突破了一般统计分析宏观、静态、难以落地的局限性，将有效建立起人与地、物理空间与社会空间的关系，实现从对地观测到对人观测的转变，为开展真正意义上的社会地理计算提供新的路径。

1.4.2 地理国情监测的作用与意义

地理国情是基本国情在空间上的映射，反映了地表自然资源禀赋、经济社会发展和人类活动规律等，对促进自然资源保护和生态修复、优化国土空间开发利用具有重要的意义。

基础性监测主要对象为自然和人文地理要素，以"所见即所得"为原则，具有全覆盖、内外业、客观、真实、准确的特点。自然地理要素中，地表覆盖具有细分种植土地在耕与非在耕、城市外围"三边"(铁路、公路和河渠边)附属林草、单位院落内部林草等优势，为全面摸清山、水、林、田、湖、草等家底、动态监测生态保护和修复情况，开展"非农化、非粮化"清理提供了数据支撑。人文地理要素中，工地这一特殊地类反映了城市存量建设规模、扩张与更新方式，城镇综合功能单元反映了城市用地结构和功能布局，为全面开展城市国土空间规划实施过程和效果评价提供了技术支撑。

专题性监测是在基础性监测的基础上，融合社会经济统计数据和新兴大数据，开展的综合分析评价研究，从土地、产业、人口、交通、公共服务、生态环境等方面，综合反映城市多要素集聚的时空规律和耦合关系，从人流、资金流、信息流等方面动态识别区域联系、实有人口和内部流动特征，为人口腹地识别、跨城通勤联系、职住关系分析、乡村空心化识别、旧城人口画像分析、房屋空置率测算等提供了技术支撑。专题性监测是地理国情"数据—信息—知识"提升的桥梁，是实现"全面感知—规律认知—科学管控"的关键。

因此，城市地理国情监测就是以遥感影像为主监测地表覆盖变化，结合社会经济统计资料分析人口、产业、交通、公共服务等发展变化、空间分布及相互关系，利用新兴大数据识别城际人口联系、内部人口流动等流空间动态特征，全面揭示城市的自然资源家底、城乡建设变化和社会经济发展，对促进生态文明建设和高质量发展具有重要意义，也是测绘行业转型升级发展、打造基础公益智库的重要突破口。

第 2 章　城市地理国情监测主要内容与指标

城市地理国情监测指标包括基础性监测指标、专题性监测指标、大数据挖掘分析指标和综合分析评价指标四部分。其中，基础性监测指标以地理国情普查与监测的地表覆盖和地理国情要素为核心，反映自然资源和城乡建设情况；专题性监测指标是收集利用社会经济统计资料并空间化，反映土地、人口、产业、交通、公共服务和资源环境的总体特征和发展变化；大数据挖掘分析指标是通过大数据挖掘出群体性活动规律，识别和反映流空间特征，包括城际之间和城市内部的人流、物流、资金流和信息流；综合分析评价指标是以上述基础性监测、专题性监测和大数据挖掘分析指标为基础，通过构建多层次的指标体系，综合分析评价城市社会经济发展水平、空间差异和相互关系，以揭示城市社会经济发展的基本特征和演变规律。

2.1　基础性地理国情监测主要内容与指标

第一次全国地理国情普查内容包括地形地貌、地表覆盖、地理国情要素、地理单元等 12 个一级类（GDPJ 01—2013）。地表覆盖包括耕地、园地、林地、草地、房屋建筑（区）、铁路与道路、构筑物、人工堆掘地、荒漠与裸露地和水域 10 大类，地理国情要素包括铁路与道路、水域、构筑物、地理单元等。

2016 年，基础性地理国情监测将部分一级类归并（国地普办〔2016〕41 号），将一级类"耕地"和"园地"归并为"种植土地"，"林地"和"草地"归并为"林草覆盖"，共分 10 个一级类。2017 年起，基础性地理国情监测在延续普查阶段指标体系的基础上，增加了匝道、立交桥、饮用水水源保护区、生态保护红线、永久基本农田保护区、城镇开发边界、保障性住房建设区和收费停车场等 8 项内容（后 5 项未做统一要求）。2020 年，要求新增采集三级类"荒地草被"和"工地草被"、植被覆盖专题图层、地表水面覆盖专题图层、农作物种植样本点、多变地表覆盖图斑核查、太阳能发电场、风力发电塔等多项工作内容。2021 年，将一级类"种植土地"改为"种植植被"，"人工堆掘地"改为"堆掘地表"，要求国务院审批总体规划的城市新增采集城市地区的交通设施（轨道交通站、轨道交通出入口、交通收费站、高速公路服务区）、历史文化保护区（名城、名镇、名村、文化街区、风貌区、不可移动文物、历史建筑、传统风貌建筑、文物保护单位）、应急救灾（应急避难场所、消防机构）等城市要素内容。

在国家普查指标基础上，结合城市监测特点，武汉市增加了 1 个二级类、5 个三级类，细分了 11 个四级类，如表 2-1 所示。

表 2-1 基础性地理国情监测主要内容与指标

地表覆盖			地理国情要素		
一级类	二(三)级类	采集标准	二(三)级类	采集标准	主要属性项
种植植被	水生农作物、旱生农作物、果树(乔灌、藤本、草本)、茶树、桑树、橡胶树、苗圃、花圃、其他经济苗木	最小图斑400m²	不采集地理国情要素		
林草覆盖	乔木林(阔叶、针叶、针阔混交)、灌木林(阔叶灌木、针叶灌木、针阔混交灌木)、乔灌木混合林、竹林、疏林、绿化林地、初植树木、稀疏灌草丛、天然草被(高覆盖度、中覆盖度、低覆盖度)、人工草被(人工牧草、绿化草被、护坡灌草、其他灌草)、其他草被(荒地草被、工地草被)	最小图斑 400m²,大面积林区、草原地区最小图斑 1600m²,城镇绿化林地、绿化草被最小图斑 200m²	不采集地理国情要素		
房屋建筑(区)	多层及以上房屋建筑区(高密度、低密度)、低矮房屋建筑区(高密度、低密度)、废弃房屋建筑区、多层及以上独立房屋建筑(多层、中高层、高层、超高层)、低矮独立房屋建筑	房屋建筑区最小图斑面积 1600m²,独立房屋建筑最小图斑面积 200m²	不采集地理国情要素		

续表

一级类	地表覆盖		地理国情要素		
	二(三)级类	采集标准	二(三)级类	采集标准	主要属性项
铁路与道路	有轨和无轨道路路面	有轨道路采集铁路路基范围内的路面，无轨道路采集宽度大于3m路面	铁路、公路、城市道路、乡村道路、匝道	铁路正线，道路中心线，公路和快速路宽度大于5m，城市地区道路宽度大于3m，乡村道路采集路中心线及起点采用的非硬化道路	铁路：线路编码、名称、起点、终点、单双线、上下行方向、是否高架、建成时间；公路：全称、简称、技术等级、车道数、铺设材料、是否高架、路宽、是否高架、道路编码；城市道路：类型、编号、名称、路宽、路、是否高架、车道数，路编码
构筑物	硬化地表（广场、露天体育场、露天停车场、停机坪与跑道、硬化护坡、其他院、露天堆放物、碾压踩踏地表、其他硬化地表）、水工设施（堤坝）、城墙、大棚、温室、固化池（游泳池、污水处理池、固化池、晒盐池、其他、沙滩、工业设施、其他构筑物	硬化地表最小图斑1600m²（场院和碾压地表400m²），水工设施中宽度大于3m长度大于100m的堤坝、城墙，固化池最小图斑400m²，温室、大棚、工业设施最小图斑1600m²	水工设施（堤坝、闸、排灌泵站、溢洪道、其他水工构筑物）；交通设施（隧道、桥梁、码头、车渡、高速公路出入口、加油（气）站、充电站、立交桥、轨道交通站、轨道交通出入口、交通收费站、高速公路服务区、地下车库、地下通道、过街人行天桥）；工业设施（太阳能发电场、风力发电场）；应急避难场所	堤坝宽度大于3m，交通设施长度大于100m，交通中心线长度大于100m，按中心线采集，其他按点面采集	类型

续表

一级类	地表覆盖		地理国情要素		
	二(三)级类	采集标准	二(三)级类	采集标准	主要属性项
堆掘地表	露天采掘场(露天采石场、露天采煤、铁、铜、稀土采掘场(尾矿)、其他)、堆放物(尾矿、垃圾、其他)、拆建地表(拆迁待建工地、房屋建筑工地、道路建筑工地、其他拆建地表)、整理地表(耕地整理区、盐碱地修复治理区、挖山造地区、填海造地区、填湖造地区、其他整理地表)	最小图斑面积1600m²	堆放物(尾矿)	除尾矿堆放物以外,不采集地理国情要素;面积大于5000m²按面采集	名称、矿物类型
裸露地表	盐碱地表、泥土地表、沙质地表、砾石地表、岩石地表	最小图斑面积1600m²	不采集地理国情要素		
水域	水面、水渠	常水位水面覆盖范围,水面最小图斑面积400m²,水渠宽度大于3m	河渠(河流、水渠)、湖泊、库塘(水库、坑塘)	高水位水面范围,长度大于500m的所有时令和常年河;时令河长度大于1000m的干涸河;宽度大于3m,长度大于500m的固定水渠;湖泊、水库水面大于5000m²,坑塘大于1000m²	河渠名称、实体编码、等级、时令月份、共享河段编码、流域、平均宽度、长度、单双向;湖泊名称、实体编码、面积、平均水深、最大水深、容积、时令月份;水库名称、实体编码、库容量、水质、用途类型;坑塘名称、用途类型

续表

一级类	地表覆盖		地理国情要素		
	二(三)级类	采集标准	二(三)级类	采集标准	主要属性项
地理单元	不采集地表覆盖		行政区划与管理单元(市、区、街道或乡镇、社区或村、其他特殊行政管理区)	边界线构面，其中行政村采集定位点	名称、行政区代码
			社会经济区域单元(主体功能区、开发区、保税区、国有农、林、牧场、自然、名城、名村、文化街区(名城、名村、文化街区、风貌区、不可移动文物、历史建筑、传统风貌建筑)、自然、文化遗产、风景名胜、旅游区、文化遗产、地质公园、森林公园、行蓄滞洪区、饮用水水源保护区、生态保护红线、永久基本农田保护区、城镇开发界、高新技术产业园区、生态功能区、战略发展区域)	界线构面，其中国有农、林、牧场采集定位点	名称、等级、类型、规划面积、所在地、公告文号、说明
			自然地理单元(流域、地形分区、地貌类型单元、湿地保护区、沼泽区、集水区、地质灾害隐患区)		名称、代码、面积、类型、说明

续表

一级类	地表覆盖		地理国情要素		
	二(三)级类	采集标准	二(三)级类	采集标准	主要属性项
地理单元	不采集地表覆盖		城镇综合功能单元（居住小区，工矿企业、单位院落，行政办公、文化设施、教育科研、医疗卫生、社会福利、商业设施、商务设施、娱乐康体、公用设施营业网点、交通设施、消防机构，其他院落）、休闲娱乐景区、体育活动场所、名胜古迹、文物保护单位、宗教场所、保障性住房建设区、收费停车场	采集定位点，界线构面；居住小区、休闲娱乐企业大于5000m²，工矿企业、单位院落不限面积，体育场、名胜古迹、宗教场所大于1000m²	名称、类型、面积
			城镇发展规划单元（都市发展区、城市中心城区、城市建成区、湖泊保护界线）	采集定位点，界线构面	名称、类型、规划面积、说明
地形地貌					高程、坡度、坡向

注：表中斜体字部分为湖北省扩展细化内容，粗体字部分为武汉市扩展细化内容。

2.2　专题性地理国情监测主要内容与指标

专题性地理国情监测是在基础性地理国情监测基础上，收集社会经济统计数据并空间化，反映土地利用、人口分布、产业发展、交通运行、公共服务的总体特征、空间差异和相互关系，是开展地理国情综合分析评价研究的基础。

2.2.1　专题性地理国情监测主要内容

国家层面，2017 年 7 月，原国家测绘地理信息局印发《专题性地理国情监测技术指南（2017—2020 年）》。之后，原国家测绘地理信息局、自然资源部先后组织开展了全国层面的一系列监测评价工作。部分列入原国家测绘地理信息局、自然资源部下达计划任务范畴的重点专题性地理国情监测项目主要内容如表 2-2 所示。

表 2-2　部分重点专题性地理国情监测项目主要内容

专题名称	主要内容
京津冀协同发展	➢ 自然生态空间监测 ➢ 高等级公路和铁路交通网络监测 ➢ 重点大气颗粒物污染源空间分布监测 ➢ 城市空间格局变化监测：城市空间扩展、城市群形态及结构变化
国家级新区空间格局变化	➢ 建成区空间形态及演变分析 ➢ 地表覆盖监测分析 ➢ 建设用地空间结构分析 ➢ 产业布局与发展态势综合分析 ➢ 基础设施空间布局分析
全国海岸带开发利用变化	➢ 海岸线变迁分析：总体变迁、类型变迁、分县市变迁 ➢ 海岸线变迁驱动力和相关性分析等
洞庭湖生态经济区地理国情	➢ 湖泊水面变化、河湖采砂、水域岸线建筑物、湿地地表覆盖、围湖圈地、湖泊水体富营养化、疑似污染源等 ➢ 国土空间开发适宜性评价
巢湖流域地理国情	➢ 自然生态空间：流域范围界定、水网分布、湿地生态保护 ➢ 生态保护分析：泄洪渠淹没分析、治理效果评估
长江经济带发展战略实施	➢ 开发利用和生态修复监测：地表覆盖、农业垦殖情况、开发建设情况、疑似露天采矿挖掘及生态修复情况 ➢ 国土空间优化分析评价：城市发展空间多中心体系分析、城市发展空间空间紧凑度分析、生态保护空间完整性分析

专题名称	主要内容
三峡库区生态环境承载力及协调性	➤ 植被资源、水资源、土地资源演变 ➤ 库区生态环境分区：生态保护区、生态敏感区、生态一般区 ➤ 植被资源承载力、水资源承载力、土地资源承载力 ➤ 生态环境承载力与经济社会的协调性
地市级地理国情监测	➤ 城市空间扩展变化 ➤ 城市绿化覆盖变化及规划实施情况 ➤ 城市规划实施评估 ➤ 基本公共服务设施现状分析 ➤ 综合交通发展现状分析 ➤ 典型区域分析：海绵型城市建设实施效果、老工业区搬迁改造实施效果
武汉市大数据城市空间格局变化监测试点	➤ 区域城市格局：位序层级、节点网络、中心腹地 ➤ 城乡体系格局：总体格局、生态格局、土地利用、产业布局、人口分布、圈层出行、农业农村 ➤ 城市空间格局：土地利用、产业布局、人口分布、交通出行、公共服务、旧城更新等

城市层面，以武汉市为例，从城市空间格局变化、开发区规划实施、综合交通网络、基本公共服务、滨江滨湖生态环境(蓝网绿网工程、低碳城市建设、海绵城市建设、资源环境承载力)、区域专题监测等方面开展了一系列跨学科综合研究，主要内容如表 2-3 和图 2-1 所示。

表 2-3　武汉市专题性地理国情主要内容

专题名称	主要内容
城市空间格局变化	➤ 从总体格局、土地利用、产业布局、人口分布 4 个方面，监测主城区外延扩张和内涵增长，分析土地价值变化与住房空置率 ➤ 开展产业升级与楼宇经济发展、商业中心与势力范围分析 ➤ 识别实际服务人口(常住、就业、短期驻留、过境)，分析常住和就业人口分布特征 ➤ 从用地优化度、经济发达度和人口支持度 3 个方面开展综合分析评价
开发区规划实施	➤ 回顾国家级开发区发展历程 ➤ 从土地利用、产业结构、人口分布、公共服务 4 个方面对比分析建设现状 ➤ 从产业集聚度、集约发展度、综合配套水平和发展潜力 4 个方面开展综合分析评价 ➤ 开展职住通勤研究

专题名称		主要内容
综合交通网络		➤ 按照对外交通(铁、水、公、空)、城市内部交通(道路网络、公共交通、机动车、停车场、慢行交通系统、重大交通工程)两个层次,从静态和动态交通两个方面开展综合交通发展现状与变化评价 ➤ 分析"三站一场"到发旅客来源—中转—去向,识别对外交通和市内交通的人口疏散与汇聚廊道 ➤ 从圈层交通、通勤特征、道路压力、跨江交通、公共交通和慢行系统等方面,分析城市交通出行特征 ➤ 从交通辐射度、发达度、便捷度和绿色度 4 个方面开展综合分析评价
基本公共服务		➤ 从公共服务设施保障度、服务水平、均匀度和便捷度 4 个方面,对教育、医疗卫生、社会福利和文化体育等公共服务设施开展现状与变化监测 ➤ 识别教育、医疗等典型优质公共设施服务区 ➤ 从城市宜居综合水平、基本公共服务配置水平和社区宜居性 3 个方面开展综合分析评价 ➤ 15 分钟社区生活圈评价
资源环境	自然资源	➤ 从自然资源的成因、变迁和现状 3 个方面,定性分析地表基质、土壤、水资源、湿地资源、林草资源、矿产资源的演变成因 ➤ 从数量、分布、结构、质量 4 个角度,定量分析耕地资源、河流资源、湖泊和水库资源、湿地资源、林草资源的现状和变化影响 ➤ 定性、定量分析山水林田湖草的依存关系和农田生态系统的氮-碳转换关系 ➤ 从内在生态价值和外溢社会价值两方面开展自然资源生态价值评价 ➤ 选取山地、陆水、城乡交接关键带,分析自然资源转换关系及影响因素
	蓝网绿网工程	➤ 监测水体、山体、绿地、绿楔和绿道的现状和变化 ➤ 构建山水环境综合评价指标体系,评价全市山水环境总体状况
	低碳城市建设	➤ 在区域尺度,基于中国碳核算数据库,定量化核算大区域尺度碳排、碳汇总量,并探究碳排放影响因素 ➤ 在城市尺度碳排放方面,利用碳排放因子法,核算主要行业(包括工业、农业、交通运输、建筑施工及居民生活)碳排放总量、结构和空间变化 ➤ 在城市尺度碳汇方面,估算植被碳汇量和变化 ➤ 从低碳经济、低碳社会和低碳环境 3 个方面评价低碳城市建设成效
	海绵城市建设	➤ 提取不透水面,并分类加以修正,分析不透水面的基本面积、构成、分布、环线特征及变化规律 ➤ 估算海绵城市建设分区地表径流系数,开展对标分析

专题名称		主要内容
资源环境	资源环境承载力	➤ 在自然资源部试行技术指南基础上，根据城市特色和问题，构建城市级"双评价"指标体系 ➤ 在全市域范围内，开展土地资源、水资源、环境、生态和灾害等资源环境单项要素评价和承载能力集成评价，划定面向生态保护、农业生产和城镇开发的承载等级；在此基础上，对非建成区部分进行面向三大功能指向的适宜区划分，分析当前主要的承载潜力和冲突问题 ➤ 在主城建成区范围内，围绕土地的主要承载对象(人口、经济、建设和交通)，从承载压力和潜力进行评价，考虑承载对象差异性，将主城建设区分为城市生活空间和工业生产空间，以"现状"表"压力"，以"差距"表"潜力"；开展土地综合承载压力评价，并从人口、经济、交通方面进行成因分析
区域专题	旧城更新	➤ 回顾城市形成与发展历史，分析工业区空间更新与演变过程、长江两岸汇聚要素变化 ➤ 评价旧城更新范围内土地利用、人口分布、产业布局的变化与效应 ➤ 识别主城区现有旧城范围，从社会、空间、经济和环境4个维度开展综合分析评价 ➤ 开展旧城核心区人口画像分析
	乡村振兴	➤ 回顾乡村发展历程 ➤ 以行政村为单元，从乡村土地利用、社会发展、经济发展3个方面，开展乡村发展水平综合评价 ➤ 分析新城区人口流动特征，识别疑似空心村，并分析其空心化季节性差异
	区域格局	➤ 区域城市联系：从位序—层级、节点—网络和中心—腹地3个方面，分析武汉市的经济发展水平和中心城市定位、交通可达性与区域联系度、人口吸引力与经济辐射力 ➤ 大都市区联系：从地形地貌、空间扩张、经济社会发展、人口吸引、投资辐射、交通可达性和跨城通勤等方面，分析武汉大都市区内部各区县发展差异和联系

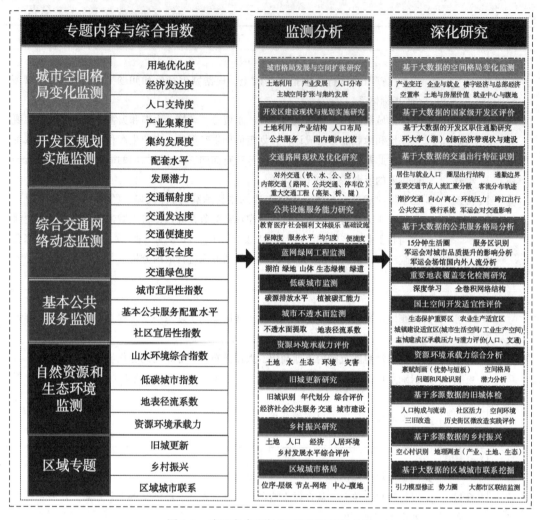

图 2-1　武汉市专题性地理国情研究内容

2.2.2　专题性地理国情监测主要指标

城市专题性地理国情监测一般包含土地、人口、经济、交通、公共服务和生态环境等要素，主要指标如表 2-4 所示。

表 2-4　专题性地理国情监测主要指标

指标类别	指　　标
土地	①地理国情地表覆盖：种植土地、林草覆盖、房屋建筑(区)、铁路与道路、构筑物、人工堆掘地、荒漠与裸露地及水域 ②地理国情城镇综合功能单元：居住小区、工矿企业、单位院落、休闲娱乐等 ③土地利用现状：耕地、园地、林地、草地、城镇村及工矿用地、水域及水利设施用地等

指标类别	指　　标
土地	④城乡用地现状：建设用地（城乡居民点建设用地、区域交通设施用地、区域公用设施用地、特殊用地、采矿用地及其他建设用地）；非建设用地（水域、农林用地和其他非建设用地）；城乡居民点建设用地包括城市建设用地（工业用地、物流仓储用地、居住用地、商业服务业设施用地、道路与交通设施用地、公共管理与公共服务用地、公用设施用地、绿地与广场用地等）、城镇建设用地和村建设用地 ⑤主城建设区：面积、扩张规模、扩展强度、扩展速率、扩展方向、扩张形态 ⑥土地利用效益：经济效益（单位城市用地固定资产投入、单位城市用地二/三产业增加值、地均一产产业增加值、单位城市用地财政收入、单位城市用地全社会零售额）、社会效益（地均就业人口数量、地均居住人口数量）、生态效益（地均能源消耗量、排放量） ⑦用地协调性：人口和城市建设用地弹性、固定资产投资和城市建设用地弹性、二/三产业产值和城市建设用地弹性 ⑧城市建筑：建筑类别、建筑层数、建筑密度、容积率
人口	⑨人口数量：户籍人口数量及密度、常住人口数量及密度、流动人口数、人口自然增长率（出生率、死亡率） ⑩人口结构：人口男女比率、年龄结构、老龄化率、人口抚养比、学历结构、非农人口比重 ⑪人口空间分布：人口分布结构指数、人口迁移（户籍人口及常住人口变化）、空间热点
经济	⑫经济总量：GDP及增速、人均GDP、地均GDP、固定资产投资总额、社会消费品零售额、财政收入、实际利用外资、国税、地税纳税额（规模以上企业）、城镇及农村居民人均可支配收入 ⑬产业结构：三次产业生产总值及占比、三次产业增加值及增长率、规模以上工业总产值、高新技术产业总产值 ⑭产业变迁：三次产业企业、用地空间分布与变化 ⑮经济活力：重点税源企业纳税额、亿元楼宇数量/分布、总部企业数量及分布、旧城核心区三产和高端服务业企业数量、乡村二/三产业增加值
交通	⑯交通设施： a. 对外交通：火车站、港口、高速公路出入口、长途汽车站、机场数量及分布，铁路、高速公路、航空里程及客运量、货运量、吞吐量，直航或直达城市数量 b. 城市路网：城市道路（主、次、支）、公路、铁路和乡村道路面积、长度、密度、人均拥有量，道路连通性（断头路，α、β、γ指数） c. 公共交通：公交、轨道交通站线、站点分布、里程数，公共交通客运量、站点/线网流量与压力、均衡系数 d. 机动车：机动车保有量（分类别）、停车位缺口 e. 慢行交通系统：共享单车投放量、绿道总里程及空间分布 f. 重大交通工程：地铁、跨江越湖通道、环线、高架（隧道）、立交、快速公交（BRT）、有轨电车的分布、长度

指标类别	指　　标
公共服务	⑰基本公共服务设施：教育、医疗卫生、社会福利、文化体育等设施保障度(分布、数量、密度)、服务水平(人均拥有量、供需关系)、便捷度(可达性)、均匀度(人口覆盖度) ⑱公共设施服务区：优质教育资源辐射范围、三甲医院辐射范围
资源环境	⑲土地：数量，土壤成因、类型和质量，永久基本农田及实际在耕率，耕地结构(水田/旱地/水浇地)、耕地质量(1~5 等)、坡度分布、耕种情况、生态特征(碳排放) ⑳水体：河流长度、面积、流速、流量，湖泊和水库面积，水深和容量，水体质量及动植物资源，"三线一路"湖泊岸线绿化面积及建设用地面积 ㉑湿地：数量，水、土、气、生特征，碳固能力，生物多样性 ㉒林草：数量及分类、森林资源结构(林种、林龄)、草地资源结构(天然草被、人工草被) ㉓山体：山体高度、面积、植被覆盖度及动植物资源，山体破损与修复面积 ㉔绿地：公园绿地、自然保护区、城市人均绿地面积 ㉕生态绿楔：水域、植被覆盖、人工建设面积及占比 ㉖绿道：各级绿道长度及占比，绿道连通性、可达性及覆盖人口比例 ㉗生态环境：空气质量优良天数比率，PM2.5 浓度，地表水质量，CO_2 排放，污染物排放，生物多样性 ㉘灾害：地质灾害风险、地质灾害易发区、行滞蓄洪区、气象灾害风险
碳源碳汇	㉙碳源：能源消费总量、单位 GDP 能源消耗量、不同行业碳排放量及空间化(工业〔能耗消耗、工业废气物、工业生产〕、生活〔生活废弃物、居民生活用电、居民生活用气〕、农业、交通运输、建筑工地) ㉚植被碳汇：不同植被覆盖类型(耕地、园地、林地、草地)面积、覆盖率，林业树种分布与碳汇模型参数(树高、胸径)
不透水面	㉛不透水面：面积、分布、构成、地表径流系数
资源环境承载力	㉜资源环境承载力：生态保护等级、农业功能指向的承载等级、城镇建设功能指向的承载等级 ㉝国土空间开发适宜性：生态保护重要性、城镇建设适宜性、农业生产适宜性

2.3　大数据挖掘分析主要内容与指标

大数据有多种分类方式：根据数据的时空分辨率，可划分为高时间-低空间分辨率(如公交 IC 卡刷卡数据、大众点评数据等)、高空间-低时间分辨率(如高分辨率影像、三维街景数据等)、低时间-低空间分辨率数据(如统计年鉴、光谱遥感等)；根据数据的几何形态，可划分为点数据、线数据、面数据等；根据数据是否付费，可划分为免费数据与收费数据；根据数据所反映的环境，可划分为针对物质环境的建成环境数据和针对人类足迹的行为活动数据。

本节根据数据来源，梳理总结城市地理国情监测常用的大数据类型及主要挖掘分析内容，如表 2-5 所示。

表 2-5　城市地理国情监测常用大数据类型及挖掘分析主要内容

数据来源	常用数据类型	挖掘分析主要内容
政府数据	居民用水用电数据	房屋空置分析
	职工医保数据	就业岗位分析
	公用设施大数据（水、电和天然气等）	城市及建筑空间能耗分析
	三维建筑物数据	城市建筑物分析
	城乡规划许可证数据	建设项目分析
	土地出让数据	土地管理情况分析
	公交 IC 卡刷卡数据	职住分析、城市贫困、极端出行、乘客画像、特定人群出行分析、城市功能识别等
	判例文书数据	犯罪主体研究
开放组织数据	Google Earth Engine	处理卫星图像和其他地球观测数据云端计算
	开放道路数据（OSM）	城市形态、交通组织
	地理标签照片	旅游分析
企业数据	手机信令数据	职住分析、人群流向、特定人群的分布及活动特征分析、建成环境评价、城市中心识别与评价、客流分析、交通站点辐射分析、轨道换乘分析
	百度位置服务大数据	人群画像、人流去向、城市联系度、城市活力、人群聚集时空分析
	腾讯大数据	人群聚集时空分析、社交活动分析
	阿里数据	产业位置分析
	安居客、房天下数据	房价、地价、环境等
	携程/去哪儿数据	城市网络（交通联系）研究
	京东数据	网络消费时空分布及联系
	淘宝数据	网络消费时空分布及联系
	街景图片	城市品质、建设变化
	银联消费数据	商圈消费及客流数据研究等
	出租车/网约车轨迹	出行特征、城市功能、乘客画像
	共享单车骑行轨迹	最后一公里、出行特征
	兴趣点	公共服务、城市活力分析
	夜光影像数据	城市活力、发达程度

续表

数据来源	常用数据类型	挖掘分析主要内容
社交网站数据	微博数据	空间分析、文本分析、图片分析
	签到数据	地点联系网络、相似性、用户偏好
	大众点评数据	消费及活力情况分析
	美团数据	消费及活力情况分析
	马蜂窝/穷游数据	旅游热力分析
	豆瓣数据	同城活动的类型、地址和时间等分析
智慧设施数据	WiFi 探针	用户行为分析
	人脸摄像头	城市安全性分析

大数据挖掘分析指标十分广泛,本节结合自然资源部 2018 年国家地理国情监测项目"武汉市大数据城市空间格局变化监测试点",归纳总结城市地理国情监测主要的大数据挖掘分析指标体系,如表 2-6 所示。

表 2-6 城市地理国情监测大数据挖掘分析指标体系

研究领域		挖掘分析主要指标
区域城际联系	交通可达性	铁路、公路、航空班次,最短出行时间与距离
	人口流动	人口联系:工作日、节假日人口流动数量、方向,流动规模与广度、流入流出比、净流入(出)数量
		人口腹地:竞争流入指数、相对流入指数、相对优势度
		跨城通勤:跨城通勤流量、流向及联系强度
		交通枢纽:出发和到达人次,交通中转率
	产业联系	资金流入、流出数量,资金流向、门类,总部-分支联系
	物流联系	物流规模、来源(目的)地,货物类型、运输方式
城市人口识别	实际服务人口	居住人口:人口数量、人口密度、分布、变化
		就业人口:人口数量、人口密度、分布、变化
		流动人口:人口数量、人口密度、分布、变化
		短期驻留人口:人口数量、分布、活动热点
		过境人口:人口数量
	人口画像	年龄阶段、教育水平、收入水平、消费水平

续表

研究领域		挖掘分析主要指标
城市人口流动	全目的出行	全目的出行量、出行方向、出行距离、出行时间
		圈层出行：跨区出行量、不同方向出行流量、流向、出行距离
		跨江出行：出行流量、流向、出行廊道
	职住出行	通勤规模、平均通勤距离和时间，职住比、居住/就业平衡度、职住空间平衡度
	生活休闲出行	出行规模和目的(上学、就医、购物、游憩等)，访客来源(本地、外地)
城市功能空间	活力空间	POI聚集度和混合度，活力等级划分，商业中心区势力范围及人群特征
	经济活动	注册登记企业与重点税源企业分布、亿元楼宇、夜经济、商业密度
	基本公共服务	基本公共服务保障水平，分布均衡性和可及性
	社区生活服务	社区15分钟生活圈(教育、医疗、福利、商业、文娱、交通等步行可达性)
	房屋空置	城镇住宅和写字楼空置率，乡村空心化率及季节性差异
城市交通运行	公共交通	公交/轨交站点与线网流量、线路均衡系数、线路压力指数，浮动车
	共享单车	骑行量、骑行速度、骑行热力分布
	交通拥堵	交通流量、拥堵里程、通行效率、拥堵指数

2.4 地理国情综合分析评价指标体系

基于上述城市地理国情基础性和专题性监测指标以及大数据指标，可以针对自然资源、生态环境、土地利用、经济发展、社会和谐、综合交通、公共服务、新型城镇化等方面开展综合分析评价，综合分析评价指标体系如表2-7至表2-14所示。其中，大部分指标为武汉市"十三五"地理国情监测综合分析评价指标，部分借鉴了自然资源部、住房和城乡建设部提出的自然资源调查监测、城市国土空间监测、城市体检评估相关指标。

表 2-7   自然资源支持度指标体系

二级指数	指标	二级指数	指标
地形地貌特征	地形起伏度	自然资源禀赋	森林覆盖率
	地表平整系数		森林蓄积量
	地表切割深度		河湖水面率
	平原面积占比		湿地面积
	台地面积占比		水资源总量
	丘陵与山地面积占比		重要河湖水质达标率
地表覆盖格局	种植土地面积总量	自然资源保护	地下水供水量占总供水量比例
	林草覆盖面积总量		地下水质量达标率
	水域面积总量		永久基本农田保护面积占比
	种植土地面积占比		生态保护红线面积占比
	林草覆盖面积占比		生态保护红线范围内建设用地占比
	水域面积占比		河湖自然岸线保有率
自然资源禀赋	耕地保有量	自然资源潜力	耕地后备资源面积
	耕地质量		可恢复地类面积
	高标准农田占比		水资源开发利用率

表 2-8   生态环境健康度指标体系

二级指数	三级指数	指标	二级指数	三级指数	指标
生态环境负荷压力	环境负荷压力	主要污染物排放强度[1]	生态环境质量状态	环境状态	空气主要污染物年均浓度[2]
		碳排放总量			空气质量优良天数占比
		生活、工业、交通碳排放量占比			土壤污染面积占比
		每天人均生活垃圾产生量			地表水质达标率
		每天人均生活污水排放量			浅层地下水达标率
	生态环境压力	建设用地开发强度			黑臭水体占比
		建设工地面积占比			酸雨频率
		不透水地表面积占比			区域环境噪声强度
		荒漠裸露地面积占比			交通干线噪声强度
		扬尘地表面积			城市热岛比例
		人口密度	生态自我调节		生态用地比例[3]
		人口增长率			生态用地丰富度

续表

二级指数	三级指数	指标	二级指数	三级指数	指标
生态环境负荷压力	生态环境压力	第二产业增加值占GDP比重	生态环境变化响应	生态自我调节	生态用地聚集度
		单位GDP能耗			植被碳汇总量
		总能耗年增长率		污染物治理	生活垃圾无害化处理率
		重点污染源影响范围面积占比			生活污水集中处理率
		机动车保有量			工业固体废弃物综合利用率
		化肥使用强度			工业废水排放达标率
生态环境质量状态	生态状态	年平均温度			工业粉尘去除率
		年日照时数		生态保护建设	受保护区面积占比[4]
		年降水量			建成区绿化覆盖率
		年降雨天数			人均公园绿地面积
		植被覆盖度			绿道服务半径覆盖率
		水网密度			新增生态修复面积
		生态生活岸线占比			环保投资占财政支出比例
		土地退化程度			水土保持投资占财政支出比
		植被受干扰程度			

说明：1. 主要污染物包括化学需氧量、氨氮、二氧化硫、烟（粉）尘、氮氧化物、固体废弃物、总氮等污染物；

2. 空气主要污染物包括细颗粒物、可吸入颗粒物、二氧化硫、二氧化氮、一氧化碳、臭氧共6种；

3. 生态用地包括：耕地、园地、林地、草地、荒漠与裸露地、水域共6种；

4. 受保护区域包括各级自然保护区、风景名胜区、森林公园、湿地保护区、文化遗产、历史风貌街区，以及生态红线区域、严格被保护的水域等。

表 2-9　土地利用合理度指标体系

二级指数	指标	二级指数	指标
建设规模	建设用地总面积	建设强度	建成区面积占比（区域开发强度）
	城镇开发边界范围内建设用地面积		人均建设用地面积
	建成区扩张面积		房屋建筑区总面积占比
	新增城市更新改造用地面积		多（高）层建筑区比例
城乡用地结构	城乡居民点用地占比		容积率
	城乡建设用地占比		建筑密度
	区域交通设施用地占比		建筑总面积

续表

二级指数	指标	二级指数	指标
城乡用地结构	农林用地占比	建设强度	住宅总套数
	水域面积占比		超高层建筑数量
	城乡职住用地比例	用地效益	单位建设用地固定资产投入
城市建设用地结构	居住用地占比		单位建设用地二、三产业增加值
	公共管理与公共服务用地占比		单位农业用地一产业增加值
	商业服务业设施用地占比		单位建设用地财政收入
	工业用地占比		单位建设用地全社会零售额
	物流仓储用地占比		就业人口密度
	道路与交通设施用地占比		常住人口密度
	公用设施用地占比		地均能源消耗量
	绿地与广场用地占比	用地协调性	人口和建设用地弹性系数
			GDP 和建设用地弹性系数

表 2-10　绿色经济发展度指标体系

二级指数	三级指数	指标	二级指数	三级指数	指标
经济发展	经济总量	地区生产总值（GDP）	绿色经济	资源利用	非化石能源占一次能源消费比重
		财政收入总额			万元 GDP 碳排放量
		固定资产投资总额			万元 GDP 能耗
		社会消费品零售总额			万元 GDP 用水量
		高新技术产业总产值			万元 GDP 耗电量
		规模以上工业总产值			万元 GDP 耗地
	产业结构	一、二、三产业增加值占 GDP 比重		环境质量	耕地灌溉亩均用水量
		一、二、三产业从业人口占比			空气质量优良天数占比
		一、二、三产业区位熵			地表水质达标率
		霍夫曼系数			酸雨频率
		产业偏离度			区域环境噪声强度
	经济质量	地均 GDP		环境治理	城市热岛指数
		人均 GDP			主要污染物排放量减少率

续表

二级指数	三级指数	指标	二级指数	三级指数	指标
经济发展	经济质量	人均财政收入	绿色经济	环境治理	工业废水排放量减少率
		地均财政收入			生活垃圾无害化处理率
		人均税收收入			污水集中处理率
		城镇常住居民人均可支配收入			工业固体废弃物综合处置利用率
		万元 GDP 创造的财政收入			
		固定资产投资效果系数			环保支出占财政支出比重增长率
		规模以上工业利润总额占工业总产值比重			
				绿色生活	绿色产品市场占有率
		R&D 经费支出占 GDP 比重增长率			新能源汽车保有量增长率
					绿色出行占比
		高新技术产业产值占比			建成区人均绿地面积

表 2-11 社会和谐度指标体系

二级指数	指标	二级指数	指标
社会人口发展度	常住人口数量	社会保障覆盖度	城镇基本养老保险参保率
	常住人口城镇化率		农村社会养老保险参保率
	人口自然增长率		城镇医疗保险参保率
	实际服务人口数量*		等级医院30分钟行政村覆盖率
	对外日均人口流动联系量*		城镇失业保险参保率
	流动人口占常住人口比重*		城镇工伤保险参保率
	人口净流入（流出）率		城镇生育保险参保率
	国内外旅游人数		万人保障性住房供应套数
	大专及以上文化程度人数占比		最低生活保障线人口比重
	每万人在校大学生数	社会安定有序度	离婚率
	教育类财政支出占财政支出比重		男女性别比
社会经济富裕度	地区生产总值		老年人口抚养比
	第三产业增加值占比		城镇登记失业率
	第三产业就业人员占比		每万人交通火灾事故次数
	固定资产投资总额		农村自然灾害成灾人口数
	R&D 支出占 GDP 比重		万人刑事案件发案率

续表

二级指数	指标	二级指数	指标
社会经济富裕度	万名就业人员专利申请授权量		万人拥有律师数
	人均 GDP	城市生活宜居度	人口密度
	人均财政收入		人均居住面积
	人均社会消费品零售额		房价收入比
	人均可支配收入		新增政策性住房、公共租赁房套数
	人均消费支出		人均用水量
	中等收入阶层比重		空气质量优良天数占比
	恩格尔系数		节能环保支出占财政支出比重
公共服务保障度	基础教育设施覆盖率		人均道路面积
	基本医疗设施覆盖率		车均停车面积
	千人养老床位数		建成区绿化覆盖率
	文化体育设施覆盖率		公园绿地广场平均可达时间
	每万人博物馆、公共图书馆、影剧院数量		居住小区距离水域的平均距离
	人均商业设施面积		15 分钟社区生活圈覆盖率
	水厂/电厂/污水处理厂拥有量		互联网普及率

注：*为大数据指标，以下表格同。

表 2-12　综合交通完善度指标体系

二级指数	三级指数	指数	二级指数	三级指数	指数
交通辐射度	铁路	铁路班次数量	交通发达度	轨道交通	轨道交通枢纽个数
		铁路客运量			轨交站点覆盖率(800 米)
		铁路货运量			轨道交通线网密度
		铁路旅客周转量		出租车	车辆数
		铁路货物周转量			年客运量
		高速铁路长度			总行驶里程
		铁路长度			平均载客出行次数
		铁路密度			平均每车每日载客行程
		铁路等时圈覆盖城市数			平均每载客车次载客人数
		船舶班次数量			空驶率

二级指数	三级指数	指数	二级指数	三级指数	指数
交通辐射度	水路	水路客运量	交通发达度		空驶率
		水路货运量		轮渡	轮船数
		水路货物周转量			航线条数
		港口码头数			年客运量
		港口货物吞吐量			总行驶里程
		港口集装箱吞吐量			运营收入
		船舶等时圈覆盖城市数		货运系统	货运枢纽数量
	公路	长途汽车班次数量			(货运)公路利用率
		公路客运量			载货汽车平均年运量
		公路货运量			交通运输、仓储、邮电通信业固定资产投资占比
		公路旅客周转量			
		公路货物周转量			(货运)公路利用率
		公路长度			物流成本占 GDP 比例
		公路密度		其它交通设施	专用自行车道密度
		高速公路出入口数量			道路无障碍设施建设率
					人行天桥覆盖率
		进出口等级公路日交通量			地下通道覆盖率
		长途汽车等时圈覆盖城市数			加油、加气站点覆盖率
	航空	航班数量			停车配套率
		航空客运量			车均停车面积
		航空货运量		交通建设	交通建设支出占财政支出比重
		航空旅客周转量			
		航空货物周转量	交通便捷度	出行换乘	机场接驳度
		航空等时圈覆盖城市数			火车站接驳度
交通发达度	道路网络	道路里程			长途汽车站接驳度
		道路面积			公共交通间(含 BRT)接驳度
		人均道路面积			公交站点服务水平
		道路密度			轨道交通站点服务水平
		主次支路配比		设施可达	机场可达性
		高架立交里程			火车站可达性
		断头路占比			长途汽车站可达性

续表

二级指数	三级指数	指数	二级指数	三级指数	指数
交通发达度	道路网络	α 指数	交通便捷度	设施可达	公共交通可达性
		β 指数		交通通勤	平均通勤时间 *
		γ 指数			平均通勤距离 *
		主要路口交通流量			45 分钟通勤居民占比 *
		各类道路车速 (快速路、主干路、次干路)			都市圈 1 小时通勤覆盖率 *
		隧道数量	交通安全度	交通拥堵	交通拥堵指数
		跨江越湖通道数量			平均拥堵时间
	公交车 (含 BRT 和有轨电车)	万人拥有公交车数量			严重拥堵里程
		公交车客运量			早/晚高峰拥堵路段长度
		公交车总行驶里程		交通安全	万人事故率
		公交车运营收入			万人死亡率
		公交线路条数			事故财产损失
		公交线路长度			交警大队覆盖率
		公交专用道总里程	交通绿色度	交通环境	环境空气主要污染物含量
		公交枢纽个数			道路交通噪声平均等效声级
		公交站点覆盖率 (500 米)			新能源汽车占比
		公交线网密度			交通环保支出占财政支出比重
	轨道交通	轨道车辆数		绿色交通	新能源汽车占比
		轨道交通年客运量			公共交通出行占比
		轨道交通线路长度			公共自行车出行占比
					公共交通建设投资率

表 2-13 公共服务均等度指标体系

二级指数	三级指数	指标	二级指数	三级指数	指标
教育	保障度	普通小学学校数	社会福利	服务水平	每千人口社会福利院数
		普通中学学校数			每千人口社会福利院床位数
		普通小学专任教师数		均匀度	社会福利院 30 分钟人口覆盖率
		普通中学专任教师数		便捷度	社会福利院平均可达时间

二级指数	三级指数	指标	二级指数	三级指数	指标
教育	服务水平	每千名小学生学校数	公共交通	保障度	公交线路长度
		每千名小学生专任教师数			轨道交通线路长度
		每千名中学生学校数			轨道交通站点数
		每千名中学生专任教师数			公交站点数
	均匀度	普通小学服务区人口覆盖率			停车场数
		普通中学服务区人口覆盖率		服务水平	每千人口公交、轨道交通站点数
	便捷度	普通小学平均可达时间			地面公交线网密度
		普通中学平均可达时间			轨道交通线网密度
医疗	保障度	医疗卫生机构数			车均停车面积
		三级及以上医院数		均匀度	地面公交站点5分钟服务人口覆盖率
		三甲医院数			轨道交通站点10分钟服务人口覆盖率
		社区卫生服务中心数			
		执业（助理）医师数			停车场15分钟可达区域人口覆盖率
		医疗卫生机构床位数		便捷度	地面公交站点平均可达时间
	服务水平	每千人口医疗卫生机构数			轨道交通站点平均可达时间
		每千人口执业（助理）医师数			停车场平均可达时间
		每千人口医疗卫生机构床位数	基础设施	保障度	主要地下管线长度
	均匀度	社区卫生服务中心15分钟可达区域人口覆盖率			水厂数
		三级及以上医院30分钟可达区域人口覆盖率			污水处理厂数
		三甲医院60分钟可达区域人口覆盖率			垃圾处理厂数
	便捷度	社区卫生服务中心平均可达时间		服务水平	加油、加气站数
		三级及以上医院平均可达时间			主要地下管线密度
		三甲医院平均可达时间			生活污水集中处理率
文化体育	保障度	公共图书馆、文化馆、博物馆数			污水处理厂污水处理能力
		剧场、影院数			生活垃圾无害化处理率
		大型体育场馆数			水厂服务区人口覆盖率
		公园、绿化广场数			污水处理厂服务区人口覆盖率

续表

二级指数	三级指数	指标	二级指数	三级指数	指标
文化体育	服务水平	每千人口公共图书馆、文化馆、博物馆数	公共安全	均匀度	垃圾处理厂服务区人口覆盖率
		每千人口剧场、影院数			加油、加气站服务区覆盖率
		每千人口大型体育场馆数		保障度	社会治安保障机构数
		人均公园绿地面积			社区警务室数
	均匀度	公共图书馆、文化馆、博物馆30分钟可达区域人口覆盖率			派出所数
					消防站数
		剧场、影院15分钟服务人口覆盖率		服务水平	社会治安保障机构密度
					社区警务室密度
		大型体育场馆30分钟可达区域人口覆盖率			派出所密度
					消防站密度
		公园、绿化广场15分钟可达区域人口覆盖率		均匀度	派出所30分钟服务人口覆盖率
社会福利	保障度	社会福利院数			社区警务室15分钟服务人口覆盖率
		社会福利院密度			消防站15分钟服务人口覆盖率
		社会福利院床位数			

表 2-14 新型城镇化发展度指标体系

二级指数	三级指数	指标	二级指数	三级指数	指标
人口城镇化	人口规模	实际服务人口数量*	城镇宜业性	通勤便利性	工作日平均通勤时间
		常住人口数量			45分钟通勤居民占比
		常住人口城镇化率			都市圈1小时通勤覆盖率
		城区常住人口密度			轨交站点800米覆盖率
		人口自然增长率			公交站点500米覆盖率
		人口流入流出比	城镇安全韧性	地质安全	年均地表沉降
	人口结构	男女性别比			地灾隐患点数量
		劳动力人口比例		水安全	饮用水源保护地
		人口老龄化率			行蓄滞洪区
		抚养比			防洪堤坝达标率

续表

二级指数	三级指数	指标	二级指数	三级指数	指标
人口城镇化	人口质量	大专以上学历人口占比	城镇安全韧性	水安全	城区透水表面占比
		每万人在校大学生拥有量			城市内涝积水点数量
		每万人专业技术人员拥有量		建筑安全	超高层建筑数量
		外来人口占从业人口比例		应急保障	人均应急避难场所面积
		农业转业人口比例			消防5分钟覆盖率
		成人文盲率			应急医疗救治设施
		残障人口比例			传染病医院
用地城镇化	建设规模	建成区总面积			危险废物、医疗废物处置设施
		房屋建筑区面积	新型工业化	经济活力	GDP增长率
		可利用建设用地面积			地方财政收入增长率
	用地强度	容积率			固定资产投资增长率
		建筑密度			社会消费品零售总额增率
		多层及以上房屋建筑占比			城乡居民可支配收入增长率
		土地价格增长率		产业活力	二、三产业占GDP比重
		人均建设用地面积			高新产业占GDP比重
	存量潜力	三旧改造面积比例			规模以上工业占GDP比重
		城镇危房拆迁率			企业注册增长率
		存量改造潜力		科技活力	获得专利数量
	城镇扩张	扩张面积			获得省级以上科技创新奖数量
		扩张速率			海外人才引进数
		扩张强度			大专以上学历人口流入流出比
		空间形态紧凑度			R&D投入占比
		城镇扩张弹性系数	农业现代化	农产品供给	人均粮食产量
		新增建设用地潜力			商品粮生产基地面积
城镇宜居性	生态宜居性	建成区绿化覆盖率			单位面积粮食产量
		水域和湿地面积占比			农田水利设施建设年投资
		山体修复面积			土地整理复垦年投资
		海绵设施建设投入			高效农业占比
		绿道服务半径覆盖人口占比			农业机械总动力

续表

二级指数	三级指数	指标	二级指数	三级指数	指标
城镇宜居性	景观宜居性	万人拥有公园占地面积	农业现代化	农业发展	耕种收综合机械化水平
		大型广场数量			农村土地流转率
		旅游景点数量		农产品流通	农产品零售市场额
		历史文化街区比率			农产品电子商务营业额占比
		旧城更新比率			农产品商标注册年增长率
		文物、古建筑保护年投资	城镇信息化	生活信息化	支付宝、微信消费额占比
	生活宜居性	人均居住面积			网上支付水电燃气费比例
		房价收入比			医院线上挂号率
		公共服务设施平均可达时间			电子病历使用率
		公园绿地广场服务半径覆盖率			电子物流单使用率
		15分钟社区生活圈覆盖率			货物 RFID 标签使用率
	政策宜居性	城镇化成本			公民交通诱导系统使用率
		外来人口落户增长率		基础设施信息化	无线宽带网络覆盖率
		新增保障房、租赁房套数占比			在线教育比率
		老旧小区住宅楼电梯加装率			二维码行业使用比例
		农民工随迁子女义务教育年投资		行政信息化	天网工程覆盖率
城镇宜业性	就业充分性	城镇新增就业岗位数量			行政审批项目网上办理比例
		年轻人就业率			政府公务行为全程电子监察率
	社会包容性	新市民青年人保障性租赁房覆盖率			公民与政府网络互动率
		居住在棚户区、城中村等非正规住房的人口数量占比			

第3章　城市地理国情监测数据获取与处理

城市地理国情数据主要来源于地理国情普查、基础性地理国情变化更新、专题性地理国情数据获取与处理、大数据获取与处理等四个方面。其中，地理国情普查与基础性地理国情变化更新内容包括地形地貌、植被覆盖、水域、荒漠与裸露地等自然地理要素，以及交通网络、居民地与设施、地理单元等人文地理要素；专题性地理国情获取与处理的数据主要是从各政府职能部门收集的专题资料，是对基础性地理国情数据的补充；大数据获取与处理的内容主要是流空间的人流、交通流、资金流等动态数据，用以弥补传统静态数据的不足。

3.1　地理国情普查

地理国情普查是在国务院统一组织领导下，于 2013 年至 2015 年完成的一次重要的国情国力调查，普查对象为我国陆地国土范围内的地表自然和人文地理要素，普查标准时点为 2015 年 6 月 30 日。

3.1.1　技术路线

地理国情普查是综合利用现代测绘技术和各时期已有测绘成果档案，对地形、水系、交通、地表覆盖等要素进行全面普查，并统计分析其变化量、变化频率、分布特征和差异、变化趋势等，形成反映各类资源、环境、生态、经济、社会要素的空间分布及其发展变化规律的普查数据、地图图形和研究报告。

普查工作采用"内业为主、外业为辅、内外业结合"的方法开展，包括普查准备与试点、初始普查与预验收、标准时点核准与验收入库、统计分析与成果发布等四个阶段，总体技术路线如图 3-1 所示。

3.1.2　影像资料利用

遥感影像是地理国情数据采集与获取的主要数据源，同时也是地理国情成果数据的重要组成部分。遥感影像经过辐射校正、几何校正、影像融合、正射纠正、图像增强、镶嵌/裁切、分幅等处理流程后，得到正射影像，作业流程如图 3-2 所示。

地理国情普查期间，影像资料由国普办统筹保障。影像资料选取时，总体上应选择有效信息量更大、更有利于信息提取的影像，具体应符合以下原则：

(1)优先使用统一提供的优于 1 米分辨率的卫星影像或优于 0.5 米分辨率的彩色数字

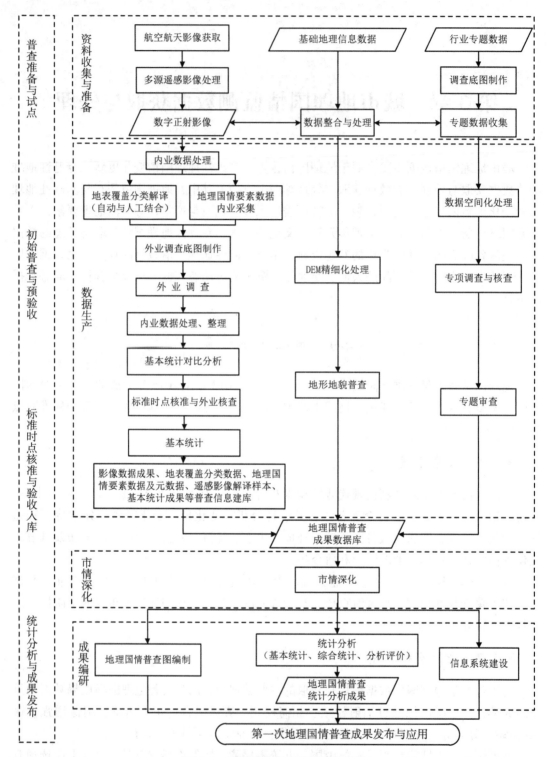

图 3-1　地理国情普查总体技术路线

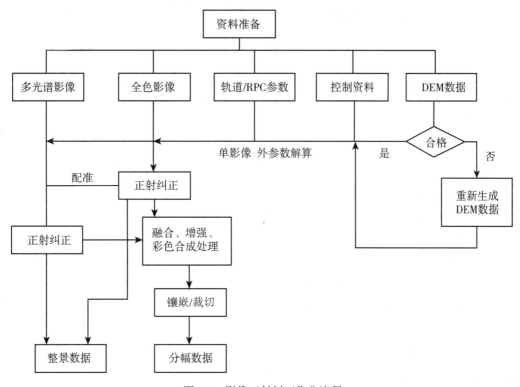

图 3-2　影像正射纠正作业流程

航空摄影资料。对于优于 1 米分辨率影像未覆盖的区域，可使用"资源三号""天绘"或其它同等分辨率的卫星影像。

（2）只有全色高分辨率卫星影像数据的区域，可以根据实际效果利用高分辨率全色影像与"资源三号"等多光谱影像的融合数据采集地理国情普查数据，或者利用高分辨率全色影像采集地理国情要素数据、利用"资源三号"等多光谱影像采集地表覆盖分类数据。

（3）同一区域具有不同时相的同类型影像资料，应优先使用4—6月二季度影像。

（4）自主获取的符合普查现势性要求的影像，时相和分辨率都优于统一提供的影像数据的，可以用于地理国情普查。

以武汉市为例，初始普查阶段利用了 2013 年底地面分辨率优于 0.5 米的遥感影像数据（中心城区、功能区分辨率优于 0.2 米），标准时点核准阶段利用了国普办下发的 2015年 1—4 月地面分辨率为 2 米的遥感影像数据，各阶段均结合利用了当年最新基本地形图以及土地利用、城镇地籍调查等数据，以保证普查成果的现势性及精度要求。

3.1.3　内业数据采集

地理国情普查内业数据采集是利用遥感影像，参考其他地理信息数据，按照"所见即所得"原则，采集地表覆盖和地理国情要素。

3.1.3.1　数据采集总体要求

1. 数学基础要求

平面坐标系采用 2000 国家大地坐标系(CGCS 2000),地理坐标经纬度值采用"度"为单位,用双精度浮点数表示,保留 9 位有效小数位。高程基准采用 1985 国家高程基准,高程系统为正常高,高程值单位为"米",保留 2 位小数。

2. 采集原则

遵循"所见即所得""就近就大"原则,以影像为主要数据源,侧重于土地的自然属性(自然地表覆盖情况)。达不到最低采集指标要求的地类需要就近归并时,在符合"就近就大"归并原则的前提下,应考虑并入类型的合理性,向特征相近的图斑归并。

3. 立体覆盖的处理

对于不同高低植被立体覆盖的范围,如乔木林下有灌木、果树下面有疏菜等情况,以顶层树冠的优势类型确定其植被覆盖类型。有屋顶绿化的范围,应归入房屋建筑或房屋建筑区。桥面跨越大面积的水面,应归入水体类型。跨域峡谷,应按照地面的实际覆盖归类。对于高架路,不考虑路下的情况,地表覆盖中按照上层道路归入路面。其他在空间上被多种类型立体层叠覆盖的情况,地表覆盖分类一般采用"就近就大"的原则,即以面积占绝对优势的类型为主。

4. 狭长地物的取舍

耕地、库塘、固化池、大棚、房屋建筑区等连片区域内部斑块之间的田埂、小路、水渠、林带等狭长地带,如果宽度在 5 米(含)以下,可以就近归并到相邻的耕地、库塘、固化池、大棚、房屋建筑区等类型中。当狭长地类在确定不够最小采集指标的情况下,且按照"就近就大"原则归并存在困难时,可平均归入两侧的类型。

5. 树木遮盖地物的处理

树木遮盖房屋建筑时,被遮盖部分的房屋建筑宜完整采集;遮盖其他地类时,应优先考虑按植被对应的类别归类。树冠遮蔽道路、沟渠时,遮蔽部分在地表覆盖中按照对应植被类型归类,在地理国情要素(地理实体)中按照道路、沟渠采集。由于树木季节性枯荣遮挡或显露产生的变化,可以不作为变化采集。

6. 季节性变化的类别处理

季节性变化是指随季节温湿度条件变化而发生的周期性变化,其状态具有临时性和反复性特征。种植植被、林草覆盖、水域等地表覆盖类型都有随季节周期性变化的情况。对于 1 个监测周期内判定为季节性变化,原则上不更新。

7. 数据接边原则

接边之后,应保证图形数据光滑、连续,避免出现硬折、尖角,并确保在接边界 0.01 米范围内接边。不同作业区数据合并为不分区数据时,各项属性值相等的相邻同名要素在不超出节点总数限制的情况下接边后应合理合并为一个实体。

3.1.3.2 地表覆盖采集

地表覆盖分类信息反映地表自然营造物和人工建造物的自然属性或状况，侧重于土地的自然属性。地表覆盖采集以影像为主要数据源，利用现有土地利用调查资料和基础地理信息数据，通过人工解译与编辑形成最终分类结果，主要关键步骤包括遥感影像解译、基础地理信息数据及专题数据利用、内业判读与外业核查，总体流程如图 3-3 所示。

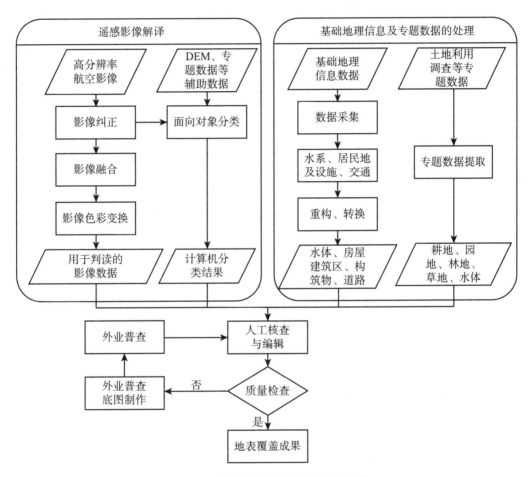

图 3-3　地表覆盖分类数据采集总体流程

对于水域、道路等遥感影像识别率较高的地物，优先使用影像自动解译方式，并对解译结果进行平滑、归并等预处理，以达到采集要求。重点发展区域以影像为数据源，充分利用矢量地形图数据库提取的道路、房屋建筑、地类边线数据作为辅助分类依据。其他区域以影像人工分类方法为主，充分利用土地利用现状数据及其他基础地理信息数据进行边界提取和类型判断。对于内业分类不清或类型难以确定的地表覆盖类型，应组织全面外业核查。

地表覆盖包括耕地、园地、林地、草地、房屋建筑（区）、铁路与道路、构筑物、人工堆掘地、荒漠与裸露地表和水域等 10 类要素，主要分类含义和采集要求如下：

1. 耕地

耕地是指经过开垦种植农作物并经常耕耘管理的土地，包括：熟耕地、新开发整理荒地、以农为主的草田轮作地；以种植农作物为主，间有零星果树、桑树或其他树木的土地（林木覆盖度一般在 50% 以下）；被地膜或人不能在内部进行生产活动的简易塑料棚覆盖的耕作土地。专业性园地或者其它非耕地中临时种植农作物的土地不作为耕地。

耕地最小图斑面积为 400 平方米。连片区域范围内部地块之间的田埂、小路、水渠、林带等狭长条带，宽度在 5 米以下，或者连片达不到 400 平方米的，就近归并到相邻的耕地类型中。

中心城区存在耕地多采、误采问题，如城中村、厂区、施工工地、铁路周边存在临时耕种的菜地，不应归入耕地。新城区存在少采、漏采问题，如休耕轮作或短期撂荒的土地，应归入耕地。

2. 园地

园地是指连片人工种植多年生木本和草本作物，以采集果实、叶、根、茎等为主，作物覆盖度一般大于 50% 的土地，包括各种乔灌木、热带作物以及果树苗圃等覆盖的地表。园地最小图斑面积为 400 平方米。

旱地中间种树木，树冠垂直投影面积占地块总面积的比例（覆盖度）大于 50% 的，按园地或林地相应类别归类，否则归为旱地。

3. 林地

林地是指由成片的天然林、次生林和人工林覆盖的地表，包括乔木、灌木、竹林等多种类型。大面积的林区最小图斑面积为 1600 平方米，其他地区最小图斑面积为 400 平方米。对于道路、河渠、房屋周围等双排及以上行树且达到采集指标的，应单独采集；单排行树，树冠不明显、未成片或成条状分布、未达到采集指标的，可归入相邻地类。大片耕地中零星、未成片的树木，按照"就近就大"原则归入相邻地类。

绿化林地是指城镇等人口集中居住范围内人工种植的绿化树木所形成的小面积片状或成条状分布区域的地表（不包括楼顶种植的树木），包括街巷、零星地块、街心花园以及道路隔离绿化带等范围内人工种植的绿化树木。绿化林地最小图斑面积为 200 平方米，城市地区最小图斑为 100 平方米。

4. 草地

草地是指草本植物为主连片覆盖的地表，包括草被覆盖度在 10% 以上的各类草地、以放牧为主的灌丛草地和林木覆盖度在 10% 以下的疏林草地。草原地区最小图斑面积为 1600 平方米，其他地区最小图斑面积为 400 平方米。

绿化草地是指城镇或居住区域内栽种的草本植物覆盖的地表，包括公园、运动场所、绿地等范围内为绿化环境人工种植的草地、花坛，不包括楼顶种植的草坪。绿化草地最小图斑面积为 200 平方米，城市地区最小图斑面积为 100 平方米。

5. 房屋建筑（区）

根据房屋建筑的集聚程度和规模，房屋建筑（区）包括房屋建筑区和独立房屋建筑两类。

房屋建筑区是指城镇和乡村集中居住区域内，被连片房屋建筑遮盖的地表区域，具体指被外部道路、河流、山川及大片树林、草地、耕地等形成的自然分界线分割而成的区块，由高度相近、结构类似、排布规律、建筑密度相近的成片房屋建筑的外廓线围合而成的区域。

房屋建筑区按密度和高度分为高密度多层及以上房屋建筑区、低密度多层及以上房屋建筑区、高密度低矮房屋建筑区、低密度低矮房屋建筑区，以及废弃房屋建筑区。其中，高密度房屋建筑区建筑密度大于等于50%，低密度房屋建筑区建筑密度小于50%；多层及以上房屋建筑区的层高在4层及以上、楼高大于等于10米，低矮房屋建筑区层高为1—3层、楼高10米以下。房屋建筑区的最小图斑面积为1600平方米，如图3-4(a)所示。

独立房屋建筑是指城镇地区规模较大的单体建筑和分布于分散的居民点、规模较小的散落房屋建筑，一般房屋间距较大、地表绿化连续且达到采集指标。独立房屋建筑按高度分为低矮独立房屋建筑(3层及以下)、多层独立房屋建筑(4—6层)、中高层独立房屋建筑(7—9层)、高层独立房屋建筑(10层以上、100米以下)、超高层独立房屋建筑(100米以上)。独立房屋建筑最小图斑面积为200平方米，城市地区最小图斑面积为100平方米，如图3-4(b)所示。

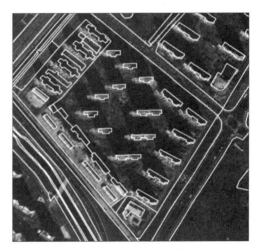

（a）房屋建筑区采集　　　　　　　　（b）独立房屋建筑采集

图3-4　房屋建筑(区)采集示意图

旧城区、租界区、城中村一般建筑密度大、绿化面积小，归入房屋建筑区。新建高层小区房屋间距大，一般配有地下车库，成片绿化面积大多超过1600平方米，按独立房屋建筑采集。房屋建筑区采集时按1∶1万地图综合表示方法，不考虑建筑物轮廓线的凹凸变化。小区院墙与房屋建筑之间及小区内部实地连片面积大于1600平方米的绿化和硬化地表，小区内部宽度大于5米、面积大于1600平方米且与城市道路连通的道路，单独采集。

对房屋建筑区，主要采取以下处理方法：

(1)开放式、无院墙的房屋建筑区域，以房屋外轮廓勾画房屋建筑区，周边的绿化林地、草地、道路等要素按照各自的面积指标采集。

(2)封闭式管理、有院墙的房屋建筑区域，对其内部道路、绿化林地、草地的处理方式有以下六种情况：

①房屋建筑区内部道路、广场、固化池等地类达到采集指标应分别予以采集，如图3-5(a)所示；

②房屋建筑区内绿化林地、草地等地类连片达到1600平方米，房屋建筑区内道路宽度达到5米、连片面积达到1600平方米的情况单独归类，如图3-5(b)所示；

③房前屋后绿化林地、草地等宽度小于5米，属于狭长地类，未达到采集指标，按照"就近就大"原则归入房屋建筑区，如图3-5(c)所示；

④房前屋后绿化林地、草地等地类宽度大于5米，达到采集指标的按要求采集，如图3-5(d)所示；

⑤若院墙外人行道也被绿化林地、草地覆盖，并与院墙内绿化林地、草地连片，则忽略院墙，墙内外绿化合为一个整体归为绿化林地、草地，如图3-5(e)所示；

⑥若相邻两个小区之间的绿化林地、草地连片，则忽略院墙，墙内外绿化连片为一个整体归为绿化林地、草地，如图3-5(f)所示。

6. 铁路与道路

从地表覆盖角度，铁路与道路包括有轨和无轨的道路路面覆盖的地表。

铁路路面是指将来火车行车轨道及路基覆盖的地表，包括无植被覆盖、经硬化的路堤、路堑范围。除铁路路面外的其他道路覆盖统一归为道路路面，采集宽度大于3米且长度大于500米以上的路面(包括碎石路、土路等)，包括无植被覆盖、经硬化的路堤、路堑的范围。

在地表覆盖中，城市地区的道路易被行树大面积遮盖，应充分利用基础地理信息资料予以采集，以保证城市道路的贯通性。城镇居民区内道路被行树遮盖而难以获得真实地表的部分，可按绿化林地归类；露出道路的部分，达到采集指标应采集为路面，达不到采集指标可以与相邻主要类型合并。

铁路与道路路面应与地理国情要素中采集的道路中心线保持一致。除路面被植被或其他地类遮蔽的地方，地理国情要素中采集的道路(包括铁路、公路、城市道路和乡村道路)应落在铁路与道路路面范围内。

7. 构筑物

构筑物是指为某种使用目的而建造的工程实体或附属建筑设施，人类一般不会直接在其内部进行生产活动和生活居住，包括硬化地表、城墙、温室大棚、固化池、工业设施等。最小图斑面积为1600平方米，城市地区最小图斑面积为800平方米。

硬化地表是指使用水泥、沥青、砖石、夯土等材料连片露天铺设，或由人类社会经济活动经常性碾压、踩踏形成的裸露地表，包括广场、露天体育场、停车场、停机坪与跑道、硬化护坡、场院、露天堆放场、碾压踩踏地表等。硬化地表在作为堆放场地时，易于

（a）房屋建筑区内部道路、广场采集

（b）房屋建筑区内绿化林地连片采集

（c）房前屋后绿化林地宽度小于5米处理

（d）房前屋后绿化林地宽度大于5米处理

（e）院墙内外绿化林地连片处理

（f）相邻两个小区之间的绿化林地连片处理

图 3-5　房屋建筑区内部道路、绿化林地和草地采集方法

与堆放物相混淆。人工长期堆积的各种矿物、尾矿、弃渣、垃圾、沙土、岩屑等(人工堆积物)覆盖的地表归入堆放物一类中,对于以短期或临时存放货物为主要目的的堆放场,其堆放物和数量经常发生变动,应归入硬化地表及其下级类。

温室大棚是用来栽培植物或用于养殖的能透光和保温(或加温)的设施,不包括地膜覆盖和人不能在内部进行生产活动的简易塑料棚。

8. 人工堆掘地

人工堆掘地是指被人类活动形成的弃置物、长期覆盖或经人工开掘、正在进行大规模土木工程而出露的地表,包括露天采掘场、堆放物、建筑工地等。最小图斑面积为 1600 平方米。

根据建筑工程类型、建筑阶段不同,建筑工地在影像上差异较大,在影像上可见塔吊、挖掘和运输搬运等建筑机械。对于已建成但未交付使用的房屋建筑、道路或其他构筑物,如果影像上或实地已没有建筑施工迹象,应归入房屋建筑等其他相应类别。城镇中的房屋拆迁待建区域,应归并建筑工地类型。

城市内部建筑工地内,由彩钢板搭建的临时建筑,在施工区域内归并到建筑工地类型,在施工区域外归并到房屋建筑(区)。

9. 荒漠与裸露地表

荒漠与裸露地表是指植被覆盖度低于 10% 的各类自然裸露的地表,不包含人工堆掘、夯筑、碾(踩)压形成的裸露地表或硬化地表。最小图斑面积为 10000 平方米,其他地区为 1600 平方米。

裸露地表是指自然裸露的各类矿物质覆盖的地表;经过人工碾压、踩踏形成的地表,可归入硬化地表下的相应类别;河流、湖泊、库塘以及海滨等出露水面的泥滩,均视作裸露地表;人工弃置不管的沙土,长期自然裸露的,也归入裸露地表。

10. 水域

水域从地表覆盖角度,是指被液态和固态水覆盖的地表,包括水面、水渠。

河流、常年有水的水渠、湖泊、水库、坑塘、海面中的液态水面覆盖范围归为水面。最小图斑面积为 400 平方米。

常年有水的水渠采集水面范围归入水面,其余部分归入水渠类。渠内水面宽度小于 3 米的可视为无水渠道,临时有水或无水渠道归入水渠。浮游植物覆盖的水面应归入水面。

3.1.3.3　地理国情要素采集

地理国情要素数据是指以地理实体(或地理对象)形式采集的道路、水域、构筑物和地理单元等 4 类要素数据。

地理国情要素采集时充分利用基础地理信息数据,先根据要素编码的对应关系进行初始提取,然后在此基础上进行数据加工和处理,最终通过影像图进行核实,并进行外业调查与核查。作业流程如图 3-6 所示。

1. 铁路与道路

从地理国情要素角度,铁路与道路包括铁路、公路、城市道路及乡村道路。

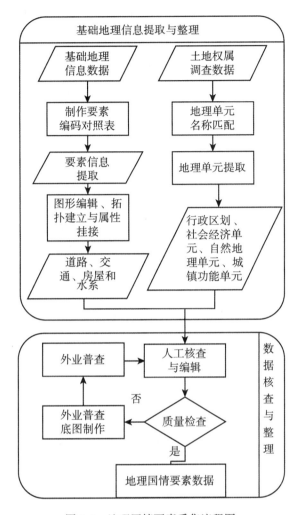

图 3-6　地理国情要素采集流程图

铁路、公路、城市道路应严格依据实际情况填写相关属性，包括车道数、铺设材料、单双向、路宽、是否高架等，并根据收集到的资料填写相关属性，如道路编号、全称、简称、技术等级、类型、线路编号、名称、起点、终点等。

1）铁路

铁路是指火车的行车线路，采集铁路正线的中心线，并赋要素属性。多条正线轨道并行时，间隔 10 米以内，按其中一条轨道的中心线位置采集；间隔 10 米以上时，分别采集，若为多条并行，则依据较为居中的一条轨道的中心线位置采集。

2）公路

公路是指连接城市间的道路，又称城际公路，包括国道、省道、县道、乡道、专用公路以及公路之间的连接道。采集所有通车宽度大于 5 米的城际公路的道路中心线，与城际公路构网的城市道路同时采集公路。

道路中央隔离带或绿化带宽度大于等于 10 米时，应按两条路线采集；宽度小于 10 米时，按一条路线采集，其中央隔离带或绿化带宽度计入道路宽度。

为保证国道、省道或县乡道的贯穿连通，需处理重复路段，重复路段的几何信息只存储一次，道路编号、重复路段编号属性项需按要求填写。

城市道路如果为某条公路贯穿连通必不可少的组成部分，需同时在公路层表示，以保证公路贯穿连通；与高等级公路相连的城市道路无论长短、宽窄，均应采集；在路网中起连通作用的乡村道路无论长短、宽窄，均应采集。

3）城市道路

城市道路是指连接城市内部空间单元的道路，包括快速路、主干路、次干路和支路。采集县级及以上政府驻地所在城镇内路宽大于 5 米的快速路和城市街道的道路中心线，以及该范围内其他起路网联通作用的主要街道的道路中心线，并赋要素属性。城市地区采集路宽大于 3 米的所有道路的中心线，采集所有城市轨道交通的地面线。

4）乡村道路

乡村道路是指村与村、村与外部路网、城际公路之间起连接作用且未纳入管理等级的通车道路，主要包括未纳入管理等级的机耕路、乡村路等。

沥青、混凝土和碎石铺面处理过的道路视作硬化道路。采集乡村道路中硬化道路的中心线，非硬化乡村道路一般不采集，考虑路网连通性，可根据实际情况适当采集。

2. 水域

从地理国情要素角度，水域是指水体较长时期内消长和存在的空间范围，包括河渠（河流和水渠）、湖泊和库塘（水库和坑塘）。水域的属性包括河渠名称、实体编码、等级、类型、流域、时令月份、通航性质、共享河段编码、平均宽度、长度、单双向、湖泊名称、实体编码、流域、面积、容积、平均水深、最大水深、水质、时令月份、水库名称、实体编码、库容量、用途类型，坑塘名称、面积、用途类型等，需按照收集资料填写相关属性；水利行业编码、水利行业河流级别的属性，按照下发的第一次全国水利普查数据资料填写。

1）河流

河流是指天然形成的陆地表面宣泄水流的通道，是溪、川、江、河等的总称。有堤防的河道，包括两岸堤防之间的水域、沙洲、滩地（包括可耕地）、行洪区，两岸堤防及护堤地；无堤防的河道，包括常年雨季形成的高水位岸线，即高水界之间的范围。

河流采集实地长度大于 500 米的所有时令河与常年河、实地长度大于 1000 米的干涸河的河道，即高水界范围。实地宽度大于 20 米的，采集河道范围线构面，并同时采集结构线；实地宽度小于 20 米的，采集中心线。

城市地区，河道实地宽度大于 5 米的，采集河道范围线构面，并同时采集结构线；宽度小于 5 米的，采集中心线。

河流结构线（中心线）采集时，必须按从上游到下游的方向顺序采集坐标点。遇连通河流的湖泊、水库和坑塘，河流结构线（中心线）应保持连续通过。

2) 水渠

水渠是指渠堤合围而成的带状或线状水道，采集宽度大于 3 米、长度大于 500 米的固定水渠(不含毛渠)。宽度大于 20 米的，采集范围线构面，同时采集结构线；宽度小于 20 米的，采集中心线。城市地区，宽度大于 5 米的，采集范围线构面，同时采集结构线；宽度小于 5 米的，采集中心线。

3) 湖泊

湖泊是指湖盆及其承纳的水体。采集常年水面面积 5000 平方米以上湖泊的高水位线构面。城市地区，采集常年水面面积 2000 平方米以上湖泊的高水位线构面。

4) 水库

水库是指在河道、山谷、低洼地及地下透水层修建挡水坝或堤堰、隔水墙形成集水的人工湖。采集面积 5000 平方米以上水库的最高蓄水位线构面。

5) 坑塘

坑塘是指人工开挖或天然形成的面积较小的面状水体。采集面积 1000 平方米以上坑塘的高水位线构面。连片分布、用途相同的坑塘，可忽略内部的田埂、小路、水渠、林带等狭长地物，作为一个对象采集外围轮廓线构面。

3. 构筑物

构筑物是指为某种使用目的而建造的、人们一般不直接在其内部进行生产和生活活动的工程实体或附属建筑设施，包括水工设施、交通设施、工业设施等。

1) 水工设施

水工设施包括堤坝、闸、排灌泵站、溢洪道等。堤坝采集宽度大于 3 米、长度大于 100 米的堤坝的中心线。双线水系上的船闸采集轮廓线构面，水闸采集为线；单线水系上的闸采集定位点，位置定在线状水系和闸的交叉点。排灌泵站为灌溉、排水而设置的抽水装置、出水建筑物、泵房及附属设施的总体，采集定位点。溢洪道采集长度大于 100 米的中心线。

2) 交通设施

交通设施包括隧道、桥梁、码头、车渡、高速公路出入口、加油(气)站、充电站、立交桥、轨道交通站、轨道交通出入口、交通收费站、高速公路服务区、地下车库、地下通道、过街人行天桥等。隧道、桥梁、车渡长度大于 100 米的采集为线，高架路不视作桥梁。码头面积大于 10000 平方米的采集为面；不够采集指标，码头滨水岸线长度大于 100 米的采集为线。高速公路出入口采集所有的高速公路出入口，定位在高速公路中心线与出入高速公路的匝道中心线相交的位置，出口和入口分别采集。加油(气)站、充电站、立交桥、立交桥、轨道交通站、轨道交通出入口、交通收费站采集为点。高速公路服务区、地下车库采集为面。地下通道、过街人行天桥采集为线。

3) 工业设施

工业设施包括太阳能发电场、风力发电塔等。太阳能发电场采集太阳能发电设施布设场地的最大范围线，屋顶布设光伏发电板的也按同样要求采集；间隔大于 20 米或名称、类型不同的多个布设场，分别采集，否则合并为一个采集。风力发电塔采集定位点，定位于塔座中心。

4. 地理单元

地理单元包括行政区划与管理单元、社会经济区域单元、自然地理单元、城镇综合功能单元、城镇发展规划单元等。除城镇综合功能单元外，各类地理单元按照收集的行业专题资料进行采集。

1) 行政区划与管理单元

行政区划与管理单元包括国家级、省级、地市级、县级、街道(乡镇)级等行政区划单元，以及为特殊管理需要而设立的功能区划单元，采集为面，并赋要素属性。县级以上行政区划单元界线可从基础地理信息中提取，原则上不处理和其他相关要素的协调性问题。

社区(行政村)采集定位点，并赋城乡代码属性(依据国家统计局官方网站公布的最新"统计用区划代码和城乡划分代码")。定位点一般定在社区居委会、行政村村委会所在位置，如果明显不合理，可定位在社区(行政村)的主要居民地中心、连通公路的终点，并确保定位点在社区(行政村)的范围内。

2) 社会经济区域单元

社会经济区域单元包括主体功能区，开发区、保税区，国有农、林、牧场，自然、文化保护区，自然、文化遗产，风景名胜区、旅游区，森林公园、地质公园，行、蓄、滞洪区，饮用水水源保护区，生态保护红线，永久基本农田保护区，城镇开发边界等，根据相关部门收集到的资料进行采集、整理、上图。

3) 自然地理单元

自然地理单元包括流域、地形分区、地貌类型单元、湿地保护区、沼泽区、集水区、地质灾害隐患区等，根据收集到的专题资料进行采集、整理、上图。

4) 城镇综合功能单元

城镇综合功能单元是城镇居民地内部根据功能和权属划分的空间单元，在城市地区采集为面，非城市地区采集为点，主要包括居住小区、工矿企业、单位院落、休闲娱乐景区、体育活动场所、名胜古迹、文物保护单位、宗教场所、保障性住房建设区、收费停车场等。

居住小区是指被城市道路或自然分界线所围合，并与居住人口规模相对应，配建有公共服务设施的居住生活聚居地，采集指标为面积大于 5000 平方米。

工矿企业是指从事工业、矿产等生产性活动的企业所属或长期使用管理的具有一定规模、权属相对独立的空间范围，包括工业、矿业企业以及水厂、电厂、污水处理厂等。

单位院落是指机关团体、事业单位以及公司法人所属或长期使用管理的具有一定规模、权属相对独立的空间范围。武汉市按《城市用地分类与规划建设用地标准》对单位院落进行了细分，包括行政办公、文化设施、教育科研、医疗卫生、社会福利、商业设施、商务设施、娱乐康体、公用设施营业网点、交通设施、消防机构、其他院落等类型。

休闲娱乐景区是指休闲娱乐的场所和风景区，包括公园、游乐园、动物园、植物园等，采集指标为面积大于 50000 平方米，城市地区面积大于 5000 平方米。体育活动场所、名胜古迹、宗教场所采集指标为面积大于 10000 平方米，城市地区面积大于 1000 平方米。

文物保护单位、保障性住房建设区、收费停车场等根据收集到的专题资料整理上图。

5)城镇发展规划单元

城镇发展规划单元是武汉市根据实际需求增加的二级类,包括都市发展区、城市中心城区、城市建成区和湖泊保护界线。都市发展区、城市中心城区、湖泊保护界线根据收集到的专题资料整理上图,城市建成区根据遥感影像等资料判读与划定。

3.1.3.4 地表覆盖与地理国情要素关系

地表覆盖分类图斑与对应的地理国情要素数据之间存在着约束性关系,主要包括:

(1)水域范围和水域要素。地表覆盖分类中归为水域类型的图斑一般位于河渠、湖泊和库塘等要素实体的内部,只有采集使用的影像正好是丰水期拍摄的,两者的范围才可能完全一致。

(2)无轨道路路面范围与道路要素。所有按要素采集的道路中心线,在未被完全遮蔽且影像可识别的地区,须与地表覆盖分类中的无轨道路路面保持空间位置的一致性。

(3)单位院落与房屋建筑区之间不存在一一对应的关系,但位置上有关联性,单位院落范围内应存在地表覆盖类型的房屋建筑(区)。

(4)堤坝线状要素应位于地表覆盖类型的堤坝面内。

(5)各级行政区界线之间应保持一致性。

(6)河流要素与行政境界线应保持一致性。

3.1.4 外业调查与核查

外业调查与核查的主要对象是内业采集标记的疑问图斑,内业采集过程中无法定性的地理国情要素的名称、位置、类型等属性,影像资料未能覆盖的区域。外业核查包括底图制作、外业核查、成果编辑整理和资料提交等流程,如图3-7所示。

3.1.4.1 底图制作

外业核查底图采用外业核查纸质底图、数字平板调绘电子底图两种方式,底图包括正射影像、调查图斑以及内业无法确定地类的重点区域。

非城市地区纸质核查底图采用1:5000比例尺分幅,城市地区按照1:2000比例尺分幅。数字普查底图采用1:2000、1:5000、1:10000、1:25000、1:50000等多级比例尺回放,范围按照任务区的数据范围。底图上的线状要素用不同颜色和线型进行配置,点状要素采用不同符号配置,面状要素采用注记标注。

3.1.4.2 外业核查

外业核查时,对疑问图斑进行照片、文字记录,在纸质底图上标注,为内业修改提供依据,并记录外业核查轨迹,拍摄变化图斑实地照片,采集各类地物样本点。

1. 外业核查标注方式

在底图上可以直接定位的疑问图斑,采用图上标绘和图外注记的形式进行调查,在数

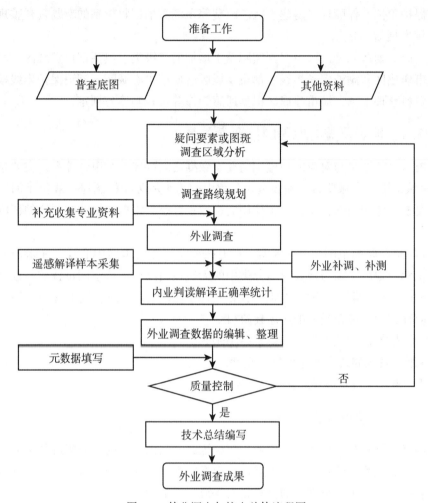

图 3-7　外业调查与核查总体流程图

字调查系统中对疑问图斑按照解译样本要求进行照片、文字记录，在纸质底图上标注。当底图上无法对疑问图斑进行准确定位时，采用满足精度要求的测量手段和测量设备进行实地定位，采集图斑范围。对于无影像支持的大面积复杂区域无法实地补测时，可根据实际情况在底图上示意性标绘出图斑位置和要素的属性、范围，或用文字及特殊标记标注，以利于后期进一步收集其他资料补充采集。

2. 遥感影像解译样本采集要求

遥感解译样本数据包含两类，一是地面照片，二是遥感影像实例数据。两类数据从不同的侧面反映地物影像形态特征，可帮助解译人员更高效地认知遥感影像所蕴含的信息，如图 3-8 所示。

采集的地面照片应充分保证样本的典型性，反映的地表季相或覆盖状态应尽可能与遥感影像的时相接近。拍摄时，应尽可能水平持握相机，拍摄离相机 200 米范围以内的景物，特殊情况下，相机俯仰角或横滚角大于 10 度以上时，需记录其值。照片要求主体明

（a）地面照片   （b）遥感影像实例

图 3-8 遥感影像解译样本示例

确、所属地表覆盖类型易辨别，拍摄姿态、拍摄距离合理，照片中没有与主体无关的其他异物，如铁丝网、栅栏等。

遥感影像实例采集需要根据地面照片的相关属性值，采用手工或自动方式完成遥感影像裁切、拍摄点位置标绘以及地面照片视野范围标绘。

3. 外业核查轨迹要求

外业核查轨迹必须覆盖所有疑问图斑，同时充分考虑限行、单行、通达性等交通问题，核查时选择有代表性的图斑进行样本采集。

3.1.4.3 成果编辑整理

根据外业实测数据，在矢量编辑软件中编辑成图，并更新到地理国情普查成果数据库中。如资料与实际照片不一致，应以实际为主。

3.1.4.4 提交资料

提交资料包括全野外调查数据、外业核查轨迹及核查点(含照片)、遥感解译样本数据和地理国情普查成果数据库。

3.1.5 质量检查与控制

质量检查与控制工作是确保地理国情数据准确性的必要手段。本节从质量检查的主要内容、具体要求和检查方式等方面，介绍质量检查与控制的技术要求。

3.1.5.1 质量检查主要内容

质量检查的主要内容包括质量管理要素、地表覆盖、地理国情要素、元数据、外业调查与核查、遥感影像解译样本采集和专题资料收集及整理等各项生产过程。

质量管理要素主要检查组织实施、技术设计、培训与持证上岗、技术装备配置、资料收集与利用、首件成果和生产工艺、过程检查、最终检查和技术问题处理。

地表覆盖主要检查空间参考系(大地基准、高程基准、地图投影)、时间精度(现势性)、逻辑一致性(概念一致性、格式一致性、拓扑一致性)、采集精度(平面精度、矢量接边)、分类精度(属性精度、完整性)、表征质量(集合表达)以及与其他资料协调处理情况等。其中,采集精度要求图斑边界与正射影像套合差不超过 5 个像素,不出现超过 20000 平方米的大图斑漏采、错采情况。

地理国情要素主要检查空间参考系(大地基准、高程基准、地图投影)、时间精度(现势性)、概念一致性、拓扑一致性(重合、重复、相接、连续、闭合、打断)、几何精度、矢量接边、分类正确性、属性正确性、完整性(多余与遗漏)、几何表达、地理表达与其他资料(如地表覆盖)协调处理情况等。其中,位置精度要求图斑边界与正射影像套合差不超过 5 个像素,属性精度特别关注学校、医院、居委会、小区、道路名称与收集利用的专题资料及外业实地的一致性。

元数据主要检查空间参考系(大地基准、高程基准、地图投影)、时间精度(现势性)、逻辑一致性(概念一致性、格式一致性、拓扑一致性)、位置精度(平面精度)、属性精度和完整性。

外业成果主要检查专业资料完整性、外业调查覆盖范围、路线规划、成果资料完整性、文件组织合理性、补调查的属性信息是否完整、准确性、补测数据精度要求、核查比例、轨迹记录完整性、核查统计表完整性、解译样本采集的总体数量、样点的分布、纸质调查底图的图面整饰、数字调查数据的组织、技术总结完整性。

遥感影像解译样本主要检查样本典型性(数量和分布)、数据及结构正确性(文件命名、数据格式、数据组织、数据库、数据表及属性项定义正确性)、地面照片(选点质量的代表性、拍摄姿态、距离、影像质量)、遥感影像实例(数学基础、影像质量)。

资料收集与整理主要检查资料来源的合法性与权威性、资料的现势性说明、资料精度与可靠性及处理方法、资料整合及空间化处理情况。

3.1.5.2　质量检查要求

地理国情普查质量检查验收实行"两级检查,一级验收",普查任务承担单位负责普查成果质量的"两级检查",包括过程检查和最终检查。过程检查即一级检查,由普查承担单位的作业部门具体实施,其中内业检查比例为 100%,外业检查比例需超过 30%。最终检查即二级检查,由普查承担单位的质检部门具体实施,其中内业检查比例为 100%,外业检查比例需超过 20%,并与过程检查的外业检查不重复。

省级和国家级测绘质量监督检验单位负责生产过程质量监督抽查工作。抽查的内容主要包括承担单位普查质量管理工作的开展情况、两级质量检查执行情况、各项成果质量状况等,监督检查采取现场巡视、调查与座谈、质量检查记录查阅、成果质量抽检等。

3.1.5.3　质量检查方式

质量检查包括概查和详查,检查方式包括内业检查和外业检查。质量概查主要是进行符合性检查，采用内业检查方式，软件检查为主，人工检查或排查为辅。概查内容包括数据组织与结构、数据内容、完整性、数据接边、专题资料利用情况，特别是检查过境公路、铁路、水系等重要地理国情要素的完整性和一致性等。质量详查按图幅采用内、外业检查相结合的方式进行，内业检查采用软件检查和人工检查，外业采用实地检查。详查内容包括地表覆盖分类、地理国情要素、城镇综合功能单元、元数据、遥感影像解译样本和专题数据等。

3.2 基础性地理国情变化更新

基础性地理国情变化更新是由原国家测绘地理信息局、自然资源部统一部署组织，面向全国范围、周期性的基础性地理国情监测(后称地理国情监测)工作，是以第一次全国地理国情普查和多期监测更新形成的本底数据库为基础，采用与普查相一致的内容与指标体系，叠加标准时点(每年6月30日)影像及其他基础地理信息数据，完成变化区域识别和变化要素更新，形成持续、稳定、标准和权威的年度时间序列化地理国情信息，是开展地理国情统计分析和成果应用的重要支撑。

普查之后，按国家技术方案要求，基础性地理国情指标体系有一定的扩充、细化和归并。2016年，将一级类"耕地"和"园地"归并为"种植土地"，"林地"和"草地"归并为"林草覆盖"，共分10个一级类；2021年，又将一级类"种植土地"改为"种植植被"，"人工堆掘地"改为"堆掘地表"。

3.2.1 技术路线

基础性地理国情变化更新工作在国家统一本底、统一影像保障(优先利用二季度亚米级影像)、统一时点、统一生产管理、统一质检验收等要求下，按照"内业为主、外业为辅"，"先变化区域识别、后变化要素更新"的原则进行，具有全覆盖、内外业结合的特点，包括资料收集与整理更新、变化区域识别、变化要素更新、质量检查、市情扩展、成果编研等生产环节。总体技术路线如图3-9所示。

3.2.2 数据采集

基础性地理国情变化更新重点是变化区域识别和变化要素更新。

3.2.2.1 变化区域识别

变化区域识别、核准是基础性监测中最关键、最基础性的一道工序，决定了变化更新的准确性和全面性。地表覆盖主要依据影像进行变化识别，地理国情要素主要依据收集的资料，结合影像进行变化识别。

1. 变化区域识别的标准

将纠正后的监测影像叠加到国家统一下发的本底数据基础上，扣除套合差，若本底数据中面状要素图斑的边线或线状要素的中心线与影像套合大于5个像素或5米，且达到最

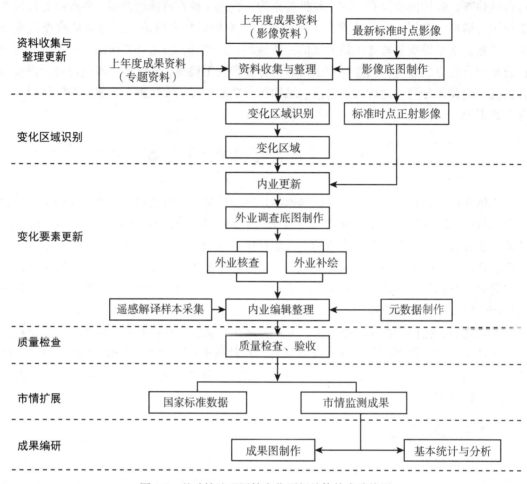

图 3-9　基础性地理国情变化更新总体技术路线图

小采集指标, 则确定为变化区域并进行变化更新。

2. 变化区域识别的方法

一是利用监测成果叠加年度监测时点影像发现变化区域, 即将本年度监测时点影像叠加上一年度数据成果, 采用人工方式发现变化区域。

二是利用两期影像对比发现变化区域, 即将年度监测时点影像叠加上一年度影像, 利用深度学习等自动检测方法识别变化区域。

三是从国土、规划、建设等部门收集城建计划、重大工程资料、卫片执法图斑、建设用地现状调查、土地利用变更调查数据、城中村和"三旧"改造范围线、房屋征收和征地拆迁范围线、规划报建和工程竣工等资料, 综合分析前期外业核实发现变化图斑的分布情况, 跟踪城市建设热点, 发现重点变化区域。

3. 重点识别的变化区域

重点识别的变化区域包括三类: 一是本底数据中处于非季节性变化的区域, 包括人工幼林、施工工地等; 二是新增要素和细化要素, 如应急避难场所、文物保护单位等; 三是非人工建造类别变更为人工建造类别、建造强度发生变化的区域。

对于局部或个别的地物、地类变化，可以在变化区域识别的同时，完成变化信息提取。对于范围较大、内部变化比较复杂的变化区域，可以先勾画出变化区域的整体范围，再进一步完成变化信息提取。

3.2.2.2 变化要素更新

变化要素更新主要包括内业更新采集、外业调查与核查、内业整理与编辑等工序，更新地表覆盖、地理国情要素（铁路与道路、水域、构筑物等）、专题数据等。

1. 地表覆盖更新

地表覆盖重点监测内容包括：正处于变化中的地类，如拆迁和建筑工地；非人工建设变更为人工建设的地类，包括种植植被、林草覆盖、水域等非人工地物类型图斑变更为房屋建筑、铁路与道路、构筑物、工地等；建造强度发生显著或根本变化的地类，包括高密度低矮房屋建筑区变更为建筑工地、多层及以上高层建筑，人工堆掘地（工地）变更为房屋建筑、铁路与道路等；前期解译分类错误的地类。对于种植植被、林草覆盖、水域、裸露地表等覆盖类型，由于生长周期、季节变换等引起的交替和重复性变化，可不做更新。

1）地表覆盖变化分类

地表覆盖变化包括两种类型：一是原有相邻图斑在边缘处发生此消彼长的伸缩变化，简称为伸缩型变化；二是在原有图斑内新产生与周围类型完全不一样的图斑，简称为新生型变化。针对变化区域，同时达到新生和伸缩型变化采集指标时，优先按照新生型变化的采集指标采集。

2）伸缩型地表覆盖变化信息采集

（1）伸缩型变化区宽度（图斑两个较长边之间的平均距离）小于 5 个像素或小于技术要求指标可不视为变化区域；

（2）伸缩型变化图斑所属地表覆盖类型不应发生变化。按照地表覆盖分类要求，如果原有图斑由于伸缩变化导致其归类类型发生变化的，变化部分应按照新生型变化采集；

（3）如果本底数据中发生伸缩型变化的图斑，分类层级比监测期要求的分类层级更详细，应优先按照更详细的分类层级进行归类；

（4）伸缩变化区域分类图斑采集时，需注意与变化区域界线外邻接的其它图斑接边的正确性，确保图斑在变化边界处的交点相同。

3）新生型地表覆盖变化信息采集

新生型变化应首先确定变化区域的边界（包括外部边界和内部岛状边界），再根据地表覆盖分类的内容和指标要求对变化区域进行分类。整个变化区域如果都达不到最小采集指标，可不视为新生型变化区域。

4）地表覆盖变化信息记录

除由于实地已经消失而被其他变化图斑覆盖的图斑外，无论变化图斑扩张、缩小，只要图斑发生变化或边界发生调整，都应记录相关变化信息。地表覆盖变化更新，只对新增或发生伸缩的图斑记录变化信息，对消失的地表覆盖图斑不做记录。

2. 地理国情要素更新

地理国情要素重点监测内容包括：新增的铁路、公路和城市道路以及相应的交通设施，市、区、街(乡镇)行政区以及社区(行政村)的变更及代码更新，新增或撤销的各类社会经济区域单元，新增或撤销的城镇综合功能单元等。

1)地理国情要素变化分类

地理国情要素变化包括三种类型：一是伸缩移位型，即原有地理国情要素分布范围、位置或其他属性发生了变化；二是新生型，即新增的几何要素；三是灭失型，即本底数据中存在的几何要素整体消失了。

2)地理国情要素变化信息记录

点位、线位或多边形伸缩变化小于 5 个像素时，可视为图形基本不变，可不更新。灭失的几何要素在数据集中只做标记，不实际删除。

地理国情要素变化信息采集时，只针对发生空间或属性变化的特定几何要素。如果原有几何要素位置或属性整体发生了变化，应对该几何要素进行更新，并记录变化信息；如果原有几何要素的部分位置或属性发生了变化，则需要打断原有几何要素，并对变化的部分进行更新。

3.2.3　质量检查与控制

地理国情监测质量检查验收流程与地理国情普查阶段基本一致，实行"两级检查，一级验收"，监测任务承担单位负责过程质量控制、数据成果质量检查、数据入库质量检查和统计分析与编研成果质量检查等方面。

检查内容重在对疑似变化图斑、大图斑(20000 平方米以上)漏采错采的检查，一级检查对疑似变化图斑进行 100%检查，二级检查对提交成果数据按图幅进行抽检，比例不低于 10%。疑似图斑的漏采率(漏采面积/提交面积)不得高于 5%。

3.3　专题性地理国情数据获取与处理

专题地理国情数据包括土地、人口、经济、交通、公共服务等要素，按年度从政府各职能部门收集，并进行空间化处理，以满足各类专题监测与分析评价要求。

3.3.1　技术路线

专题性地理国情监测是在基础性地理国情监测基础上，融合社会经济统计数据，围绕城市建设发展和关注热点开展的综合分析评价研究。专题性地理国情数据获取与处理是保障专题性监测顺利开展的前提，内容包括土地、人口、经济、交通、公共服务、城乡建设等方面，工作包括数据空间化、坐标系统与数据格式转换、地类映射关系建立、属性关联、尺度下推等流程，技术路线如图 3-10 所示。

3.3.2　专题资料收集

专题资料收集是地理国情监测的重要内容。一方面，专题资料是地理国情数据的重要

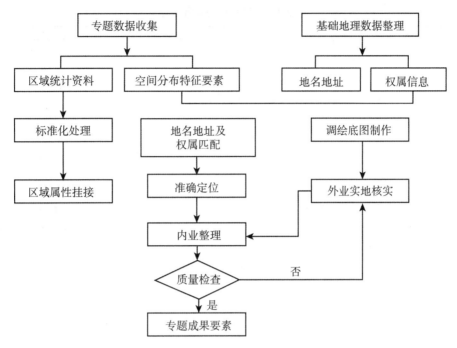

图 3-10 专题性地理国情数据获取与处理总体技术路线图

补充,为要素采集与核查提供重要的参考;另一方面,专题资料是开展地理国情统计分析研究、深度挖掘地理国情数据的基础。此外,通过向政府各部门收集资料,及时了解和明确各部门需求,也有利于宣传地理国情监测工作、拓展地理国情成果应用。

3.3.2.1 专题资料内容

面向政府各职能部门收集的专题资料主要包括人口、工商企业、公共服务设施(教育、医疗卫生、文化娱乐、交通、体育、社会福利与保障、行政管理与社区服务等)以及与经济社会发展、规划建设管理相关的政策、文件和统计信息等,见表3-1。

3.3.2.2 专题资料收集原则

专题资料收集要坚持目的明确、真实权威和保密性原则。资料收集要围绕地理国情监测内容和统计分析的需求,进行有重点、有针对的收集,明确收集资料的具体内容、时效、范围、数据格式等。资料提供单位应确保提供数据的完整、真实、可靠。在资料使用过程中,应注明资料来源,不得伪造、篡改数据,以确保资料的真实权威性。

3.3.3 专题数据处理

收集到的各类专题数据往往是以表格形式存储的,在实际地理国情监测数据生产与统计分析时,需要对各类专题数据进行地名地址匹配、空间化上图、属性关联、尺度下推等处理。如人口、经济类统计数据是基于一定统计单元(全市、区/县、街道或乡镇)的统计

表 3-1　专题数据内容及来源

序号	数据来源	数据项	序号	数据来源	数据项
1	统计局	统计年鉴	9	文化和旅游局	图书馆
2	公安局	人口统计数据			剧院(场)
		公安机构			博物馆
3	教育局	学校			A 级景区
4	民政局	乡镇街道办事处			星级饭店
		居(村)委会	10	卫生健康委员会	医疗卫生机构
		社会福利机构			三甲医院
5	生态环境局	重点排污单位	11	园林和林业局	森林公园、湿地保护区
6	城管委	垃圾处理厂			公园、绿化广场
7	交通运输局	公路	12	市场监督管理局	工商企业统计信息
		桥梁	13	体育局	体育活动场所
		隧道	14	税务局	纳税额 2000 万元以上企业
		长途客运站	15	水务集团有限公司	居民用水数据
		港区	16	自然资源和规划局	社区人口数据
		公交线路、公交站点			城市用地现状
8	水务局	水厂			建成区范围线
		污水处理厂			三旧改造范围线
		堤防			道路拥堵数据
		穿堤涵闸			轨道 OD/站点客流数据
		排灌泵站			公交站点线路客流
		易渍水点			道路交通流量信息

指标，无法反映统计单元上社会经济要素空间分布及差异，需进行属性关联和尺度下推等处理；公共服务、企业类统计数据为存储名称、地址及其他相关属性信息的记录，需进行地名地址匹配、空间化上图等处理。

3.3.3.1　纸质资料数字化

收集资料中若存在纸质地图或无坐标信息的图片资料，则需要进行扫描、配准和数字化等工作。具体操作步骤是：将纸质地图扫描成 .png 等无损格式，收集相应范围的多比例尺地形图框架数据作为定位依据，根据同名点进行坐标配准，对配准后图片进行矢量化，添加相应的属性信息，最后叠加其他资料进行核实。

3.3.3.2 地址位置描述信息数字化

1. 基于复合字典的地名地址匹配

地名地址匹配定位是将文字性描述地址与其空间的地理位置坐标建立起对应关系的过程。通常来说，地名地址匹配工作分为标准地址数据库建设和中文分词算法实现两个步骤。一是建立标准地址数据库，研究城市地名地址要素分类及描述规则，在此基础上构建地址标准化模型，依据地址标准化模型来建立标准地址数据库，同时在数据库中记录各类地名地址要素的标准名称和空间坐标的编码；二是研究一种适合本地化的地名地址中文分词算法，将拆分结果与标准地址数据库地址要素进行匹配，通过将标准化的地址赋予空间坐标信息，完成地址字符串的空间定位，从而实现地名地址匹配。

中文分词的精确性很大程度上取决于分词字典的规范程度。目前，用于分词的传统字典存在以下不足：一是对于同音字、错别字、简称、旧称等情况没有进行更好地纠正；二是仅包含日常用词、短语、专用词汇、地名地址信息，未对其精确程度进行分级；三是对于特殊字符没有考虑更多，导致错分、漏分等多种情况。

针对以上三点问题，可设计复合字典，包括用于纠错的标准化字典、用于定位精确度分级的地名字典、用于提取地址准确度标识信息的特殊标识字典等，如图 3-11 所示。

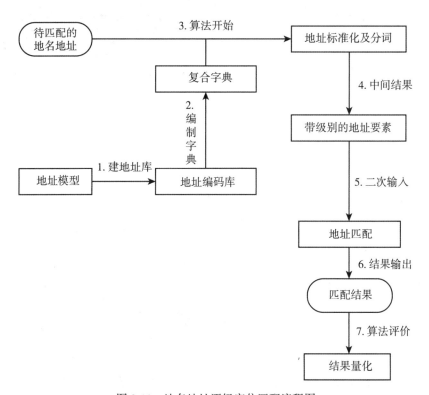

图 3-11　地名地址逐级定位匹配流程图

2. 基于百度 API 的地名地址匹配

为提高地名地址匹配定位效率，可通过搜索百度地图的 POI 数据库，获取批量地址数据，实现要素点的构建。但需注意的是，匹配的坐标信息为火星坐标系，需进行坐标纠偏和坐标转换处理，如图 3-12 所示。

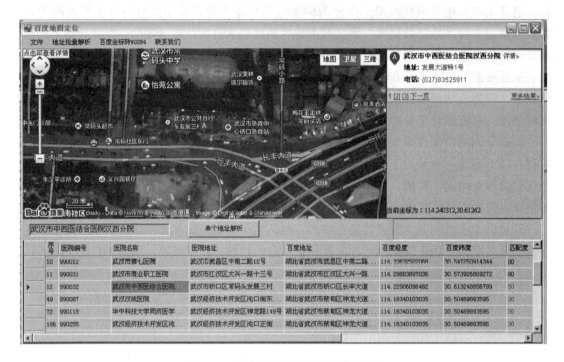

图 3-12　基于百度地图的定位程序示例

3.3.3.3　要素属性关联

收集资料中存在大量针对区域单元的统计信息，此类数据可以直观地以地图形式进行展现。具体操作步骤是：收集整理统计单元，如行政区界、园区范围等，根据统计单元名称进行属性挂接，保证统计单元图形信息与属性信息一一对应，根据属性制作各类专题图，如柱状图、饼状图、分层设色图等。

3.3.3.4　统计类信息尺度变换

宏观尺度的地理国情统计分析难以生动反映微观尺度下土地利用对应的社会经济活动，在实际应用上有很大的局限性，难以落地。为实现精细尺度下的地理国情统计分析，需要将尺度不匹配的多源数据进行尺度转换。

尺度变换是针对地理空间数据的常见操作，将不同尺度等级下的空间数据统一为相同尺度，通常包含尺度上推和下推操作。其中，尺度下推是指将大尺度下的信息或数据推绎到较小尺度上，以展现数据的更多细节特征，但难度相对较大。

本节介绍两类统计信息的尺度下推方法：一是基于地理国情监测、土地调查和专题调查的经济、环境类统计信息尺度下推方法；二是基于地理国情监测、房屋调查、人口统计资料的人口格网化方法。

1. 经济、环境类统计信息尺度下推方法

在地理国情分析评价过程中，传统的统计年鉴、水资源公报等统计信息一般按区县单元统计，环境监测类信息中空气质量数据、水质数据、噪声数据则为监测点时序数据，需要进行尺度下推，如表3-2所示。

表3-2　主要指标尺度下推方法

指标分类	指标名称	尺度下推方法
经济指标	第一产业增加值	耕地、林地、养殖水面面积占比
	第二产业增加值	工业用地面积占比
	第三产业增加值	商业与服务业设施用地、物流仓储用地面积占比
	地均生产总值	三次产业增加值累加值
水资源指标	地表水资源	水域面积占比
	地下水资源	地下水可开采量占比
	降水量	等降水量线值覆盖面积占比
	工业/农业用水量	工业/耕地用地面积占比
	居民生活用水量	生活用水量因子占比
	生态保持用水量	生态用地面积占比
环境指标	大气、噪声	克里金（球面模型）
	水质	水域面积与水质加权

1) 经济类指标

经济类统计指标的尺度下推主要依据地理国情监测和土地利用现状调查的用地分类信息进行加权计算，计算各街道相关用地类型面积占比，作为权重值将相关产量、产值信息加权下推至街道单元等级。

2) 水资源类指标

水资源类指标主要有可用水资源和消耗量两个方面，对城市来说，主要考虑可利用地表水资源和居民生活用水两个方面。

地表水资源指地表水中可以逐年更新的淡水量，是水资源的重要组成部分。街道尺度的地表水资源总量计算公式为：

$$街道地表水资源总量=\frac{街道水域面积}{区县水域面积}×区县地表水资源总量$$

式中，水域面积数据来源于地理国情监测的常水位水域，包括江河、湖泊、水库和坑塘。

61

居民生活用水包括居民日常生活所需用水以及相应的商业用水。街道尺度的居民生活用水量计算公式为:

$$街道居民生活用水量 = \frac{街道人数 \times \dfrac{街道居住商用地面积}{区县居住商业用地面积}}{区县人数} \times 区县居民生活用水量$$

3) 环境类指标

与前述两类指标不同,空气监测、水质监测、噪声原始信息均为监测点位采样数据,可采用普通克里金插值方法进行尺度下推。假设具有 Z 值的点数据空间属性均一,对于空间任意一点 (x, y),都有同样的期望 E 与方差 σ^2,则任意一点处的值 $Z(x, y)$ 都由区域平均期望值 E 和该点的随机偏差 $R(x, y)$ 组成,其公式为:

$$\hat{Z}(s_0) = \sum_{k=1}^{n} \lambda_k Z(s_k)$$

式中,s_0 为待预测点空间位置,$\hat{Z}(s_0)$ 为待预测表面值(即点数据 Z 值),n 为监测值总数(原始点数),$Z(s_k)$ 为第 k 个监测点的数值,λ_k 为第 k 个监测点的相应权重。普通克里金技术权重 λ_k 由插值点和数据点之间的距离及其周围监测值间空间关系决定,一般可通过变异函数反映。

2. 人口数据的格网化技术

人口统计数据通常以行政区为单元逐级统计和汇总得来,在进行人地关系研究时,数据精度往往满足不了实际应用需求。人口数据格网化是采用一定的计算方法,对基于行政区划的人口统计数据进行精细化处理。

1) 房屋调查数据编辑

房屋调查专项数据包括绝大部分建筑的相关信息,按照建筑用途将房屋建筑分为大类、中类和小类。在一级分类基础上,对房屋调查数据进行人工筛选,提取出居住建筑用于人口数据空间化的处理。由于存在极少数房屋建筑调查数据缺漏的情况,需要结合地理国情普查数据对缺漏的部分进行补充。

2) 人口数据计算及空间化

以街道或社区为单元,计算单元区内居住建筑面积之和及人均居住面积,假设每个单元内居民的人均居住面积相同,将人口由单元重新分配到居住建筑,实现人口数据与房屋数据的空间关联。

(1) 计算居住面积。以街道或社区为单元,统计居住建筑的总建筑面积。其公式为:

$$S_i = \sum_{j=1}^{n} S_{ij}$$

式中,S_i 为第 i 个单元的建筑面积之和,S_{ij} 为该单元中第 j 个建筑的建筑面积。

(2) 分配居民。假设每个单元内居民的人均居住面积相同,将人口由单元重新分配到居住建筑上。其公式为:

$$P_{ij} = P_i \times \frac{S_{ij}}{S_i}$$

式中，S_i 为第 i 个单元的建筑面积之和，S_{ij} 为该单元中第 j 个建筑的建筑面积，P_i 为第 i 个单元的人口总数，P_{ij} 为该单元中第 j 个建筑容纳的居民数。

3）人口数据栅格化

为使人口数据更好地与其他数据进行融合分析，将所得到的空间化人口数据进行格网化处理。

（1）空间叠加。将生成的标准格网与所得到的带有人口信息的房屋数据进行叠加处理，得到经格网切割过的房屋数据，计算切割后的房屋面积。

（2）人口计算。由于部分房屋跨越多个格网，在切割后被分配到不同的格网中。假设同一栋建筑内，居民人均居住面积是均匀的，计算切割后的房屋所容纳的人口数。其公式为：

$$P_{mn} = P_m \times \frac{S_n}{S_m}$$

式中，P_m 为第 m 个房屋所容纳人口数，P_{mn} 为该房屋被切割后的第 n 个部分所容纳的人口数，S_m 为该房屋的基地面积，S_n 为切割后的第 n 个部分的占地面积。

最后，统计每个标准格网内容纳的人口数量，完成人口格网化处理。

3.3.4 质量检查与控制

专题性地理国情数据质量检查的内容主要包括数据空间精度、属性精度和结论可靠性等。

3.3.4.1 数据空间精度

1. 数学基础

各类成果数据平面基准采用 CGCS 2000 国家大地坐标系，长度单位采用米（m）、千米（km），面积单位采用平方米（m²）、平方千米（km²），保留到小数点后 2 位，占比、构成比保留到小数点后 2 位。高程基准采用 1985 国家高程基准，高程系统为正常高，高程值单位采用米（m），保留到小数点后 1 位。

2. 位置精度

点状要素定位在单位正门中心或主要建筑物上，面状要素检查无错误。

3.3.4.2 数据属性精度

1. 要素完整性

专题资料数据库应包含所有应上图项（若无某类要素，需提供空表），要素数量应与利用数据说明里提供的上图数量一致，并保持与公开发布的统计资料一致。

2. 属性一致性

区级资料与市级资料应保持一致，二者不一致时，采取"从上"原则，优先利用市级资料。

3. 属性准确性

必填字段应属性填写完整，且保持单位统一。

3.3.4.3　结论可靠性

1. 基础指标检验

根据多年变化趋势进行初步判断，重点关注反常、突变数据，增加自检、互检工作环节，确保基础数据的正确性。如果突变为真实值，则在指标描述时进行重点分析。

2. 综合指标检验

综合指标检验分为两方面：一是结论正确性，二是贡献度或影响因素分析，重点关注逆向指标的变化及影响。

3.4　大数据获取与处理

大数据在城市流空间动态感知中迅速得到推广应用，但由于其数据来源多元化、格式标准多样化等特点，需针对城市地理国情监测大数据挖掘分析需要，对获取的大数据进行一系列必要的处理。

3.4.1　技术路线

大数据获取与处理一般分为两个阶段：一是针对大数据的有偏性、不完整性和不一致性，进行大数据的清洗，包括去噪、取样、过滤、合并、标准化等预处理；二是针对大数据挖掘分析与实际应用需要，进行大数据的清理、分类、聚类和关联挖掘，以及可视化表达。技术流程如图 3-13 所示。

图 3-13　大数据获取与处理总体技术路线图

3.4.2　大数据获取与处理

大数据展现了人、物、信息等要素在城市空间上的流动和集聚，具有海量、多源、精细化等特点，按照获取方式可分为商业购买(手机信令、网络位置数据、企业互投信息等)、政府行业部门收集(职工医保数据、居民用水用电数据等)和网络爬取(交通大数据、文本信息等)三种类型。本小节重点介绍联通手机信令、百度网络位置两类大数据的获取与处理方法。

3.4.2.1 联通手机信令数据获取与处理

手机信令数据由用户的位置移动、通话、上网等行为激发，具有时间连续、不需用户主动触发的特点，但它根据移动通信基站位置定位，其定位精度几百米到几公里不等，受基站分布密度和移动通信运营商市场份额占比影响较大，在某些区域难以反映真实情况。

1. 数据搜集

首先确定研究所需要的数据时段和空间范围，然后搜集相关的手机信令数据、用户属性信息、基站工参数据、研究区域图层及其他外部参考数据。

手机信令数据具体包括用户主动、被动触发的所有行为的时间和位置信息。主动行为包括上网、接打电话、收发短信、开关机等，被动行为包括寻呼、位置更新(周期性的位置更新、位置移动引发的位置更新)、切换等。

基站工参数据包括基站编号、基站经纬度等。信令数据只有与工参数据关联，才能确切地把握用户的时空行为信息，原因在于信令数据只是记录了用户的 ID、信令触发时间以及用户当时所使用的基站编号等，并不对应具体的经纬度。基站工参数据在维修、新增等情况下会进行更新，但更新频率比信令产生的频率慢得多。为了减小由于工参数据老旧导致的误差，在数据分析时，基站参数信息的时段应与手机信令的时段相对应，然后通过基站编号将信令事件与空间位置经纬度关联起来，最终获得完整可用的记录。

2. 用户匿名化处理

完成原始数据搜集后，为了保护用户的隐私，需要对敏感信息进行 MD5 加密处理(算法不可逆)，最终获得脱敏后的信令数据，核心字段包括唯一用户 ID、信令发生时间、信令发生的基站编号、经纬度坐标和信令事件类型，如表 3-3 和图 3-14 所示。

表 3-3　脱敏后的手机信令字段

User_Id	Timestamp	Loc_Id	Long	Lat	Evevnt_Type
脱敏用户 ID	信令发生时间，精确到秒	基站编号	WGS84 坐标系，保留 6 位小数	WGS84 坐标系，保留 6 位小数	11、12 等等，分别代表不同的事件类型

3. 数据清洗

为了保障结果的可靠性与科学性，需从两个方面剔除异常数据。

1)排除异常

由于部分手机信令数据缺少相应的经纬度坐标，因此需要将影响分析和判别的信令记录予以直接剔除。

2)消除"乒乓效应"

移动通信系统中，如果在一定区域内两基站信号强度剧烈变化，手机就会在两个基站间来回切换，不断产生信令记录，形成"乒乓效应"。到访过存在"乒乓效应"区域的用户，

```
 1  37b23bbc11d7bb84125fd3cd48c2bb36|2015-07-29 13:49:05.383202|32|460014103916111|116.47057|39.8623|2
 2  cb5ee987d80c12b0f562421716a25c09|2015-07-29 13:49:06.317792|32|460014102408212|116.50835|39.86755|2
 3  ae17076f7d1bb24450e6c44b03211f83|2015-07-29 13:49:05.745115|32|460014102421834|116.48432|39.86242|2
 4  c5a99db05b59c3c859f989d084e34e78|2015-07-29 13:49:05.779972|32|460014102430031|116.4672|39.87207|2
 5  4e955757c17183f672c4f23bf0ec2847|2015-07-29 13:49:05.088375|32|460014103818821|116.75301|39.81901|2
 6  3f75fb38c3f8e40a5719531840708d72|2015-07-29 13:49:05.582469|32|460014098406911|116.52501|39.86241|2
 7  a3a602461317f61cc5a24f0810508272|2015-07-29 13:49:05.413433|32|460014102416821|116.48901|39.8661|2
 8  9b8aff16042cc21ebf7763d1011b8b50|2015-07-29 13:49:05.777600|32|460014102419732|116.48901|39.8661|2
 9  658f9906fb190f226a8197f2e2317d78|2015-07-29 13:49:05.379710|32|460014102420932|116.46861|39.88728|2
10  fc10c403e60aff583317ab207d9d9120|2015-07-29 13:49:05.294380|32|460014102414831|116.48232|39.88454|2
11  9572b15bc8e8cbfd7ffffed780c61093|2015-07-29 13:49:05.182749|32|460014103957211|116.465773|39.861831|2
12  2c7db75b1c3a903ebe17f7f6abbd465d|2015-07-29 13:49:06.475446|32|460014103918221|116.45283|39.85977|2
13  5e13c95227f56396834db3b06f381e0c|2015-07-29 13:49:05.835072|32|460014102408221|116.50835|39.86755|2
14  88708acaad02c9a5ab6bc164f14bf99a|2015-07-29 13:49:06.975409|32|460014103912331|116.50888|39.86492|2
15  8ad5a97aaebb9271056dfe049429eb6a|2015-07-29 13:49:05.334356|32|460014102422521|116.47073|39.86699|2
16  5d15d183dafda0fce352eef861f1b2cc|2015-07-29 13:49:05.126096|32|460014102421821|116.48432|39.86242|2
17  e6ac5d91e2ae0eefb44e9c89e8b7bfeb|2015-07-29 13:49:04.744214|32|460014098534921|116.74792|39.82685|2
18  d3994de37500baef53be838e87de5103|2015-07-29 13:49:05.774979|32|460014103915611|116.48201|39.8543|2
19  eea52815198cf404b2ce136439947093|2015-07-29 13:49:04.963119|32|460014103916622|116.50726|39.86021|2
20  7784e4a1831b3c8551a0e88d2e01b347|2015-07-29 13:48:54.843246|32|460014098410334|116.52195|39.85231|2
```

图 3-14　脱敏后的手机信令数据示例

信令事件会激增，必须消除该类影响。

对每日的信令记录进行统计，以基站对的形式，考察各对之间的切换数量、切换距离和时间长度。如果在短时间内切换数量过多，且为短距离切换，即认为存在"乒乓效应"，予以剔除，若为远距离信令切换，则认为是有效数据，予以保留。如图 3-15 所示。

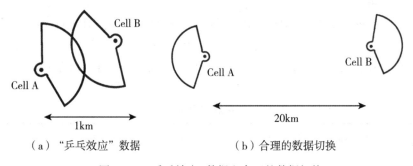

（a）"乒乓效应"数据　　　　　　　　（b）合理的数据切换

图 3-15　"乒乓效应"数据和合理的数据切换

4. 扩样处理

假设在虚拟空间上有联系的人，在物理空间上存在某种相似性。基于联通与移动、电信的话单数据，以推算方法进行信令数据的扩样处理。

（1）以全国联通用户为种子，识别联通用户真实的居住地位置，作为计算基准。

（2）推算与联通用户有通话联系的异网用户的位置，包括电信和移动的用户，具体推算过程中，采用加权平均的方式。

（3）基于联通用户的位置以及推算的异网用户位置，得出区县尺度的联通用户市场占有率。

（4）以联通掌握的省域尺度市场占有率进行校核，将通过校验后的市场占有率作为最终的区县市场占有率，并完成扩样处理。

5. 用户停驻留点识别

1）居住地分析

居住地观测时段为 21:00 到次日 8:00。以用户每日在观测时间段内被观测到的秒数，进行月度累加并排名，取排名最高且一个月内工作日出现天数超过 10 天的网格为用户的居住地。

2）就业地分析

就业地观测时段为 9:00 到 17:00，观测对象为年龄段在 16~64 岁的用户。以用户工作日在观测时间段内被观测到的秒数，进行月度累加并排名，取排名最高且一个月内工作日出现天数超过 10 天的网格为用户的就业地。

3）游憩地分析

本地游客游憩地是本地用户一次驻留超过 1 小时，且为非居住地、非就业地（以下简称"非职非住"）的网格。外地游客游憩地是用户居住地非目标城市，在目标城市内一次驻留超过 1 小时的网格。

4）驻留地分析

日间驻留地是当天驻留时长超过 3 小时的用户，其日间（8:00—20:00）停驻时长超过 30 分钟且排序前 5 名的停驻地。夜间驻留地是当天驻留时长超过 3 小时的用户，其夜间（20:00—次日 8:00）停驻时长超过 30 分钟且排序前 5 名的停驻地。

6. 用户特征识别

1）常住人口

常住人口为某城市 12 个月中有 6 个月及以上居住在该城市的用户。提取每个月某城市的居住用户，取驻留时间最长的街道/乡镇作为该用户的常住地。

2）短期驻留人口

短期驻留人口为某城市非职非住、每天驻留大于 3 小时、月度驻留天数小于 10 天的人口。统计某日短期驻留人口时，以判断出来的短期驻留人口为对象，统计当天驻留大于 3 小时的人口，并以当天驻留时长最长的街道/乡镇作为归属地。

$$日均短期驻留人口 = \frac{每天每个街道/乡镇的累计短期驻留人口}{计算天数}$$

3）过境人口

过境人口指在某城市驻留不超过 3 小时的人口。

4）实有人口

实有人口为某城市扣除过境人口（城市内驻留不超过 3 小时）后实际监测到的人口。统计某日实有人口时，对于本地居住用户，取居住地所在街道/乡镇作为归属地；对于非本地居住用户，取统计当天驻留时间最长的街道/乡镇作为归属地。

5）常住人口家乡地

家乡地指春节假期，驻留天数最多且驻留时长最长的区县。

6) 全目的出行分析

一个用户的两两驻留点之间即为一次出行。为剔除异常出行，全目的出行 OD 定义为出发地和目的地在不同网格、出行时间在 6 小时以内且出行速度控制在 5~120km/h 的出行链。

7) 职住通勤分析

职住通勤 OD 是根据识别出的用户居住地(O)和就业地(D)，从出行轨迹中，识别出发地为居住地、到达地为工作地(上班)，或者出发地为工作地、到达地为居住地(下班)的出行链。

3.4.2.2　百度网络定位数据获取与处理

百度网络定位数据一般由用户查询地图、导航等发出定位请求时产生，通常会综合利用 GPS、芯片、WiFi、基站等多种方式混合定位，空间定位精度较高，但在时间上不连续，可能几个小时内无记录，也可能在 1 分钟内产生数十条记录，因此需要进行预处理降噪。

以基于百度网络定位数据挖掘居住地和工作地为例，具体技术流程包括：首先接入定位 SDK 的日志数据，对噪声数据进行过滤预处理；然后通过 DBSCAN 聚类算法将同个用户对应的坐标聚合成多个独立的簇，利用 Xgboost、随机森林等机器学习算法挖掘用户的居住地和工作地，具体挖掘流程如图 3-16 所示。

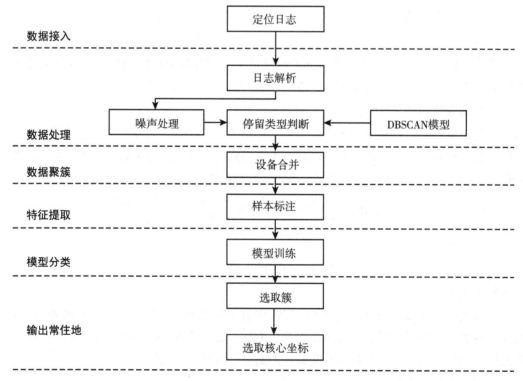

图 3-16　技术流程图

1. 数据接入和预处理

采集并解析原始定位日志，提取用户标识、定位坐标、定位时间、连接 WiFi 等信息，根据停留点识别规则(例如长时间在小范围内活动、连接室内 WiFi 等)过滤异常坐标和行进过程中的定位坐标。

2. 坐标聚簇

通过 DBSCAN 算法对同个用户对应的所有坐标进行空间位置上的合并，获取用户常去的地点集合，形成用户居住地、工作地的候选集，如图 3-17 所示。

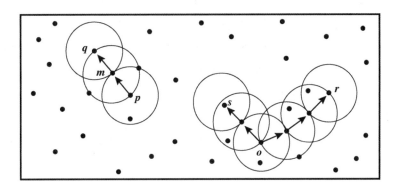

图 3-17 DBSCAN 算法示意图

3. 样本提取

使用地图客户端的用户标注数据，过滤居住地和工作地距离异常和最近 2 个月未使用定位的用户。判断用户标注的居住和工作地的区域类型，过滤交通枢纽、道路、旅游景点等非工作和居住属性的数据。根据用户年龄、人生阶段等属性，补充一部分退休老人、在校学生样本。

4. 特征提取

采用定位天数、分时段定位分布、WiFi 属性、用地属性、用户属性等多维特征进行模型训练和分类。

(1)定位天数特征：主要用来描述用户在不同地点的定位天数分布和平均停留时长。

(2)分时段定位分布：主要用来描述在不同时间段的定位分布情况，将 1 天 24 小时拆分为不同时段，分别统计每个时段内的定位天数比例，并区分工作日和周末。

(3)WiFi 属性：主要用来判断用户连接的 WiFi 是私有还是公共的。例如在居住地连接的 WiFi 通常是私有的，只会被有限几个用户使用；而在工作地和其他地点的 WiFi 为公共的，连接用户非常多，因此可以辅助识别用户所处地点的属性。

(4)用地属性：主要用来描述用户所在地的功能属性，例如是否是居民区、写字楼或购物中心等。

(5)用户属性：主要包括用户的年龄、职业等信息。

5. 用户驻留识别

基于百度网络定位数据的用户居住地、就业地识别方法与基于手机信令的驻留识别方法类似，首先采用 Xgboost、随机森林等方法进行分类，然后通过分类标签、停留天数和最近定位时间进行判断，居住地为用户对应簇中分类标签为居住地且夜间停留天数最多的簇，工作地为用户对应簇中分类标签为工作地且工作日白天停留天数最多的簇。

6. 用户流动识别

百度网络定位数据可应用于城市内部出行活动分析，其方法与基于手机信令数据的分析方法一致，根据识别出的居住地和工作地构建全目的或通勤出行链。

基于百度网络定位数据，还可以识别城市间的流动人群。以用户常住地所在城市或停留超过一天的非常住城市定义为出发城市，以用户离开出发城市并在非出发城市停留超过4 个小时的城市定义为到达城市。在此基础上，可以识别城市间的人口流动，并开展春节期间人口迁徙和人口腹地等分析研究。

此外，还可结合人群网络行为、用户内容偏好、用户交易等相关数据，进一步开展百度热力、人口画像分析，如人口性别、年龄、收入水平、教育水平、消费水平、职业构成、空间聚集特征等。

3.5　数据组织与管理

本节介绍地理国情数据组织与管理方式，包括基础性监测数据、专题资料数据和统计分析成果数据等。

3.5.1　基础性地理国情数据组织

基础性地理国情数据包括本底数据集和变化信息数据集。变化信息数据集是根据监测的变化情况，以本底数据集为基础，通过增加、修改、标注消失要素或更新属性值，并记录相关变化信息形成的结果数据集。

地理国情监测生产过程采集的矢量数据按数据集（feature dataset）和要素层（feature class）组织，要素层要素只采用简单点、线、面表达，包括地表覆盖分类数据和地理国情要素数据两大类，共 6 个数据集。

本底数据集各矢量数据层名称之前加上" V_ "作为前缀。其中，更新的路网数据对应的弧段层，以及建库阶段生成并更新的结点与障碍限制点层，其命名方式与生产采集的数据层类似，但前缀采用"N_ "。变化信息数据集分层组织与本底数据集一致，存储变化信息的数据层在本底数据层名前加前缀"U"，如表 3-4 所示。

表 3-4　数据分层与命名汇总表

数据集	本底数据层名称	变化数据层名称	类型	数据内容
地表覆盖数据集 LcrDataset	V_LCRA	UV_LCRA	矢量面层	基础地表覆盖数据层
	V_LCRT	UV_LCRT	矢量面层	植被覆盖专题数据层
	V_LCRW	UV_LCRW	矢量面层	地表水面覆盖专题数据层
	V_SPCP	UV_SPCP	矢量点层	农作物或其他植被物种样点数据层
交通网络数据集 TraDataset	V_LRRL	UV_LRRL	矢量线层	铁路(线)
	V_LRDL	UV_LRDL	矢量线层	公路(线)
	V_LCTL	UV_LCTL	矢量线层	城市道路(线)
	V_LVLL	UV_LVLL	矢量线层	乡村道路(线)
	V_LLKL	UV_LLKL	矢量线层	匝道(线)
	N_LRRL	UN_LRRL	矢量线层	铁路网弧段层
	N_LRRP	UN_LRRP	矢量点层	铁路网结点层
	N_LRBP	UN_LRBP	矢量点层	铁路网障碍限制点层
	N_LRDL	UN_LRDL	矢量线层	公路网弧段层(包括公路、城市道路、乡村道路)
	N_LRDP	UN_LRDP	矢量点层	公路网结点层
	N_LDBP	UN_LDBP	矢量点层	公路网障碍限制点层
水域网络数据集 CHydDataset	V_WSUA	UV_WSUA	矢量面层	集水区单元数据面层
	V_HYDL	UV_HYDL	矢量面层	水体(线)
	V_HYDA	UV_HYDA	矢量面层	水体(面)
	V_HYBP	UV_HYBP	矢量点层	水网关联点层
构筑物要素数据集 StrDataset	V_SFCA	UV_SFCA	矢量面层	闸、码头、尾矿堆放物
	V_SFCL	UV_SFCL	矢量线层	堤坝、闸、其他水工构筑物、隧道、桥梁、码头、车渡
	V_SFCP	UV_SFCP	矢量点层	闸、高速公路出入口、立交桥
地理单元数据集 UniDataset	V_BOUA1	UV_BOUA1	矢量面层	国家级行政区
	V_BOUA2	UV_BOUA2	矢量面层	省级行政区及特别行政区
	V_BOUA4	UV_BOUA4	矢量面层	地级行政区

3.5.2　专题性地理国情数据组织

专题资料数据包括人口、企业、公共服务、城市建设管理、地理单元5个专题。以武汉市为例,专题数据库采用分层组织,以中文方式命名,包括5个数据集、66个要素图层,如表3-5所示。

表 3-5 专题数据内容及分层组织

数据集	分类	要素名称	几何类型	数据集	分类	要素名称	几何类型
人口	人口	人口统计	面	道路交通		公交场站	面
经济	企业	工商企业	点			过街天桥	面
		主要国税税源企业	点			公交站场	面
		地税主要税源企业	点			桥梁	线
公共服务	医疗卫生	医院	点、面	城市建设管理	基础设施	水厂	面
		医疗机构	点			污水处理厂	面
	教育科研	基础教育	点、面			堤坝	线
		中等职业教育	点、面			穿堤涵闸	点
		高等教育	点、面			地下车库	面
	文化设施	图书馆	点			垃圾处理厂	面
		博物馆	点		部门专题	环境监测点	点
		剧院	点			重点污染源	点
		影院	点			重大项目布局	面
		优秀历史文物	点		行政管理单元	水库	面
	社会福利	社会福利机构	点、面			居委会、村委会	点
	休闲娱乐	宗教场所	点、面	地理单元	社会经济区域单元	主体功能区	面
		体育活动场馆	点			开发区、保税区	面
		景区	点			国有农(林、牧)场	面
		公园、绿化广场	点、面			高新技术产业园	面
	商服网点	加油(气)站	点			分蓄洪区、汇水区	面
		星级饭店	点			湿地保护区	面
		药店	点			文化创意园区	面
	行政办公	街道办事处	点		城镇发展规划单元	环境功能区	面
		公安分局、派出所	点			都市发展区	面
		军休所	点			城市中心城区	面
		税务服务厅	点			城市建成区	面
		人社服务机构	点			新城组群	面
		婚姻登记机构	点			中心镇和一般镇	点
		殡葬服务机构	点			历史文化风貌保护街区	面
		消防机构	点			绿化用地保护界线	面
		社区警务室	点			湖泊保护界线	面
		社会组织机构	点			山体保护界线	面
城市建设管理	道路交通	长途客运站	面			基本农田保护区	面

3.5.3 统计分析成果数据组织与管理

按照数据类型及来源分类，统计分析成果数据可分为基表、专表和综合指标表等。

3.5.3.1 基表

基表数据来源于地理国情普查与监测的基本统计成果及各项统计结果，包括地表覆盖、地理国情要素、地理单元、行业专题、地下空间利用、规划数据等，如图 3-18 所示。

图 3-18 基表数据内容

3.5.3.2　专表

专表数据来源于统计年鉴、统计公报、各行业专题资料及多源大数据，是专题性监测的主要数据基础，按行业类别及专题分别存储。

图 3-19　专表数据内容

以武汉市为例，专表数据主要包括自然资源、生态环境、土地利用、人口、经济、公共服务、交通、碳源碳汇和海绵城市等类别，每类指标再按数据来源细分为直接引用指标、间接计算指标和独立维护指标，最小统计单元为街道（乡）。其中，直接利用指标来自基本统计、行业专题资料、多源大数据等数据源，如常住人口、实际服务人口、经济总量等；间接计算指标通常基于多个直接引用指标进行空间、数学计算而得，可自动或半自动更新，如人均 GDP、人口密度等；独立维护指标需通过复杂模型计算而得，如小学 500米半径内人口覆盖率，如图 3-19 所示。

3.5.3.3 综合指标表

综合指标是对某类现象的概括性、抽象化表达，是在基础监测指标基础上归纳、凝练形成的综合指数。综合指标体系按照专题监测方向分类，同时按不同的行政区划级别进行统计分析。以武汉市为例，综合指标体系如表 3-6 所示。

表 3-6　综合指标体系

综合指标类别	综合指标	空间尺度
城市空间格局变化	用地优化度	市级/区级
	经济发达度	
	人口支持度	
开发区规划实施	产业集聚度	开发区级
	集约发展度	
	综合配套水平	
	发展潜力	
综合交通网络	综合交通完善度	市级/区级
基本公共服务	城市宜居性	市级
	基本公共服务配置水平	市级/区级
	社区宜居性	社区级
滨江滨湖生态环境	山水环境综合指数	市级
	低碳城市建设指数	市级/区级
	地表径流系数	建设分区/地块
	资源环境承载力	街道级

综合指标类别	综合指标	空间尺度
地理国情综合指数	自然资源支持度	市级/区级
	土地利用合理度	
	生态环境健康度	
	绿色经济发展度	
	和谐社会推进度	
	综合交通完善度	
	基本公共服务均等度	
	新型城镇化发展度	
旧城更新	社会特征	社区级
	空间特征	
	经济特征	
	环境特征	
乡村振兴	土地利用	行政村级
	社会发展	
	经济发展	

1. 指标体系方案库

综合指标表包括指标名称、父编码、编码、正逆性、权重、标准化结果、计算结果、统计单元、年份和指标来源。指标体系结构的层级关系通过父编码和自身编码表示，0X 表示一级指数，0X0M 表示第 X 个一级指数中的第 M 个二级指数，0X0M0N 表示第 X 个一级指数中第 M 个二级指标的第 N 个三级指标。统计单元类型包括市、区、街道、社区或其他单元。见表 3-7。

最底层指标来源指其在基表或专表中的存储位置，若未能检索到该指标，则判断是否需要在线计算或通过数据入库形式进行更新，即自动提取、独立计算和单独补充等。

2. 指标标准库

指标标准库按行业类别存放了各类指标的国家行业标准规范，如城市用地指标、路网密度、公共服务半径、环境质量、资源消耗、污染排放标准等，以及先进城市相关指标，以便进行横向比较。

3. 指标计算模型方法库

指标计算模型方法库将专题性监测的单项指标统计、综合指标构建及专项研究中涉及的模型与方法集成为一个庞大的"智库"，为实现专题性监测的在线统计与分析提供技术支撑，主要包括无量纲化方法(极值法、最大最小值法)、指标定权方法(熵权法、层次分析法)、空间分析(缓冲区分析、叠置分析)等一系列模型库。

表3-7 综合指标表结构(以基本公共服务完善度为例)

序号	指标名称	父编码	编码	正逆性	权重	标准化结果	计算结果	统计单元	年份	指标来源
1	基本公共服务完善度	00	01	Y	1				2015	一级指数
2	公共设施保障度	01	0101	N	0.1				2015	二级指数
3	教育	0101	010101	Y	0.12				2015	三级指数
4	小学数量	010101	01010101	Y	0.33				2015	基本公共服务
5	小学教师数	010101	01010102	Y	0.25				2015	基本公共服务
6	中学数量	010101	01010103	Y	0.18				2015	基本公共服务
7	中学教师数量	010101	01010104	Y	0.24				2015	基本公共服务
8	医疗福利设施	0101	010102	Y	0.17				2015	二级指数
9	福利院数量	010102	01010201	Y	0.16				2015	基本公共服务
10	基本公共服务完善度	00	01	Y	1				2016	一级指数
11	公共设施保障度	01	0101	N	0.1				2016	二级指数
12	教育	0101	010101	Y	0.12				2016	三级指数
13	小学数量	010101	01010101	Y	0.33				2016	基本公共服务
14	小学教师数量	010101	01010102	Y	0.25				2016	基本公共服务
15	中学数量	010101	01010103	Y	0.18				2016	基本公共服务
16	中学教师数量	010101	01010104	Y	0.24				2016	基本公共服务
17	医疗福利设施	0101	010102	Y	0.17				2016	二级指数
18	福利院数量	010102	01010201	Y	0.16				2016	基本公共服务

第4章　城市地理国情监测统计分析方法

统计分析是地理国情监测的重要环节，是实现地理国情数据向地理国情信息和知识转换的重要技术手段。地理国情统计分析来源于统计学，但又不同于简单的数理统计，是一项数据密集、计算密集、知识密集、学科交叉的复合型工作，它既要揭示资源、生态、环境、人口、经济、社会等要素在地理空间和时间上的相互作用、相互影响的内在联系，又要多层次、多维度分析提炼综合反映国土空间布局、城镇化进程、区域协调发展、资源环境影响及人地关系等方面的规律性特征(刘纪平，2020)。本章从数理统计分析、空间统计分析、综合指标统计分析等方面，介绍城市地理国情监测常用的统计分析方法，为开展综合评价打下基础。

4.1　数理统计分析

统计学是收集、处理、分析、解释数据并从数据中得出结论的科学。数理统计分析包括描述性统计、概率统计、相关分析、回归分析等，是城市地理国情监测统计分析的基础。

4.1.1　描述性统计

描述性统计又称基本统计，是用以概括事物整体状况以及事物间联系(即事物基本特征)，发现其内在规律的统计分析方法。常用的统计指标包括计数、求和、平均值、方差和标准差。

4.1.1.1　数据水平测度

除基本的计数、求和外，描述数据水平的统计量主要有平均数、中位数、分位数和众数等。

平均数是度量数据水平的常用统计量，包括简单平均数和加权平均数，其公式为：

$$\bar{x} = \frac{x_1 + x_2 + \cdots + x_n}{n}$$

$$\bar{x} = \frac{x_1 f_1 + x_2 f_2 + \cdots + x_n f_n}{n}$$

式中，x_i 为观测值，f_i 为权重。

在一组数据中，可以用某个位置上的数据代表该组数据的水平，常用的有中位数、四分位数、十分位数和百分位数。中位数是数据排序后处于中间位置上的数值，其特点是不受极端值的影响。四分位、十分位和百分位数分别是用 3 个点、9 个点和 99 个点将数据 4 等分、10 等分和 100 等分后各分位点上的值。

众数是一组数据中出现频数最多的数值。一般情况下，只有数据量较大时众数才有意义。从分布的角度看，众数是一组数据分布的峰值点所对应的数值。如果数据的分布没有明显峰值，众数可能不存在；如果有两个或多个峰值，也可以有两个或多个众数。

4.1.1.2 离散程度测度

数据间的差距用统计语言来描述就是数据的离散程度。数据的离散程度越大，描述统计量对数据代表性就越差；离散程度越小，代表性就越好。描述数据离散程度的统计量主要有极差、四分位差、方差和标准差，以及测度相对离散程度的离散系数等。

极差是一组数据的最大值和最小值之差，它只利用了一组数据两端的信息，容易受极值的影响，不能全面反映差异状况。四分位差是一组数据 75% 位置上的四分位数与 25% 位置上的四分位数之差，它反映了中间 50% 数据的离散程度，在一定程度上说明了中位数对一组数据的代表程度，值越小，说明中间数据越集中，反之则越分散。

方差是应用最广泛的数据差异测度统计量，它描述了每个数据与平均数的差异，常用测度包括平均差和方差，方差开方后的结果为标准差。标准差有量纲，方差无量纲，在实际分析中标准差使用更多。当一组数据对称分布时，约有 68% 的数据在平均数加减 1 个标准差的范围内，约有 95% 的数据在平均数加减 2 个标准差的范围内，约有 99% 的数据在平均数加减 3 个标准差的范围内，在 3 个标准差之外的数据在统计上称为离散点。其公式为：

$$s^2 = \frac{(x_1 - \bar{x})^2 + (x_2 - \bar{x})^2 + \cdots + (x_n - \bar{x})^2}{n}$$

式中，s^2 为数据的方差，s 是数据的标准差，$\bar{x}$ 是数据均值，x_n 是观测值。

当原始数据的观测值相差较大或计量单位不同时，就不能用标准差直接度量其离散程度，这时需要计算离散系数。离散系数主要用于比较不同样本数据的离散程度，值越大表明离散程度越大，反之则越小。其公式为：

$$v_s = \frac{s}{\bar{x}}$$

式中，s 是数据的标准差，$\bar{x}$ 是数据均值。

4.1.2 概率统计

随机现象可能发生的每一种表现或结果叫做事件，以随机变量来表示，某一事件发生的机会或可能性大小则称为概率。概率统计就是研究自然界中随机现象统计规律的数学方法。随机变量是用数值来描述特定实验一切可能出现的结果，分为离散型随机变量和连续型随机变量，与之相对应的是离散型概率分布和连续型概率分布。

4.1.2.1　离散型概率分布

对离散型随机变量，只能以确定的概率取有限个可能的值，常用的离散型概率分布有二项分布、泊松分布和超几何分布。

二项分布是建立在伯努利试验基础上的，假定一次试验只有"成功"和"失败"两种结果，成功的概率为 p，失败的概率为 $1-p$，并且试验是相互独立的，出现"成功"的概率分布就是二项分布。泊松分布用于描述一定时间段或一定空间区域或其他特定单位内某一事件出现的次数，如一定时间段内某航空公司接到的订票电话数。如果采用不重复抽样，各次试验不独立，成功的概率不相等，而且总体数目 N 很小或样本 n 对于 N 来说较大时，二项分布不再适用，此时的概率分布服从超几何概率分布。

4.1.2.2　连续型概率分布

常见的连续型概率分布有正态分布、均匀分布和指数分布。正态分布最初是作为描述误差相对频数分布的模型而提出来的，但在现实生活中，许多现象都可以用正态分布来描述，其他一些分布也可以利用正态分布作为近似计算，而且由正态分布也可以导出其他一些重要的统计分布，如 t 分布、F 分布等。如图 4-1 所示。

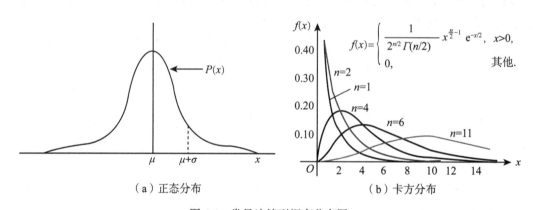

（a）正态分布　　　　　　　　　　（b）卡方分布

图 4-1　常见连续型概率分布图

4.1.2.3　其他统计分布

有些随机变量是为了分析的需要构造出来的，如把样本均值标准化后形成新的随机变量 t，样本方差除以总体方差得到变量 χ^2，两个样本方差相比形成变量 F。这些随机变量服从统计中的其他概率分布，在推断统计中具有独特的地位和作用。常见的统计分布包括 t 分布、χ^2 分布和 F 分布。

4.1.3　相关分析

相关性分析是指对两个或多个具备相关性的变量进行分析，从而衡量变量的相关密切程度。需要说明的是，相关性不等于因果性。相关性分析几乎覆盖了各个领域，本节重点介绍常用的三种相关性分析方法。

4.1.3.1 图表相关性分析

图表相关性分析是最直接简单的相关性分析方法。单纯从数据的角度很难发现各要素之间的趋势和联系，图表相关性分析方法将数据进行可视化处理，通过折线图、散点图等表现方法辅助发现各要素之间的关系。

4.1.3.2 协方差及协方差矩阵

协方差用来衡量两个变量的总体误差，如果两个变量的变化趋势一致，协方差为正值，说明两个变量正相关。如果两个变量的变化趋势相反，协方差为负值，说明两个变量负相关。如果两个变量相互独立，协方差为 0，说明两个变量不相关。当有两组以上数据时，需要使用协方差矩阵表示。协方差公式为：

$$\mathrm{Cov}(X, Y) = E[(X - EX)(Y - EY)]$$

式中，X 和 Y 表示变量，EX 和 EY 是期望值。

4.1.3.3 相关系数

相关系数是反应变量之间关系密切程度的统计指标，取值区间在 1 到 −1 之间。1 表示两个变量完全线性相关，−1 表示两个变量完全负相关，0 表示两个变量不相关。数据越趋近于 0 表示相关关系越弱。其公式为：

$$\rho = \frac{\mathrm{Cov}(X, Y)}{\sqrt{D(X)D(Y)}}$$

式中，$\mathrm{Cov}(X, Y)$ 是协方差，$D(X)$ 和 $D(Y)$ 是方差。

4.1.4 回归分析

"回归"是 1886 年高尔顿（Galton）研究遗传现象时提出的，如今已成为研究变量间统计依赖关系的方法，是统计中最常用的概念之一。回归分析是确定两组或两组以上变量间关系的统计方法，包括为线性回归、Logistic 回归、逐步回归等多种模型，最常用的是线性回归模型。

4.1.4.1 线性回归

线性回归是最为人熟知的建模技术之一。因变量是连续的，自变量可以是连续的也可以是离散的，线性回归要求自变量与因变量之间必须有线性关系。对多元回归而言，由于存在多重共线性、自相关性和异方差性，多重共线性会增加系数估计值的方差，使得系数估计值不稳定。其公式为：

$$Y = a + bX + e$$

式中，a 表示截距，b 表示直线的倾斜率，e 是误差项。

4.1.4.2　Logistic 回归

Logistic 回归可用于发现"事件＝成功"和"事件＝失败"的概率。当因变量的类型属于二元变量时，就应该使用逻辑回归。Logistic 回归广泛用于分类问题，不要求自变量和因变量存在线性关系，并对预测的相对风险指数进行了非线性的 log 转换，因此可以处理多种类型的关系。其公式为：

$$\ln \frac{p}{1-p} = b_0 + b_1 X_1 + b_2 X_2 + b_3 X_3 + \cdots + b_k X_k$$

式中，$\ln(x)$ 是对数函数，X_i 是影响因素，β_i 是待估算的系数。

4.1.4.3　逐步回归

逐步回归可用于处理存在多个自变量的情形，通过同时添加或去除基于指定标准的协变量来拟合模型。自变量的选取借助自动处理程序，无须人为干预，通常可以通过观察统计值来识别重要的变量，如 R-square、t-stats 和 AIC 指标。

4.2　空间统计分析

空间统计分析是通过空间位置建立数据间的空间依赖、空间关联或空间自相关等统计关系，目的是从凌乱的数据中挖掘空间关系与空间变异规律。常用的空间统计分析方法有几何统计、空间分析、网络分析、相关与回归分析等，是城市地理国情监测中最常用的统计分析方法。

4.2.1　几何统计

把统计学方法引入地理学研究领域，构造一系列统计量来定量地描述地理要素的分布特征，常见的几何统计方法有几何测度、网络测度和区域分布方法。几何统计是城市地理国情监测空间统计分析的基础，主要用于描述空间地理实体的基本关系。

4.2.1.1　几何测度

几何测度是对点、线、面等空间分布基本要素进行空间统计描述的方法，主要测度各要素在空间的距离、分布等特征。

1. 距离测度

距离测度是测度要素在空间上的距离，常见的有欧式距离和曼哈顿距离。欧氏距离是最易于理解的一种距离计算方法，源自欧氏空间中两点间的距离公式。曼哈顿距离也叫出租车几何，用以表明两个点在标准坐标系上的对轴距总和。其公式为：

$$d_{\text{IG}} = \sqrt{(x_1 - x_2)^2 + (y_1 - y_2)^2}$$
$$d = |x_1 - x_2| + |y_1 - y_2|$$

式中，(x_1, y_1) 和 (x_1, y_1) 为空间两点的坐标，d_{IG} 为欧式距离，d 为曼哈顿距离。

2. 中项中心

中项中心是两条相互垂直的直线的交叉点，这两条直线一般取南北向和东西向，每条直线把点状分布的点二等分，中项中心到所有点的距离和为最短，其公式为：

$$\sum_{i=1}^{n} \sqrt{(x_i - x_m)^2 + (y_i - y_m)^2} = min$$

式中，(x_i, y_i) 为空间点的坐标，(x_m, y_m) 为中项中心点坐标。

中项中心总是偏向分布点密集较大的一侧，选择这样的中心，可以使中心与多数分布点之间取得较好的联系。

3. 集中和离散程度

点状分布的离散程度可有三种不同的指标，即对于中项中心（或平均中心）的离散程度、对于某一个指定位置的离散程度、各点相互之间的离散程度，其中各点之间离散程度应用最为广泛。

各点之间离散程度可以通过每点指定距离内的邻点数和最邻近点指数来衡量。每点指定距离内的邻点数以每一点为中心做圆，统计每个圆内的点数及其出现该点的频数。当每点在指定距离（理论最邻近平均距离）内平均邻点数 = 1 时，即为随机分布；当平均邻点数>1 时，则趋于集中分布，平均邻点数越大，越集中；当平均邻点数<1 时，则为均匀分布。其公式为：

$$R = \frac{\bar{r}_1}{\bar{r}_E} = 2\sqrt{D} \times \bar{r}_1$$

$$\bar{r}_E = \frac{1}{2\sqrt{\frac{n}{A}}} = \frac{1}{2\sqrt{D}}$$

式中，R 为最邻近点指数，$\bar{r}_1$ 为最近邻点之间的距离的平均值，$\bar{r}_E$ 为理论最邻近距离，D 为点密度，A 为区域面积，n 为研究对象的数目。当 $R = 1$ 时，点状要素随机分布；当 $R > 1$ 时，点状要素趋于均匀分布；当 $R < 1$ 时，点状要素成凝聚型分布。

4.2.1.2　网络测度

网络测度主要评价网络结构的特点，常用的有邻接矩阵和关联矩阵。

1. 邻接矩阵

假设有无向图 $G = (V, E)$，顶点集为 $V = \{v_1, v_2, \cdots, v_n\}$，边集为 $E = \{e_1, e_2, \cdots, e_m\}$，邻接矩阵用来测度网络图中各顶点之间的连通性程度，其公式为：

$$A = \begin{bmatrix} a_{11} & \cdots & a_{1n} \\ \vdots & & \vdots \\ a_{n1} & \cdots & a_{nn} \end{bmatrix}$$

式中，a_{ij} 为顶点v_i 和v_j 之间的连接边数。

2. 关联矩阵

假设有任意图 $G = (V, E)$，顶点集为 $V = \{v_1, v_2, \cdots, v_n\}$，边集为 $E = \{e_1, e_2, \cdots, e_m\}$，关联矩阵用于测度网络图中顶点与边的关联关系，其公式为：

$$M = \begin{bmatrix} m_{11} & \cdots & m_{1n} \\ \vdots & & \vdots \\ m_{n1} & \cdots & m_{nn} \end{bmatrix}$$

式中，m_{ij} 是顶点 v_i 和边 e_j 关联的次数。

4.2.1.3　区域分布

区域分布一般用来描述特定要素或对象在空间上的分布和集聚特征，常用指标和方法包括区位熵、洛伦兹曲线、基尼系数和集中化指数。

1. 区位熵

区位熵由美国学者哈盖特提出，是一个地区某产业产值在该地区所有产业总产值中所占的比重与高一层级区域内该产业产值占其总产值的比重之比，反映了该地区某一产业相对于高一层级区域(一般指全省或全国) 同一产业的比较优势和专业化程度，可推广到地理要素的区域分布测度。其公式为：

$$LQ_{ij} = \frac{e_{ij}/e_i}{E_j/E}$$

式中，i 表示第 i 个区域，j 表示第 j 个产业；LQ_{ij} 表示 i 地区 j 产业的区位商，e_{ij} 表示地区 i 产业 j 的产值，e_i 表示地区 i 全部产业的产值，E_j 表示全部地区产业 j 的产值，E 表示整个区域全部产业的总产值。

2. 洛伦兹曲线

洛伦兹曲线由美国统计学家 M. O. Lorentz 于 20 世纪初提出，用来反映一个地区收入分配的非均衡程度，其基本原理是，在一定区域内，通过人口百分比与相应的收入百分比构成一条曲线，并与该区域"人口-收入"的绝对平均线进行比较，越靠近绝对平均线表明收入分配越平均，反之越不平均。

空间洛伦兹曲线是洛伦兹曲线的一种，其纵横坐标用累计百分比表示，是洛伦兹曲线在空间分布中的扩展，是研究地理要素离散区域分布的重要方法，在经济地理研究中具有重要的意义。

3. 基尼系数

基尼系数是国际上通用的、用以衡量一个国家或地区居民收入差距的常用指标，最早由意大利统计与社会学家 Corrado Gini 于 1912 年提出。

如图 4-2 所示，在洛伦兹曲线的基础上，将洛伦兹曲线与 45°线之间的部分 A 称为"不平等面积"；当收入分配达到完全不平等时，洛伦兹曲线与 45°线之间的面积 $A+B$ 称为"完全不平等面积"。不平等面积与完全不平等面积之比，即为基尼系数。

基尼系数最大为 1，最小等于 0。基尼系数越接近 0，表明收入分配越是趋向平等。联合国有关组织规定，基尼系数小于 0.2，表示收入分配高度均衡；基尼系数介于 0.2～

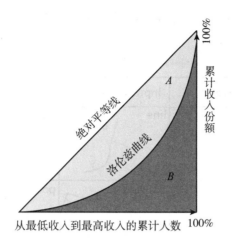

图 4-2　洛伦兹曲线与基尼系数

0.3，表示收入分配比较均衡；基尼系数介于 0.3~0.4，表示收入分配相对合理；基尼系数介于 0.4~0.5，表示收入分配差距较大；基尼系数在 0.6 以上，表示收入分配差距悬殊。

4. 集中化指数

集中化指数是用来分析和衡量区域内经济集中化程度的重要指标，是与洛伦兹曲线相对应的统计量，其公式为：

$$I = \frac{A/R}{M/R}$$

式中，I 为集中化程度指数，A 为实际数据的累计百分比总和，R 为均匀分布时的累计百分比总和，M 为集中分布时的累计百分比总和。集中化指数取值范围在 0 ~ 1 之间，值越大说明数据集中化程度越高。

4.2.2　空间分析

空间分析是对地理空间现象的定量研究，是地理信息系统区别于一般信息系统的主要方面，常用方法包括叠置分析、缓冲区分析、拓扑分析、覆盖度分析、核密度分析、标准差椭圆分析、聚类分析和象限方位分析等。空间分析广泛应用于城市地理国情监测各类统计分析研究，如基本公共服务设施的覆盖度和可达性分析、商业中心的势力范围分析、城市发展重心的偏离度分析、基于 POI 的城市功能区识别、城市发展方向分析等。

4.2.2.1　叠置分析

叠置分析是将多个数据层叠加的过程，每个数据层中都包含空间要素的对象，叠置后整合为一个综合性要素的数据图层，该图层包括了原始图层的数据和属性信息，其中属性信息由原始属性数据通过简单的逻辑合并或复杂函数运算得到（秦昆，2010）。

叠置分析的类型包括点-点、点-线、点-多边形、线-线、线-多边形、多边形-多边形 6 种类型，如图 4-3 所示。

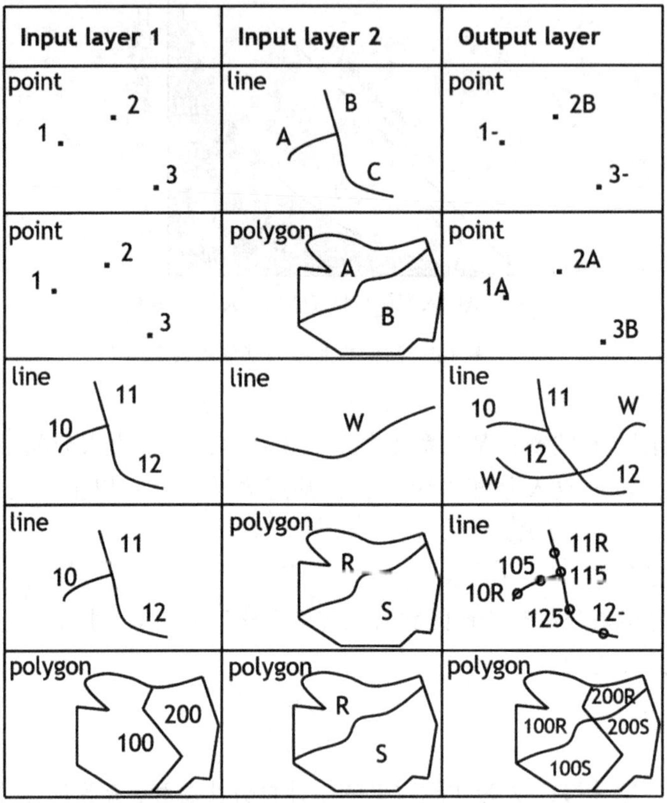

Input layer 1	Input layer 2	Output layer
point　.2　1.　.3	line　B　A　C	point　.2B　1-　.3-
point　.2　1.　.3	polygon　A　B	point　.2A　1A　.3B
line　11　10　12	line　W	line　10　11　W　W　12　12
line　11　10　12	polygon　R　S	line　11R　105　115　10R　125　12-
polygon　200　100	polygon　R　S	polygon　200R　100R　200S　100S

图 4-3　矢量数据叠置分析类别示意图

4.2.2.2　缓冲区分析

缓冲区分析以点、线、面三种类型要素为对象，通过建立不同半径的缓冲区，分析空间对象可能与周边事物、环境等方面的关系以及影响的范围和程度。对于不同类型的目标实体，所产生的缓冲区也是不同的（刘湘南，2008），如图 4-4 所示。

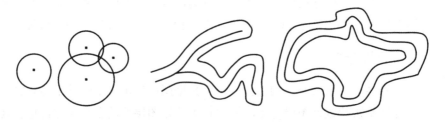

图 4-4　点、线、面（多边形）缓冲区示意图

4.2.2.3 拓扑分析

拓扑分析目的是分析空间对象之间的拓扑关系，拓扑关系描述的三种基本方法是四元组、九元组和维数扩展法。

1. 四元组

四交模型通过判断两个空间对象边界和内部产生的四组交集是空(用 0 表示)或非空(用 1 表示)来确定，四组交集构成 2×2 矩阵(应新洋，2003)，其公式为：

$$4IM = \begin{bmatrix} B(A) & B(B) & B(A) & I(B) \\ I(A) & B(B) & I(A) & I(B) \end{bmatrix}$$

式中，A 和 B 是两个空间对象，矩阵内的每一项都有空和非空两种可能性，两个空间面状对象共有 16 种可能拓扑空间关系，8 种有实际意义的空间拓扑关系，如图 4-5 所示。

$\begin{bmatrix} 0 & 0 \\ 0 & 0 \end{bmatrix}$	$\begin{bmatrix} 0 & 0 \\ 1 & 1 \end{bmatrix}$	$\begin{bmatrix} 0 & 1 \\ 0 & 1 \end{bmatrix}$	$\begin{bmatrix} 1 & 0 \\ 0 & 0 \end{bmatrix}$	$\begin{bmatrix} 1 & 0 \\ 0 & 1 \end{bmatrix}$	$\begin{bmatrix} 1 & 0 \\ 1 & 1 \end{bmatrix}$	$\begin{bmatrix} 1 & 1 \\ 0 & 1 \end{bmatrix}$	$\begin{bmatrix} 1 & 1 \\ 1 & 1 \end{bmatrix}$
相离 disjoint	包含 contain	被包含 inside	相邻 meet	相等 equal	覆盖 cover	被覆盖 coverby	交叠 overlap

图 4-5 四元组中的 8 种拓扑空间关系

2. 九元组

九元组是由空间对象的边界、内部、余的点集组成的 9 交空间关系模型(Egenhofer，1993)，其公式为：

$$9IM = \begin{bmatrix} I(A) & I(B) & I(A) & B(B) & I(A) & E(B) \\ B(A) & I(B) & B(A) & B(B) & B(A) & E(B) \\ E(A) & I(B) & E(A) & B(B) & E(A) & E(B) \end{bmatrix}$$

式中，A 和 B 是两个对象，$E(A)$ 表示 A 的外部，$E(B)$ 表示 B 的外部。该元组的每一元素都有空与非空两种取值，9 个元素总共可产生 512 种情形。通过引进点集的外部空间，九元组增强了面-线、线-线空间关系的唯一性。

3. 维数扩展

维数扩展用两个空间对象边界与内部之间交集的维数，作为描述两个点集间拓扑空间关系的框架。该方法形式化地描述了二维空间对象之间的拓扑空间关系，其公式为：

$$DIM(P) = \begin{cases} -1, & P = 空 \\ 0, & P\ 不包含线、面，但至少包含一个点 \\ 1, & P\ 不包含面，但至少包含一条线 \\ 2P, & P\ 至少包含一个面 \end{cases}$$

式中，P 为一个点集，若二维平面中两个对象没有公共元素则交集为空，记为 0；两对象交于一个点则表示为 0D, 交于一条线则表示为 1D, 若两者交于一个区域则表示为 2D。

4.2.2.4 覆盖度分析

覆盖度是一种衡量地理要素间(线-线、线-面)叠置关系的指标, 可用来表示空间目标 A 的内部、边界、外部对空间目标 O 的内部、边界、外部的覆盖程度, 如图 4-6 所示。但计算空间目标外部的覆盖度没有意义, 0 维空间目标不存在覆盖度。

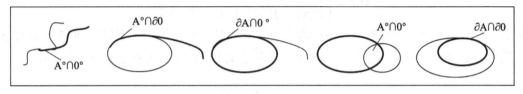

图 4-6　覆盖度图示

4.2.2.5 核密度分析

核密度估计是根据已有点要素估计未知点要素的密度函数。核密度值随离中心点距离的变化而变化, 离中心点越近密度值越大, 离中心点越远密度越小, 当距离等于带宽 r 时, 密度为零。其公式为:

$$O_i = \frac{1}{n\pi r^2} \sum_{j=1}^{n} K_j \left(1 - \frac{d_{ij}^2}{r^2}\right)^2$$

式中, O_i 表示研究点 i 的核密度, K_j 为研究点 j 的权重值, d_{ij} 为空间点 i 与研究对象 j 的距离, r 为带宽, n 为带宽 r 范围内研究对象 j 的个数。在带宽 r 范围内, 研究点 j 的权重值 K_j 相同。

4.2.2.6 标准差椭圆分析

标准差椭圆由美国南加州大学韦尔蒂·利菲弗在 1926 年提出, 可以概括地理要素的空间分布特征, 识别地理现象的空间发展趋势方向, 其长轴方向反映主要的空间发展方向, 短轴方向反映次要的发展方向和偏离重心的程度。

标准差椭圆的重心、旋转角、长轴标准差和短轴标准差是 4 个主要参数。若数据在空间分布上是异向性的, 某个方向上分布的数据点最多, 则这个方向是椭圆的长轴, 分布数据点最少的方向为椭圆的短轴, 旋转角是从标准北方向沿顺时针旋转到长轴方向的角度。其公式为:

$$\bar{X}_\omega = \frac{\sum\limits_{i=1}^{n} \omega_i x_i}{\sum\limits_{i=1}^{n} \omega_i}$$

$$\bar{Y}_\omega = \frac{\sum_{i=1}^n \omega_i\, y_i}{\sum_{i=1}^n \omega_i}$$

$$\tan\alpha = \frac{\left(\sum_{i=1}^n \omega_i^2\, \tilde{x}_i^2 - \sum_{i=1}^n \omega_i^2\, \tilde{y}_i^2\right) + \sqrt{\left(\sum_{i=1}^n \omega_i^2\, \tilde{x}_i^2 - \sum_{i=1}^n \omega_i^2\, \tilde{y}_i^2\right)^2 + 4\sum_{i=1}^n \omega_i^2\, \tilde{x}_i^2\, \tilde{y}_i^2}}{2\sum_{i=1}^n \omega_i^2\, x_i\, y_i}$$

$$\sigma_x = \sqrt{\frac{\sum_{i=1}^n \left(\omega_i\, \tilde{x}_i\cos\alpha - \omega_i\, \tilde{y}_i\sin\alpha\right)^2}{\sum_{i=1}^n \omega_i^2}}$$

$$\sigma_y = \sqrt{\frac{\sum_{i=1}^n \left(\omega_i\, \tilde{x}_i\sin\alpha - \omega_i\, \tilde{y}_i\cos\alpha\right)^2}{\sum_{i=1}^n \omega_i^2}}$$

式中，$(\bar{X}_\omega,\ \bar{Y}_\omega)$ 是标准差椭圆的重心，α 是旋转角，σ_x 和 σ_y 是 X 轴和 Y 轴的标准差，$(x_i,\ y_i)$ 表示研究对象的空间位置，ω_i 表示对应的权重，$(\tilde{x}_i,\ \tilde{y}_i)$ 表示各数据点到重心 $(\bar{X}_\omega,\ \bar{Y}_\omega)$ 的坐标偏差。

4.2.2.7 聚类分析

聚类分析是从样本集中寻找若干个类簇，使得每个样本只能被分配到一个类中，同一个类内任意两个对象之间的距离比不同类中两个对象间的距离小（Wan，1988；Rose，1990）。常用的聚类算法包括基于层次的聚类、基于划分的聚类、基于密度的聚类、基于网格的聚类和基于模型的聚类五类。

1. 基于层次的聚类

基于层次的聚类从层次方面对数据样本进行分配，形成树状的聚类结构。根据聚类或簇形成的过程可以分为两种，一种是凝聚（自底向上），另一种是分裂（自顶向下）。凝聚型层次聚类算法首先将每个数据样本都视为一簇，随着算法不断运行，利用样本的相似性度量不断对簇进行合并，直到满足网络终止条件。分裂型层次聚类则首先将所有需要处理的元素视为一个整体，通过相似性度量对最不相似的部分进行分离，得到样本子集，重复对数据集进行分裂，直到满足网络终止条件。

基于层次的聚类在每次迭代的过程中，都会使用贪心策略寻找最合适方案进行凝聚或分裂，计算复杂度较高，运行成本也比较大，且对噪声值非常敏感。典型的层次聚类算法有 BIRCH、CHAMELEON、CURE 和 CLUBS 等。

2. 基于划分的聚类

基于划分的聚类以距离作为标准，对给定的数据集按照最小距离的原则进行迭代收敛，获得没有交叉的目标簇类（Krishna，1999）。常见的算法包括 k-means、CLARA、FCM 等，其中以 k-means 的应用最为广泛。k-means 算法计算简单、效率高，已经被应用于许多领域中。k-means 方法对凸特性的数据集聚类效果较好，但由于 k-means 随机选择点为初始化聚类中心，使得它对孤立点、异常值等非常敏感，针对同一问题多次聚类的结果也不尽相同。在此基础上，许多学者对 k-means 算法进行了改进，如 k-medoids算法、k-means++等。

3. 基于网格的聚类

基于网格的聚类先在数据空间中形成网格结构，每个网格结构中包含若干个单元，以单元格为单位对样本进行聚类。根据某种映射函数将样本逐个映射到单元格中，通过计算单元格里样本的个数确定单元格的密度，把密度高且相互连接的单元格聚为一类。典型的基于网格的聚类算法有 CLIQUE、STING 和 WaveCluster 等。

基于网格的聚类处理速度与单元格数量有关，与样本的数目无关，因而该方法对参数的依赖比较大，其聚类结果的质量与算法的效率相互牵制，对于数据样本分布不均匀的数据集聚类效果较差。

4. 基于密度的聚类

基于密度的聚类通过样本密度判断样本间的可连续性，根据可连接的样本进行扩展和聚类，将数据空间按照密度的高低进行划分，即密度高的区域为一类，密度低的区域为一类。这种方法能够发现数据样本中存在的各种形状的簇类，确定"样本邻域"以及量化高密度区域等是算法关键（周志华，2016）。经典的算法包括 DBSCAN、GDBSCAN、OPTICS 等算法。

其中，DBSCAN 根据"邻域"参数来描述样本间的紧密程度，密度可达关系可以导出密度相连的样本集合，将其中最大的定义为一簇。DBSCAN 能够发现各种形状的簇，对噪声鲁棒性较好，但只适用于分布较为均匀的样本数据。

5. 基于模型的聚类

基于模型的聚类为每一个簇类假设确定一个模型，然后找出与这个模型相契合的数据集，通常假设需要处理的数据集遵循一定的概率分布。目前主要有基于统计的方法和基于神经网络的方法。

神经网络以神经元为处理单元，把这些神经元连接起来，实现类似人类大脑的结构与功能，能够实现大规模并行处理计算和分布式存储等功能。目前主要的神经网络聚类方法包括自适应共振理论法（Xu，2005）和自组织特征映射网络（Choi，2002）。

4.2.2.8　象限方位分析

象限方位分析以研究区的几何中心为原点，东西方向为横轴，南北方向为纵轴，按 4 个象限 8 个方位将研究区划分为 8 个象限，对这 8 个象限叠加各类数据，得出不同方向的分析结果。

空间象限方位分析法广泛应用于城市空间扩张研究，不仅能从整体上简明地勾绘城市空间形态变化，还可以直观地比较和分析城市空间扩张在不同方向上的差异（武汉市测绘研究院，2019），如图4-7所示。

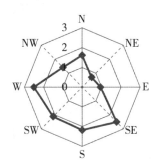

图4-7　建成区空间扩张象限方法分析

4.2.3　网络分析

网络分析运用图论方法研究网络的结构及其优化问题，是计量地理学必不可少的重要方法之一，广泛应用于城镇体系、城市地域结构、交通与物流、商业网点布局等研究，常用方法包括邻近分析、引力模型、距离衰减函数、克拉克模型、服务区分析、泰森多边形等。网络分析广泛应用于城市地理国情监测各类统计分析研究，如区域联系和人口腹地分析、城市人口密度变化分析、商业设施服务区识别等。

4.2.3.1　邻近分析

最邻近指数是常用的邻近分析方法，是平均观测距离与预期平均距离的比值，预期平均距离是假设当前数据随机分布时邻域间的平均距离。如果指数小于1，表现为集聚分布；如果指数大于1，则表现为离散或竞争。邻近分析示意如图4-8所示。

4.2.3.2　引力模型

引力模型源自牛顿万有引力定律，其基本假设是访问目的地的意愿与目的地的吸引力和需求正相关，与出发地到目的地之间的阻力（通常为距离）负相关，已广泛应用于估算各类公共服务设施或资源的潜在服务范围。其公式为：

$$T_{ij} = k \times \frac{P_i P_j}{d_{ij}^b} \quad (i \neq j, \ i = 1, \ 2, \ \cdots, \ n; \ j = 1, \ 2, \ \cdots, \ m)$$

式中，T_{ij} 为 i 地与 j 地之间的相互作用强度，P_i、P_j 分别为 i 地和 j 地的某种指标值，d_{ij} 一般表示从 i 地到 j 地的距离、出行时间或交通费用，b 为距离摩擦系数，k 为常数，一般取1。

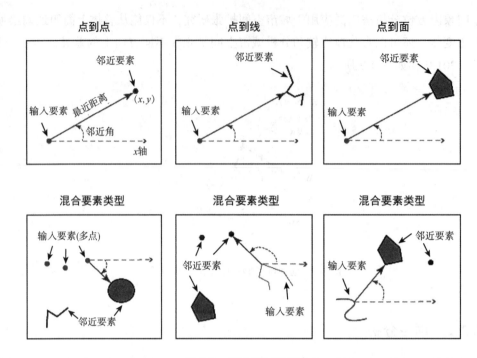

图 4-8　邻近分析示意图

4.2.3.3　距离衰减函数

距离衰减规律的实质是地理要素间的相互作用与距离有关, 在其他条件相同时, 地理要素间的作用与距离平方成反比。其公式为:

$$f(d_{ij}) = \begin{cases} g(d_{ij}), & d_{ij} \leq d_0 \\ 0, & d_{ij} > d_0 \end{cases}$$

式中, f 是一般化的距离衰减函数, d_{ij} 是 i 和 j 的距离, d_0 是搜寻半径, 即设施的有效服务半径, $g(d_{ij})$ 表示在搜寻半径 d_0 范围内的距离衰减函数。函数 $g(d_{ij})$ 可采用按距离区分权重的分段衰减形式、重力模型的距离衰减函数形式(如幂函数、指数函数等)、核密度形式或高斯形式等。

4.2.3.4　克拉克模型

20 世纪 50 年代, 克拉克对芝加哥等二十多个大城市的人口进行统计分析, 提出了著名的人口密度距离衰减模型, 即克拉克模型, 刻画了人口密度分布与城市中心的关系。其公式为:

$$d_x = d_0 \, e^{-bx}$$

式中, d_x 是距市中心距离为 x 处的人口密度, d_0 是市中心区域的人口密度, b 为常数, x 为环带距离市中心的距离。b 代表人口密度随 x 的增加而衰减的速度, b 值越大, 说明人口越趋向于分布在城市中心; b 值越小, 说明人口由市中心越分散向周围地区。

克拉克模型仍存在一些问题，后人提出了多种城市人口密度模型，如正态密度模型、负幂指数模型以及二次指数式模型等。

4.2.3.5　服务区分析

服务区分析假设消费者遵循就近购物原则，利用邻域法、缓冲区法等来界定服务区，是经典中心地理论的应用。一种是商店导向方法，以居民在一定时间或距离内能够到达的目的地面积或数量来衡量目的地可达性，通常以目的地为中心生成一定大小的区域，即目的地的服务区。另一种是顾客导向方法，以出发地为中心生成一定大小的区域，认为居民能够在一定时间或距离内到达该区域内的所有目的地（王法辉，2009）。不同的距离估算方法生成的服务区也不同，其中以缓冲区方法最为常见，包括以目的地或居民区为中心生成圆形服务区和基于道路网络使用网络分析法生成服务区两种形式。

4.2.3.6　泰森多边形

泰森多边形是对空间平面的一种剖分，其特点是多边形内的任何位置离该多边形的样点（如居民点）的距离最近，离相邻多边形内样点的距离远，且每个多边形内包含且仅包含一个样点。由于泰森多边形在空间剖分上的等分性特征，可用于解决可达性分析。假设平面 B 上有一组离散点 (X_i, Y_i)，所构成的泰森多边形如图4-9所示。

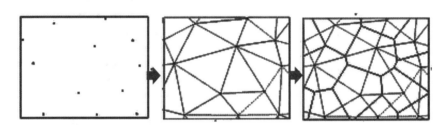

图4-9　泰森多边形生成过程示意图

假设有 n 个医院，在获得泰森多边形后，任一医院所属的多边形内的任意一点到该医院的距离小于到其他医院的距离。在此基础上叠加居民点图层，即可获得离任意居民点最邻近的医院。

4.2.4　景观格局分析

景观格局是指大小和形状不一的景观斑块在空间上的配置，是空间异质性的具体表现，也是各种地理过程在不同尺度上作用的结果（Molles，2000；Forman，1986）。景观格局分析的目的是从看似无序的斑块中发现潜在的、有意义的规律，确定影响因子和形成机制，广泛应用于城市地理国情监测中的土地利用格局分析等。

景观格局分析的方法很多，概括来说可以分成统计分析模型和景观格局指数两大类，前者主要适用于空间上连续的数值类型，后者主要适用于空间上非连续的数值类型。

4.2.4.1　统计分析模型

目前应用比较广泛的统计分析模型包括地理统计学方法、谱分析方法、方差分析方法、分形理论方法、小波分析方法和元胞自动机法。地理统计学方法用于分析空间自相关问题，谱分析方法用于分析格局周期性，方差分析方法、分形理论方法和小波分析方法用于分析格局变化，元胞自动机用于分析景观局域相互作用而表现出的进化行为和演化特征。

4.2.4.2　景观格局指数

景观格局指数是指能够高度浓缩景观格局信息，反映其结构组成和空间配置某些方面特征的简单定量指标，包括景观单元特征指数、景观异质性指数和景观要素空间关系指数。景观单元特征指数描述斑块面积、周长和斑块数等特征，景观异质性描述景观或其属性的变异程度，景观要素空间关系指数包括同类景观要素的空间关系和异质景观要素之间的空间关系指数。常见的景观指数及计算方法如表 4-1 所示。

表 4-1　景观格局指数计算公式

指数类型		具体指数	公式
景观单元特征指数	斑块面积	斑块平均面积	$\text{Area\_arg} = \dfrac{\sum\limits_{i=1}^{n}\sum\limits_{j=1}^{m} a_{ij}}{N}$
		景观相似性指数	$\text{SIMI} = \sum\limits_{i=1}^{n} \dfrac{a_{ijs} \cdot d_{ik}}{h_{ijs}^{2}}$
		最大斑块指数	$\text{LPI} = \dfrac{\max(a_{ij})}{A}(100)$
	斑块数	斑块密度	$\text{PD} = \dfrac{n_i}{A}(10000)(100)$
		单位周长的斑块数	$\text{PN} = \dfrac{N}{S}$
	斑块周长	边界密度	$\text{ED} = \dfrac{\sum\limits_{j=1}^{n} e_{ik}}{A}$
		形状指标	$\text{LSI} = \dfrac{0.25\sum\limits_{i=1}^{n}\sum\limits_{j=1}^{m} e_{ij}}{\sqrt{A}}$
		内缘比例	$\text{SI} = \dfrac{e_{ij}}{a_{ij}}$

指数类型	具体指数	公式
景观异质性指数	景观多样性指数	Shannon-Wiener 指数 $SHDI = -\sum_{i=1}^{m}(p_i \ln p_i)$ Simpson 多样性指数 $SIDI = 1 - \sum_{i=1}^{m} p_i^2$
	景观优势度指数	$D = H_{max} + \sum_{i=1}^{m} p_i \cdot \ln p_i$
景观异质性指数	均匀度指数	$E = \dfrac{H}{H_{max}} = \dfrac{-\sum_{i=1}^{m} p_i \cdot \ln p_i}{\ln(m)}$
	相对丰富度	$R = \dfrac{M}{M_{max}} \times 100\%$
	景观破碎度	$C_i = \dfrac{N_i}{A_i}$
	平均邻近度指数	$MPI_i = \dfrac{1}{n} \sum_{j=1}^{n} \dfrac{a_{ij}}{h_{ij}^2}$
景观要素空间关系指数	平均最近邻体距离	$MNN = \dfrac{1}{N} \sum_{i=1}^{m} \sum_{j=1}^{n} h_{ij}$
	斑块聚合度	$AI = \left[\sum_{i=1}^{m} \left(\dfrac{g_{ii}}{\max \to g_{ii}} \right) \right](100)$
	蔓延度	$CONTAG = \left[1 + \dfrac{\sum_{i=1}^{m} \sum_{k=1}^{m} \left[P_i \left(\dfrac{g_{ik}}{\sum_{k=1}^{m} g_{ik}} \right) \right] \left[\ln(P_i) \left(\dfrac{g_{ik}}{\sum_{k=1}^{m} g_{ik}} \right) \right]}{2\ln(m)} \right](100)$

注: 式中, $i = 1, 2, \cdots, n$; $j = 1, 2, \cdots, m$; a_{ij} 为第 j 类斑块 i 的面积; N 为斑块数; e_{ij} 为斑块周长; e_{ik} 为 k 类型斑块的总边长; n_i 为第 i 类景观要素的总斑块数; a_{ijs} 为斑块 ij 邻域内的斑块 ijs 的面积; d_{ik} 为斑块 i 与 k 的相似程度; h_{ijs} 为斑块 ij 与 ijs 的距离; p_i 为景观斑块类型 i 所占的比例; m 为景观中斑块类型的总数; H_{max} 为多样性指数的最大值; H 是 Shannon 多样性指数; H_{max} 是其最大值; h_{ij} 为从某斑块 i 到同类型斑块 j 的距离; M 为现有的景观类型数; M_{max} 为最大可能的景观类型数。

其中, 斑块平均面积和单位周长的斑块数反映景观破碎化程度, 景观相似性指数度量单一类型与景观整体的相似程度, 最大斑块指数表示最大斑块对整个景观或类型的影响程度，边界密度揭示景观或类型被边界分割的程度，内缘比例显示斑块边缘效应强度，景观多样性指数反映不同景观类型分布的均匀化和复杂化程度，景观优势度和均匀度描述几个主要景观类型控制的程度，景观破碎度在一定程度上反映了人类对景观的干扰程度，平均邻近度指数越大表明连接度越高、破碎化程度越低，斑块聚合度表征斑块聚集程度，蔓延度描述斑块类型的团聚程度或延展趋势，与优势度和多样性指数高度相关。

4.2.5　空间相关与回归分析

许多变量之间都存在相互关系，如身高与体重、体温与脉搏，但联系程度不同，密切性也不同。有些关系只能说明两者之间相互联系，甚至只是简单的伴随关系；有些关系则联系密切，甚至是因果关系。因此，需要利用相关与回归分析来研究和解释变量之间的关系，主要方法有空间自相关分析和地理加权回归分析等。相关和回归分析广泛应用于城市地理国情监测各类统计分析研究，如人口和产业集聚与土地利用关系分析、土地承载力的影响因子分析等。

4.2.5.1　空间自相关分析

空间自相关分析是研究邻近区域内同一属性之间的相关程度，主要用空间自相关系数进行度量，并检验该属性值的空间分布是否有聚集性。主要包括 3 种表现形式：若相邻区域间同一属性表现相同或相似，即呈现高（低）的地方邻近区域也高（低），则称为空间正相关；若相邻区域间同一属性表现不同，即呈现高（低）的地方邻近区域低（高），则称为空间负相关；若相邻区域间同一属性无任何依赖关系，则称为空间不相关。

空间自相关分析分为全局空间自相关分析和局部空间自相关分析，分别从整个研究区域内和特定局部区域内探测变量在空间分布上的聚集性，得到聚集类型及聚集区域，常用的方法有 Moran's I、Gear's C、Getis、Morans 散点图等。

1. 全局空间自相关分析

全局空间自相关分析主要用 Moran's I 系数来反映属性在整个研究区域内的空间聚集程度，其公式为：

$$I = \frac{n \sum_{i=1}^{n} \sum_{j=1}^{n} w_{ij} (x_i - \bar{x})(x_j - \bar{x})}{\left(\sum_{i=1}^{n} \sum_{j=1}^{n} w_{ij} \right) \sum_{i=1}^{n} (x_i - \bar{x})^2}$$

式中，n 表示研究对象空间的区域数，x_i 表示第 i 个区域内的属性值，x_j 表示第 j 个区域内的属性值，$\bar{x}$ 表示所研究区域的属性值的平均值，ω 是空间权重矩阵，一般为对称矩阵。

2. 局部空间自相关分析

局部空间自相关分析主要用局部 Moran's I 系数和局部 Getis 系数来反映。

局部空间 Moran's I 系数又称为 LISA 系数，用来计算每个空间单元的相关性，其公式为：

$$I_i = \frac{x_i - \bar{x}}{S^2} \sum_{j=1}^{n} w_{ij}(x_j - \bar{x}) \qquad 且\ i \neq j$$

式中，n 表示研究对象空间的区域数，x_i 表示第 i 个区域内的属性值，x_j 表示第 j 个区域内的属性值，$\bar{x}$ 表示所研究区域的属性值的平均值，ω 是空间权重矩阵。LISA 系数用于解释空间是否存在聚集性，当 LISA > 0 时，表明局部空间单元与相邻空间单元之间存在空间正相关性，表现为"高-高"或"低-低"聚集；当 LISA < 0 时，表明局部空间单元与相邻空间单元之间存在空间负相关性，表现为"低-高"或"高-低"聚集。

Getis 系数用于探测空间聚集性的"热点"或"冷点"区域，其公式为：

$$G_i^* = \frac{\sum_{j=1}^{n} w_{ij}x_j - w_i^* \bar{x}}{s\sqrt{\left(ns_{1i} - w_i^{*2}\right)/(n-1)}}$$

式中，x 代表空间区域内的属性值，s 代表标准差，ω 为空间权重。$G_i^* > 0$ 时，表示聚集区域为高值区，即热点区域；$G_i^* < 0$ 时，表示聚集区域为低值区，即冷点区域；G_i^* 接近或等于零时，表明该区域没有发生聚集。

4.2.5.2　地理加权回归分析

全局空间回归模型一般假定回归参数与样本数据的地理位置无关。但在实际研究中，n 组观测数据通常是在 n 个地理位置上获取的数据，回归参数在不同地理位置上往往不同，也就是说回归参数随地理位置而变化。因此采用全局空间回归模型，得到的回归参数是整个研究区域内的平均值，不能反映回归参数的真实空间特征。地理加权回归模型就是对普通线性回归模型的扩展，将样点数据的地理位置嵌入到回归参数之中，其公式为：

$$y_i = \beta_0(u_i, v_i) + \sum_{k=1}^{p} \beta_k(u_i, v_i) x_{jk} + \varepsilon_i$$

式中，(u_i, v_i) 为第 i 个样点的坐标（如经纬度），$\beta_k(u_i, v_i)$ 是第 i 个样点的第 k 个回归参数，ε_i 是第 i 个样点的随机误差。

4.3　综合指标统计分析

综合指标统计分析是指使用比较系统、规范的方法对于多个指标进行统计分析的方法，包括指标体系的建立、指标的标准化、指标权重确定和分析评价等步骤。综合指标统计分析是城市地理国情监测最常用的综合分析评价方法，如社区宜居综合指数评价、资源环境承载力集成评价、区域发展地位综合评价、城市高质量发展水平评价等。

4.3.1　指标体系建立

从指标的特征看，指标分为定性指标和定量指标。从指标的作用看，指标分为正向指标和逆向指标。从指标的变化对评价目标的影响来看，指标分为极大型指标（又称效益型指标）、极小型指标（又称成本型指标）、居中型指标和区间型指标。极大型指标是指标值越大越好的指标，极小型指标是指标值越小越好的指标，居中型指标是指标值适中才好的指标，区间型指标是取值在某个区间内为最佳的指标。

指标体系的选取与建立是统计分析评价的重要基础。在实际操作中，选取的评价指标数量应适中，评价指标过多，可能存在重复性，会受干扰；评价指标过少，可能缺乏足够的代表性，会产生片面性（杜栋，2015）。因此，在建立评价指标体系时应遵循系统性、一致性、独立性、可测性、科学性以及可比性原则。

4.3.2　指标标准化

指标标准化又称为无量纲化，是通过数学变换消除原始指标单位及其量级影响，指标无量纲化以后的值称为指标评价值，无量纲化过程就是将指标实际值转化为指标评价值的过程，常用方法包括线性函数和非线性函数两大类。

4.3.2.1　线性函数

线性函数适用于指标评价值与实际值之间是线性关系的无量纲化处理，常用方法有阈值法和统计标准化法。

1. 阈值法

阈值法也称为临界法，通常用指标实际值与阈值相比得到指标评价值，主要公式及特点见表 4-2。

表 4-2　几种阈值法参照表

序号	公式	影响评价值的因素	评价值范围	特点
1	$y_i = \dfrac{x_i}{\max\limits_{1 \le i \le m} x_i}$	x_i，$\max\limits_{1 \le i \le m} x_i$	$\left[\dfrac{\min x_i}{\max x_i}, 1\right]$	评价值随指标值增大而增大，评价值不为零，指标最大评价值为 1
2	$y_i = \dfrac{\max x_i + \min x_i - x_i}{\max x_i}$	$x_i > 0$，x_i，$\max x_i$，$\min x_i$	$\left[\dfrac{\min x_i}{\max x_i}, 1\right]$	评价值随指标值增大而减小，用于成本型指标的无量纲化
3	$y_i = \dfrac{\max x_i - x_i}{\max x_i - \min x_i}$	x_i，$\max x_i$，$\min x_i$	$[0, 1]$	评价值随着指标值增大而减小，用于成本型指标的无量纲化
4	$y_i = \dfrac{x_i - \max x_i}{\max x_i - \min x_i}$	x_i，$\max x_i$，$\min x_i$	$[0, 1]$	评价值随指标增大而增大，指标最小评价值为 0，最大值为 1
5	$y_i = \dfrac{x_i - \min x_i}{\max x_i - \min x_i}k + q$	x_i，$\max x_i$，$\min x_i$，k，q	$[q, k + q]$	评价值随指标增大而增大，指标最小评价值为 q，最大值为 $k + q$

注：式中，x_i 为指标值，y_i 为指标评价值，m 为指标的观测值个数，$\max x_i$ 为指标最大值，$\min x_i$ 为指标最小值。

2. 统计无量纲化法

统计无量纲化法是按统计学原理对实际指标进行无量纲化，其公式为：

$$y_i = \frac{x_i - \bar{x}}{s}$$

式中，y_i 为指标评价值，$\bar{x_i}$ 为指标实际值的平均，s 为指标实际值的均方差。

4.3.2.2　非线性函数

非线性函数适用于指标评价值与实际值之间是非线性关系的无量纲化处理，常用方法包括折线型无量纲化法和曲线型无量纲化法。

1. 折线型无量纲化法

在实际应用中，评价指标在不同区间变化时，对被评价对象的影响是不一样的。低于某一数值时，该指标不影响评价对象；高于某一数值时，该指标的作用不再增加；在某区间内时，该指标的影响是等量递增的。这种情况下，通常采用分段函数形式实现观测值的无量纲化，其公式为：

$$y_i = \begin{cases} 0, & x_i < x_a \\ \dfrac{x_i - x_a}{x_b - x_a}, & x_a \leq x_i \leq x_b \\ 1, & x_i > x_a \end{cases}$$

式中，x_i 为指标值，x_a、x_b 分别为指标作用区间的上下限。

2. 曲线型无量纲化法

有些指标变化对事物总体水平的影响是逐渐变化的，而非突变的。这种情况下，通常采用曲线型无量纲化方法，如升半 $\varGamma$ 型分布和半正态型分布。其公式为：

$$x_i = \begin{cases} 0, & 0 \leq x_i \leq a \\ 1 - e^{-k(x-a)}, & x_i > a \end{cases}$$

$$x_i = \begin{cases} 0, & 0 \leq x_i \leq a \\ 1 - e^{-k(x-a)^2}, & x_i > a \end{cases}$$

式中，k、a、b 为曲线待定参数。升半 $\varGamma$ 型分布适合于指标值在后期变化对事物发展影响较小的情况，半正态型分布适合于指标中期变化对事物发展影响较大的情况。

4.3.3　指标权重确定

指标定权就是对指标进行汇总综合时，确定各个指标的影响程度大小，这种影响程度通常以权重的形式表达，主要方法包括主观赋权和客观赋权。

4.3.3.1　主观赋权

主观赋权是根据专业知识和实践经验，通过主观分析后确定各个评价指标的重要性，主要有专家咨询和层次分析两种类型。

1. 专家咨询

专家咨询又称德尔菲法，即组织若干专家通过一定方式对指标权重独立地发表见解，并用统计方法做适当处理。基本流程为：组织专家确定指标的权重，计算指标权重估计值及其平均值，计算二者的偏差，若偏差较大，则重新修正权重。重复上述过程，直到偏差满足要求。其公式为：

$$\bar{\omega}_j = \frac{1}{r} \sum_{k=1}^{r} \omega_{kj}$$

$$\Delta_{kj} = \left| \omega_{kj} - \bar{\omega}_{kj} \right|$$

式中，$j = 1, 2, \cdots, n$；$k = 1, 2, \cdots, r$；r 是专家数量；$\omega_{k1}, \omega_{k2}, \cdots, \omega_{kn}$ 是指标权重估计值；$\bar{\omega}$ 是权重平均估计值，Δ_{kj} 是估计值和平均估计值的偏差。

2. 层次分析

层次分析将决策有关的元素分解成目标、准则、方案等层次，利用较少的定量信息使决策的思维过程数学化，为多目标、多准则或无结构特性的复杂决策问题提供简便的决策方法，适合于对决策结果难于直接准确计量的场合。其基本思路是：首先建立有序的递阶指标系统，两两比较指标，主观构造判断矩阵，对判断矩阵进行一致性检验，获得各指标的相对重要性权数。

判断矩阵是同一层次中各评价指标相对重要性的判断值。在确定两个指标间的相对重要性程度时，通常采用九分位的比例标度，使任何一对指标根据专家意见可以形成一个判定值，构成判断矩阵 $\boldsymbol{B}$。其公式为：

$$\boldsymbol{B} = \begin{Bmatrix} b_{11} & b_{12} & b_{13} & \cdots & b_{1n} \\ b_{21} & b_{22} & b_{23} & \cdots & b_{2n} \\ b_{31} & b_{32} & b_{33} & \cdots & b_{3n} \\ \vdots & \vdots & \vdots & & \vdots \\ b_{n1} & b_{n2} & b_{n3} & \cdots & b_{nn} \end{Bmatrix} = \begin{Bmatrix} 1 & b_{12} & b_{13} & \cdots & b_{1n} \\ 1/b_{12} & 1 & b_{23} & \cdots & b_{2n} \\ 1/b_{13} & 1/b_{23} & 1 & \cdots & b_{2n} \\ \vdots & \vdots & \vdots & & \vdots \\ 1/b_{1n} & 1/b_{2n} & 1/b_{3n} & \cdots & 1 \end{Bmatrix}$$

式中，元素 b_{ij} 表示指标 x_i 对指标 x_j 的相对重要程度的两两比较值，用 1 ~ 9 之间的数字或倒数表示，b_{ij} 越大表示指标 i 比 j 越重要。判断矩阵 $\boldsymbol{B}$ 的最大特征根所对应的特征向量就是各指标的权数向量，计算各指标的权数从数学上来讲是求取矩阵 $\boldsymbol{B}$ 的最大特征根所对应的特征向量，行向几何平均数的归一化方法是简单实用的常用方法。

用层次分析法给指标赋权的重要前提是专家对各指标相对重要程度的判断要协调一致，例如，在比较 x_1、x_2 和 x_3 时，会发生 x_1 比 x_2 重要、x_2 比 x_3 重要、x_3 又比 x_1 重要这种矛盾。在确定指标的权数时要检验判断矩阵的一致性，其条件是矩阵 B 的最大特征根 $\lambda_{\max}$ 等于指标的数量。据此设置一致性检验指标 CI 和 CR 来检验判断矩阵 $\boldsymbol{B}$ 偏离一致性的程度，当 CR < 0.1 时，一般认为判断矩阵 $\boldsymbol{B}$ 具有满意的一致性，否则需要调整判断矩阵 $\boldsymbol{B}$，直到通过一致性检验为止。

4.3.3.2 客观赋权

相比主观赋权,客观赋权完全基于数据本身的信息,不需要主观干预,熵值法是应用最为广泛的客观赋权法。

熵是信息论中测定不确定性的量,信息量越大,不确定性就越小,熵也越小。熵值法就是用指标熵值来确定权重,根据同一指标观测值之间的差异程度来反映其重要程度,指标观测值差异越大,则该指标的权重系数越大,反之越小。熵值法基本步骤为:对指标进行正向化或逆向化处理,计算第 j 个指标第 i 个方案所占的比重 p_{ij},计算第 j 个指标的熵值 e_j 和差异系数 g_j,在此基础上计算权重。其公式为:

$$e_j = -k \sum_{i=1}^{m} p_{ij} \ln p_{ij} \quad (j = 1, 2\cdots, n; \ k \geq 0; \ e_j \geq 0)$$

$$g_j = 1 - e_j$$

$$\omega_j = \frac{g_j}{\sum_{j=1}^{n} g_j} \quad (j = 1, 2, \cdots, n)$$

式中,x_{ij} 是第 i 个方案第 j 个指标的原始值,p_{ij} 是第 j 个指标第 i 个方案所占的比重,e_j 是熵值,g_j 是差异系数,ω_j 是权重。

4.3.4 综合分析评价

分析评价是获取统计分析结论的重要途径和工具,常用方法分为定性评价、定量评价和基于统计分析的评价。

4.3.4.1 定性评价

定性评价运用语言或文字等非量化手段来描述事件、现象和问题,这类评价方法不能或者难以量化评价对象,适用于对评价的精度要求不是很高的情况。常用的定性评价方法是德尔菲法,其特点是充分利用评价者(专家)的知识、经验、直觉或偏好直接对评价对象作出定性结论的价值判断,比如评价等级、评价分值或评价次序等。

4.3.4.2 定量评价

定量评价是利用数据等量化的信息对评价对象进行综合分析、处理的方法。在系统评价时,不仅要处理结构化、可定量等确定性因素和信息,而且还要处理大量非结构化、模糊、随机、灰色等不确定性因素和信息。常用方法包括层次分析、模糊综合评价、灰色关联分析、熵权、人工神经网络分析等。

1. 模糊综合评价

模糊综合评价以模糊数学为基础,将一些边界不清、不易定量的因素定量化,从多个因素对被评价事物的隶属状况进行评价的一种方法(白先春,2013)。模糊综合评价首先构造等级模糊子集,量化评价对象的模糊指标,即确定隶属度,然后利用模糊变换原理对各指标进行综合。其公式为：

$$\tilde{R} = \begin{pmatrix} \tilde{R} \mid X_1 \\ \tilde{R} \mid X_2 \\ \vdots \\ \tilde{R} \mid X_3 \end{pmatrix} = \begin{pmatrix} r_{11} & r_{12} & \cdots & r_{1p} \\ r_{21} & r_{22} & \cdots & r_{2p} \\ \vdots & \vdots & & \vdots \\ r_{x1} & r_{x2} & \cdots & r_{np} \end{pmatrix}_{n \times p}$$

$$W \cdot \tilde{R} = (\omega_1, \omega_2, \cdots, \omega_n) \cdot \begin{pmatrix} r_{11} & r_{12} & \cdots & r_{1p} \\ r_{21} & r_{22} & \cdots & r_{2p} \\ \vdots & \vdots & & \vdots \\ r_{x1} & r_{x2} & \cdots & r_{np} \end{pmatrix} = (b_1, b_2, \cdots, b_p) \triangleq \tilde{B}$$

式中，$(\tilde{R} \mid X_i)$ 是隶属度，$\tilde{R}$ 是模糊关系矩阵，W 是模糊权向量，权重 ω_i 是要素 X_i 对模糊子集的隶属度。

2. 灰色关联分析

灰色系统理论是我国著名学者邓聚龙教授于 1982 年提出的，研究对象是部分信息已知、部分信息未知的"贫信息"不确定性系统，主要是利用已知信息来确定系统的未知信息，使系统由"灰"变"白"，特点是对样本量没有严格的要求，不要求服从任何分布（邓聚龙，1993）。

灰色关联分析将综合评价的对象看作是时间序列（每个被评价对象的对应各项指标值），借助于灰色关联分析对这些时间序列进行排序，与其关联度越大的被评价对象则越好。其公式为：

$$\Delta_{ij} = \mid x_{0j} - x_{ij} \mid$$

$$\varepsilon_{ij} = \frac{\min\limits_{i} \min\limits_{j} \Delta_{ij} + \rho \max\limits_{i} \max\limits_{j} \Delta_{ij}}{\Delta_{ij} + \rho \max\limits_{i} \max\limits_{j} \Delta_{ij}} = \frac{\Delta(\min) + \rho \Delta(\max)}{\Delta_{ij} + \rho \Delta(\max)}$$

$$r_i = \sum_{j=1}^{n} \omega_j \varepsilon_{ij}$$

式中，$i = 1, 2, \cdots, m$；$j = 1, 2, \cdots, n$；ω_j 是指标 X_j 的归一化权重，$X_0 = (x_{01}, x_{02}, \cdots, x_{0n})$ 是最优样本，最后由 r_i 对 m 个样本（评价对象）排出优劣顺序。

4.3.4.3　基于统计分析的评价

基于统计分析的评价主要利用变量之间的相关性或相似性进行排序，其特点是需要依赖大量的统计数据作为支撑，适用于经济分析和统计分析。常用方法包括加权平均、主成分分析、聚类分析等。

1. 加权平均

加权平均是最广泛使用的评价方法，其公式为：

$$U_i = \sum_{j=1}^{n} \omega_j V_j(x_{ij})$$

式中，U_i 是加权综合评价值，x_{ij} 为第 i 个评价方案的第 j 个属性值，$V_j(x_{ij})$ 为 x_{ij} 标准化后的值，ω_j 为第 j 个评价指标的权重。

2. 主成分分析

主成分分析通过数据分析，使用较少的变量解释原始数据中大部分变量，将大量相关性高的变量转化成少数彼此相互独立或不相关的变量。其具体步骤是：首先对原始数据进行标准化处理，计算标准化矩阵的期望值和协方差矩阵，计算协方差矩阵的特征根和特征向量，计算各主成分的方差贡献率，贡献率越大表明该成分的"综合"能力越强。当最大特征值 λ_1 在特征值之和中占比超过 85%，其对应的主成分能较好地反映评价指标。当第一主成分的贡献率不满足要求时，需采用多个主成分，通常以累计贡献率超过 85% 为标准。其公式为：

$$EX = E\begin{pmatrix} X_1 \\ X_2 \\ \vdots \\ X_n \end{pmatrix} = \begin{pmatrix} EX_1 \\ EX_2 \\ \vdots \\ EX_n \end{pmatrix} = \begin{pmatrix} \mu_1 \\ \mu_2 \\ \vdots \\ \mu_n \end{pmatrix}$$

$$V = \{v_{ij}\} = \mathrm{Cov}(X_i, X_j) = \begin{pmatrix} v_{11} & v_{12} & \cdots & v_{1n} \\ v_{21} & v_{22} & \cdots & v_{2n} \\ \vdots & \vdots & & \vdots \\ v_{n1} & v_{n2} & \cdots & v_{nn} \end{pmatrix}$$

$$r_{ij} = \frac{v_{ij}}{\sqrt{v_{ii}}\sqrt{v_{jj}}} \quad (i, j = 1, 2, \cdots, n)$$

$$\beta_j = \frac{\lambda_j}{\sum_{i=1}^{n} v_{ii}} = \frac{\lambda_j}{\sum_{i=1}^{n} \lambda_i}$$

$$v_{ij} = \frac{1}{n}\sum_{k=1}^{n} (x_{ki} - \bar{x}_i)(x_{kj} - \bar{x}_j), \quad \bar{x}_i = \frac{1}{n}\sum_{k=1}^{n} x_{ki}$$

式中，EX 是期望值，V 是协方差矩阵，λ_j 是特征值，$\boldsymbol{\gamma}_j = (\gamma_{j1}, \gamma_{j2}, \cdots, \gamma_{jn})^{\mathrm{T}}$ 是特征向量，β_j 是贡献率。

3. 聚类分析

聚类分析法是一种多元统计的分类方法，其基本思想为：从一批样本的多个观测值中，找出能度量样本之间或指标之间相似程度(亲疏关系)的统计量，构成一个对称的相似性矩阵。在此基础上，进一步寻找各样本(或变量)之间或样本组合之间的相似程度，按相似程度的大小，把样本(或变量)逐一归类。关系密切的归类聚集到一个小的分类单位，关系疏远的聚集到一个大的分类单位，直到所有样本或变量都聚集完毕，形成一个亲疏关系谱系图，用以更自然地和直观地显示分类对象(个体和指标)的差异和联系。

　　聚类分析的一般步骤为：将 n 个样本 X_1，X_2，$\cdots$，X_n 看成 n 个类，定义初始距离矩阵 $D_{(0)}$，选择适当的"距离"作为不相似性度量，并找出相应的类间距离 D_{pq}。将与 D_{pq} 对应的类合并为一类，选择 $D_{(0)}$ 中与 D_{pq} 对应的 G_p 与 G_q 合并为新类 G_r，即 $G_r = G_p \cup G_q$，用 D_{rk} 代替 $D_{(0)}$ 中 p，q 行和 p，q 列，得到距离对称矩阵 $D_{(1)}$。以此类推，求解 $D_{(w)}$，并合并相应的类。重复上述步骤，直至所有类归为一类或者满足聚类结束阈值条件。

第5章　城市地理国情监测分析评价理论与方法

城市是由自然物理空间和人文社会空间组成的复杂巨系统。从内部看，城市是人口、经济、交通高度集中的表现，是最活跃、动态变化的空间。从外部看，城市不是孤立存在的，是区域竞争与发展、辐射与吸引相互作用的结果，反映了人流、物流和信息流等在空间上的集聚和流动。本章从区域空间格局、城市空间格局、土地利用、社会经济、综合交通、基本公共服务和资源环境等方面归纳总结城市地理国情监测主要的专题分析评价理论与方法。

5.1　区域空间格局分析评价

城市是区域中的重要节点，不同城市具有不同的职能和规模等级，城市与城市之间通过交通、通信等联系发生交互作用，在区域中发挥不同的角色作用，划分各自的势力范围，形成不同的区域空间格局。本节从位序层级、节点网络和中心腹地三方面介绍城市地理国情监测中关于区域空间格局分析评价的基本理论与方法。

5.1.1　位序层级

位序层级是将城市当作一个独立的点来衡量其在区域发展体系中所处的等级。早期的城市等级评价主要是基于人口或经济等单一指标来衡量城市在区域中的地位，以此划分城市所处的层级，分析不同规模城市的分布规律。随着城市研究的发展，城市竞争力理论开始盛行，人们开始构建综合指标体系来评价城市在区域的竞争力，以代表城市所处的等级和地位。

5.1.1.1　位序层级相关理论

评价城市在区域中所处的地位，涉及的相关理论主要包括城市规模分布理论和城市综合竞争力理论。

1. 城市规模分布理论

城市规模分布理论主要有城市首位律、等级规模理论和位序规模法则等。

1）城市首位律

城市首位律是马克·杰弗逊（M. Jefferson）1939年对国家城市规模分布规律的一种概括，是指一个国家的"领导城市"总要比这个国家的第二位城市大得异乎寻常。城市首位度是用一国或区域最大城市与第二位城市人口的比值，来衡量城市规模分布。首位度大的城市规模分布，称为首位分布。常用的评价指标包括两城市指数、4 城市指数和 11 城市指数，其公式为：

两城市指数
$$S = \frac{P_1}{P_2}$$

4 城市指数
$$S = \frac{P_1}{P_2 + P_3 + P_4}$$

11 城市指数
$$S = \frac{2P_1}{P_2 + P_3 + \cdots + P_{11}}$$

式中，P_1，P_2，$\cdots$，P_{11} 为城市按规模从大到小排序后，某位序城市的人口规模。按照位序规模的原理，4 城市指数和 11 城市指数的临界值均为 1，而两城市指数的临界值为 2，越靠近临界值，说明城市体系越符合位序规模分布特征。两城市、4 城市和 11 城市指数都描述了第一大城市和其他城市的比例关系，因此也被称为首位度指数。

2）城市金字塔

位序规模分布是从统计中得出来的，通过描述城市规模与它所处的位序之间的关系来说明城市的规模分布，而城市的规模等级分布则是建立在由克里斯塔勒提出的中心地理论的基础之上，侧重于描述城市规模等级与处于某等级的城市数量之间的关系。规模越大的城市等级，城市的数量就越少，而规模越小的城市等级，城市数量就越多，两者可以相互转化。

3）位序规模法则

位序规模法则是从城市规模和城市位序的关系来考察一个城市体系的规模分布，其公式为：

$$P_i = P_1 R_i^{-q}$$

将上式做对数变换，其公式为：

$$\lg P_i = \lg P_1 - q \lg R_i$$

式中，P_i 为第 i 位城市的人口，P_1 是规模最大的城市人口，R_i 是第 i 位城市的位序，q 为常数。

将城市体系中每个城市按位序和规模落到双对数坐标图上时，就会对城市体系的规模分布有初步的概念。通过散点图可以对城市的规模等级作客观的划分，然后进行 $y = a + bx$ 形式的回归分析。$|b|$ 越接近于 1，表明规模分布越接近理想状态；$|b| > 1$，说明规模分布比较集中，大城市很突出，中小城市发育不够，首位度较高；$|b| < 1$，说明城市人口比较分散，高位城市规模不是很突出，中小城市发育较好。学术界一般习惯于将城市规模分布分为首位分布和位序规模分布两种类型，介于两者之间的，属于过渡类型，如图 5-1 所示。

2. 城市综合竞争力理论

城市的位序规模和等级主要从人口的角度来探讨，而在经济全球化的影响下，城市之间的竞争日益突出，如何更科学综合地测度城市在区域中的竞争地位，也是众多城市管理者所关心的问题。目前很多研究机构每年都会发布城市排名，如全球化与世界城市

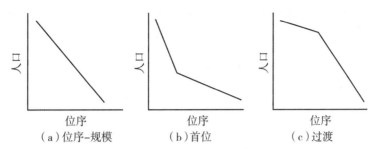

图 5-1 城市规模分布类型

（GaWC）、经济日报、华盛顿经济研究院、中国城市竞争力研究会（香港）、中外城市竞争力研究院、中国社科院财经战略研究院等。表 5-1 和表 5-2 列出了国内外较为著名的城市竞争力研究理论模型。

表 5-1 国外城市竞争力研究相关模型

学者/机构	典型理论	竞争力影响因素
克雷斯尔	双框架模型	显示性框架要素：制造业增加值、商品零售额、商业服务业收入 解释性框架要素：经济类、战略类
波特	钻石理论模型	四要素：生产要素，需求条件，相关及支持产业，企业战略、结构和同业竞争
韦伯斯特	四要素模型	四要素：经济结构、区域禀赋、人力资源、制度环境
索塔罗塔和林纳马	六要素模型	六要素：企业、基础设施、人力资源、网络成员、高效政策网络、生活环境
贝格	迷宫模型	四要素：部门趋势和宏观影响、公司特质、贸易环境、创新与学习能力
加德纳	金字塔模型	八要素：经济结构、创新活动、区域可达性、劳动技能、环境、决策中心、社会结构、区域文化

表 5-2 国内城市竞争力研究相关模型

学者/机构	竞争力影响因素
上海社科院	总量、质量、流量
北京国际城市发展研究院（IUD）	价值活动：城市实力系统、城市能力系统、城市活力系统、城市潜力系统、城市魅力系统； 价值流：平台（基础平台、操作平台等）、条件（政策体制、政府管理等）

学者/机构	竞争力影响因素
倪鹏飞	弓弦模型：软实力、硬实力 飞轮模型：整体竞争力、环境竞争力
宁越敏、石忆邵、郝寿义	经济实力、资金实力、科技水平、政府作用、对外对内开放程度等
沈建法	经济、社会、环境

由此可见，对城市竞争力的认识是多方面的，在不同的研究中，也会根据数据的获取情况来确定不同的指标，综合构建城市竞争力的评价指标。

5.1.1.2　位序层级评价方法

城市的位序层级是所有城市在城市体系中的地位和作用的综合反映，同时也揭示了城市体系的层次性特征和纵向结构关系。位序层级评价的关键点在于城市中心性强度的度量，中心性强度其实就是度量城市在城市体系中的功能组织和在区域开发中综合实力的指标，实际代表的也就是城市竞争力。其评价分为四步：

1. 构建评价指标体系

城市中心性强度是城市综合发展能力的体现，在构建指标体系时，要综合考虑影响城市发展的诸多因素，依据一定的指标选取原则，也可以参照国际国内的城市竞争力理论模型，构建评价中心性强度的综合指标体系。

2. 计算中心性强度

常用的城市中心性强度计算方法包括简单加权模型、多元统计分析、层次分析模型等。

3. 划分位序层级

根据城市体系内所有城市的中心性强度值，可以将城市体系划分为不同的层级。一般来说，城市体系可以划分为四个层级：首位中心城市、区域性中心城市、区域性次中心城市和地方性中心城市。

4. 位序层级分析

位序层级分析主要是根据计算结果，从各等级城市的数量分布和空间分布的角度分析城市体系的等级结构是否合理完善，对城市位序层级体系提出调整和优化建议等。

5.1.2　节点网络

节点网络评价重点考察城市在各区域中心城市构成的客货运交通和物流运输网络中所处的空间和拓扑位置，是影响城市基本经济部类规模和结构、牵动产业发展的重要因素。

5.1.2.1　节点网络相关理论

区位论假设人口密度和空间可达性都是均质化的，这与现实明显不符。近年来，高速发展的高铁、航空等快速交通带来了显著的时空压缩效应，改变了城镇的可达性和传统的空间关系，使区位论的解释逐渐失效。

在这种背景下，1989年卡斯特（Castells）提出了以要素流通构成的空间形式——"流空间"的概念。在流空间的背景下，以"流"作为真实的关系反映城市之间的相互作用，使得区域空间结构研究从城市内部特征转向城市的外部关系，关注点从城市的形态、核心-边缘、等级体系转变为城市的网络结构、功能和连接关系。流空间的概念与传统场所空间概念的最大区别在于，后者是建立在地理邻近的基础上，而前者则将"邻近"的概念抽象为社会行为与关系的接近、时间与过程的共享。

5.1.2.2　节点网络评价方法

根据不同的流数据类型，可以选取不同的节点网络评价方法。本节重点介绍区域社会网络分析模型、连锁网络分析模型、可达性模型和区域人口联系测度模型等算法。

1. 社会网络分析模型

社会网络是指社会行动者及其之间关系的集合，一个社会网络是由多个点（社会行动者）和各点之间的连线（行动者之间的关系）组成的集合。社会网络分析主要关注4个方面，包括中心性-权力的量化分析、凝聚子群分析、网络位置和社会角色、核心-边缘结构分析。

社会网络分析最早由Alderson引入城市网络研究之中，由于社会网络分析所关注的中心性、凝聚子群分析等对理解分析城市结构和城市在网络中的地位具有重要意义，因此被广泛应用于城市网络研究之中。社会网络分析模型常用来描述城市网络的整体特征或城市的节点特征，为城市区位特征的定量化分析提供了技术手段。

2. 连锁网络分析模型

在已有社会网络分析方法的基础上，以Taylor等为主的GaWC学者提出了更加完整的分析网络化世界城市体系的模型。连锁网络模型主要通过计算各个城市的网络连接度，来反映其在整个网络中的地位，同时通过对两两城市之间连接度大小和属性特征的分析，探究城市之间的联系特征和网络的区块化特征。

若有 m 个企业分布于 n 个城市中，所有企业构成服务价值矩阵，其公式为：

$$V_{abj} = V_{aj} \times V_{bj}$$

式中，V_{aj} 表示 j 公司在 a 城市的服务价值，V_{bj} 表示 j 公司在 b 城市的服务价值，V_{abj} 代表 j 公司在城市 a 和 b 间的连接量。a、b 间的城市关联度公式为：

$$C_{ab} = \sum_{j=1}^{m} C_{abj}$$

由于每个城市与其他城市间最多存在 $n-1$ 个联系，故网络内每个城市的总关联公式为：

$$C_a = \sum_{i=1}^{n-1} C_{ai} \quad (a \neq i)$$

式中，C_a 是城市 a 与区域网络中其他城市的总关联度，C_a 值越高，表示其融入整个网络的程度越高，C_{ai} 为城市 a 与城市 i 的联系量。如扩展至分析次节点的企业，对城市加和可得企业在所有区域的服务价值，则任一公司的服务价值公式为：

$$C_j = \sum_{a=1}^{n} C_{ai}$$

综上所述，C_{ab} 表示城市间的关联流量，体现了城市关联网络实质上是由公司地点和"流"所组成的混合体，C_a 反映了各个城市作为节点在企业区位中的层级与地位，C_j 反映了各个企业作为亚节点面向整个区域进行区位选择的战略格局。

3. 区域可达性模型

对于铁路、公路或者航空之中的任意一种交通方式，以两城市之间最小交通时间的倒数作为两城市之间该交通方式下的可达性，其公式为：

$$\mathrm{Acc}_{(A \to B)} = \frac{1}{t_{\min}(A \to B)}$$

式中，$t_{\min}(A \to B)$ 是城市 A 到城市 B 的最短交通时间，$\mathrm{Acc}_{(A \to B)}$ 是城市 A 到城市 B 的交通可达性。

通过综合某城市对所有城市的可达性来描述该城市的交通便利程度。例如，对于城市 A，其总的列车便利度可以表示为从 A 出发前往所有可能前往的城市的便利度的累加。假定一共有 N 个这样的城市，其公式为：

$$\mathrm{Acc}_{A\text{-train}} = \sum_{i=1}^{N} \mathrm{Acc}_{(A \to B_i)\,\text{-train}}$$

式中，$\mathrm{Acc}_{A\text{-train}}$ 是城市 A 的铁路可达性。

从而得到任意城市对的铁路、公路和航空交通可达性，以及任意城市的铁路、公路和航空综合交通便利度。对这一结果进行最大值归一化，即

$$\overline{\mathrm{Acc}_{A\text{-train}}} = \frac{\mathrm{Acc}_{A\text{-train}}}{\max\left(\mathrm{Acc}_{\text{train}}\right)}$$

最后，以经验权重对三种交通方式进行综合，从而得到每个城市的综合交通便利度，其公式为：

$$\mathrm{Accessibility}_A = 0.6 \times \overline{\mathrm{Acc}_{A\text{-train}}} + 0.2 \times \overline{\mathrm{Acc}_{A\text{-road}}} + 0.2 \times \overline{\mathrm{Acc}_{A\text{-flight}}}$$

式中，$\mathrm{Accessibility}_A$ 是城市 A 的综合可达性，$\mathrm{Acc}_{A\text{-train}}$ 是城市 A 的铁路可达性，$\mathrm{Acc}_{A\text{-road}}$ 是城市 A 的公路可达性，$\mathrm{Acc}_{A\text{-flight}}$ 是城市 A 的航空可达性。

4. 区域人口联系测度模型

利用互联网迁徙数据可以反映城市之间的实际人口联系情况，迁徙数据的识别规则是将用户常住地所在城市或停留超过一天的非常住城市定义为出发城市，将用户离开出发城市、并在非出发城市停留超过 4 个小时以上定义为到达城市。该类数据一般反映实际设备数，未进行扩样。

一般将平常日往返于不同城市之间的人群推测为以商务、游憩为目的的出行人群。春运期间往返于不同城市的人群推测为直接返乡或经由该城市中转返乡人群，但存在一定数

量的商务、游憩目的出行人群的干扰。在区域人口联系分析中，平日时段人口联系格局使用流动规模和流动广度进行测度，春节前人口联系格局使用净流出规模和流动广度进行测度。

流动规模为某城市流出量与流入量的加和，其公式为：

$$流动规模＝流出量＋流入量$$

由于商务、游憩目的出行人群具有流入、流出双向对称性，即在14天的时间跨度内，其流入量与流出量大致相当，而返乡的劳动力在春节前则会表现为单向流动。因此，净流出规模指标能排除大部分商务、游憩出行目的人群，从而估算返乡人口的数量。净流出规模指某城市春节前14天累计流出量与流入量的差值，其公式为：

$$净流出规模＝春节前14天累计流出量－累计流入量$$

净流出规模为正的城市，表明其在春节前呈现人口流出趋势，属于劳动力吸引型城市；相反，净流出规模为负的城市，表明其在春节前呈现人口流入趋势，属于劳动力流失型城市。

流动广度为某城市超过最大城市间流动规模1%的联系数量，能够反映该城市在人员流动方面影响范围和影响力的大小。

5.1.3 中心腹地

位序层级主要考虑中心城市在城镇体系中所处的地位，而中心腹地则着重考虑中心城市的影响范围或势力圈。城市腹地是指城市的吸引力和辐射力对城市周边地区社会经济活动起主导作用的地域。

5.1.3.1 中心腹地相关理论

中心腹地研究相关的经典理论主要有中心地理论、生长极理论和核心-边缘理论等。

1. 中心地理论

中心地理论是由德国城市地理学家克里斯泰勒和德国经济学家廖什分别于1933年和1940年提出的。中心地理论把城镇看作是零售中心和服务中心来探讨它们在职能、规模和分布上的规律性，而服务职能一般要在它服务区域的相对中心位置来执行，因此被称为中心职能。不单是城镇具有中心职能，一个村庄也有中心职能，因此，克里斯泰勒引入了中心地这个概念来代表有中心职能的地方。他认为，有三个原则支配着中心地体系的形成，分别是市场原则、交通原则和行政原则，在不同的原则支配下，中心地网络呈现不同的结构，且中心地和市场区大小的等级顺序有着严格的规定，即按照所谓的 K 值排列成有规则的、严密的序列。

在中心地等级测度指标的选取上，周一星等较早提出应使用城市的绝对重要性(结节性)来代替克里斯泰勒的相对重要性。此后，中国学者通常利用地区生产总值、社会消费品零售总额、非农业人口、第三产业比例、人口密度、服务性行业从业人员比例和区位熵等变量构建综合评价指标体系，测算城市的中心职能强度，研究中国的城镇体系、城市群的中心地组织结构，并与理论模型的组织形态进行比较。中心地体系的三种形式如图 5-2 所示。

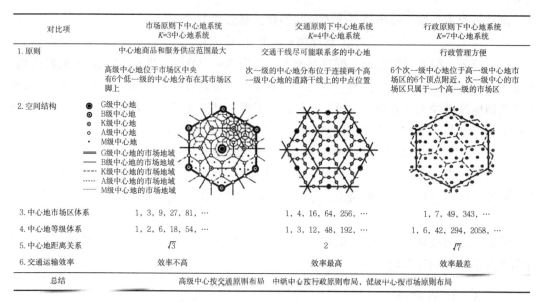

对比项	市场原则下中心地系统 $K=3$ 中心地系统	交通原则下中心地系统 $K=4$ 中心地系统	行政原则下中心地系统 $K=7$ 中心地系统
1.原则	中心地商品和服务供应范围最大	交通干线尽可能联系多的中心地	行政管理方便
2.空间结构	高级中心地位于市场区中央 有6个低一级的中心地分布在其市场区脚上	次一级的中心地分布位于连接两个高一级中心地的道路干线上的中点位置	6个次一级中心地位于高一级中心地市场区的6个顶点附近，次一级中心的市场区只属于一个高一级的市场区
3.中心地市场区体系	1，3，9，27，81，…	1，4，16，64，256，…	1，7，49，343，…
4.中心地等级体系	1，2，6，18，54，…	1，3，12，48，192，…	1，6，42，294，2058，…
5.中心地距离关系	$\sqrt{3}$	2	$\sqrt{7}$
6.交通运输效率	效率不高	效率最高	效率最差
总结	高级中心按交通原则布局　中缓中心按行政原则布局，低级中心按市场原则布局		

图 5-2　中心地体系的三种形式

2. 生长极理论

生长极理论是由法国经济学家普劳克斯于 1950 年提出，该理论认为经济发展并非均衡地发生在地理空间上，而是以不同的强度在空间上呈点状分布，并按照不同途径传播，对整个区域经济发展产生不同的影响，这些点就是具有成长及空间聚集意义的生长极。

普劳克斯认为，生长极是否存在取决于有无发动型工业，发动型工业聚集在地理空间的某一地区，则该地区通过极化和扩散过程，形成增长极，以获得最高的经济利益和快速的经济发展。

3. 核心-边缘理论

核心-边缘理论是由美国著名的规划学家约翰·弗里德曼首先提出，并由其本人加以完善、发展的，即将一定的空间地域分为核心区和边缘区。弗里德曼提出，发展是通过不连续的、但又逐步累积的创新过程而实现的，而发展通常起源于区域内具有较高相互作用潜力的、少量的变革中心，创新由这些中心向周边潜力较小的区域扩张，周边区域依附于变革中心而发展。这类创新变革中心，被弗里德曼称为"核心区"，而一定空间地域内的其他区域，被称为"边缘区"。

在区域发展的过程中，核心对边缘有两种不同的效果：一种是负效果，由于核心区自身的利益，使边缘的劳动力、资金等要素流入，剥夺了边缘某些发展机会，这时以前向联系为主，是极化作用的结果；另一种为正效果，核心发展所得的利益扩散到边缘，使边缘农产品及原料的销售量增加，就业机会扩大，次级核心发展等，这时后向联系明显，是扩散作用的结果。

5.1.3.2 中心腹地评价方法

传统的城市腹地测度方法包括实际调查法和数理法两种,基于大数据的评价方法主要使用势力范围模型。

1. 实际调查法

实际调查法也称经验法,主要利用"流态"数据(如人流、资金流、物流、信息流等)测度城市与腹地之间的"流入-流出"关系,进而确定中心城市的腹地范围。采用实证法进行腹地划分虽然结果较为可靠,但信息量庞大,数据较难获取,往往只获取了一种或几种流数据,存在对区域间相互作用要素考虑不全的问题。

2. 数理法

数理法也称为数学模拟或理论法,以空间相互作用的引力模型为基础,通过建立抽象模型进行推算,常用的模型有断裂点模型、Huff 概率模型、场强模型和改进场强模型等。

1)断裂点模型

断裂点模型由赖利发明,其公式为:

$$d_A = \frac{D_{AB}}{1 + \sqrt{\dfrac{P_B}{P_A}}}$$

式中,d_A 为断裂点到 A 城的距离,D_{AB} 为 A 和 B 两个城市之间的距离,P_B 为较小城市 B 城的人口,P_A 为较大城市 A 城的人口。按照这一公式,A 城由于规模较大,其吸引区也较大,因此将断裂点推向更靠近 B 城的地方。断裂点公式在实际应用中有着相当大的局限性,因为城市人口规模不能完全反映城市的实际吸引力。因此,根据地区的具体情况,选择若干有代表性的指标来确定城市吸引区的边界,更符合实际情况。

2)Huff 概率模型

Huff 概率模型由引力模型衍生而来,是断裂点模型的二维化,其公式为:

$$P_{ij} = \frac{A_j D_{ij}^{-\lambda}}{\sum_{j=1}^{n} A_j D_{ij}^{-\lambda}}$$

$$\sum_{j=1}^{n} P_{ij} = 1.0$$

式中,P_{ij} 是 i 地属于中心城市 j 腹地的概率,A_j 是中心城市 j 的规模,D_{ij} 是 i 地与中心城市 j 之间的距离,λ 是距离摩擦系数,n 是中心城市的数量。

3)场强模型和改进场强模型

场强模型的公式为:

$$F_{ij} = \frac{Z_i}{D_{ij}^{\delta}}$$

$$E_i = \frac{\sum_{i=1}^{n} F_{ij}}{n}$$

式中，F_{ij} 为城市 i 在 j 点所受到的场强，Z_i 为城市 i 的综合发展水平指数，E_i 为城市 i 在区域内所受到的平均场强强度，δ 为常量 1，D_{ij} 为城市 i 到 j 点的欧式距离。在实际使用时，常用最短时间距离等来代替 D_{ij}，从而改进场强模型，使其更接近真实情况。

3. 势力范围模型

城市之间的人流很大程度上表征了边缘城市对中心城市的依赖程度，或者中心城市对边缘城市的影响能力。例如，春节前，中心城市的人口会向其人口腹地流出，而在春节后又会流回中心城市；在国庆节假日前期，游客会从居住城市涌向旅游目的地，然后又回到居住的城市。

一般以春节前人口迁徙规模及来源来衡量城市吸引力大小，划分吸引区范围，可以利用绝对流入指数、相对流入指数和竞争流入指数 3 个指标描述给定城市 A 和 B 之间的人口流动程度。

绝对流入指数，即给定时间内从城市 A 流入城市 B 的数量，其公式为：

$$F_{\text{Absolute}}(A \to B) = Q_{AB}$$

式中，Q_{AB} 为春节前从城市 A 流入城市 B 的人口数量，一般需减去平日从城市 A 到城市 B 的人口数量，以克服正常商旅出差影响，更真实反映春节前人口迁徙规模。

相对流入指数，即给定时间内从城市 A 流入 B 的数量占城市 B 流入总量的比例，其公式为：

$$F_{\text{Relative}}(A \to B) = \frac{Q_{AB}}{\displaystyle\sum_{i=1}^{N} Q_{AB_i}}$$

式中，Q_{AB_i} 为春节前从城市 A 流入城市 B_i 的人口数量，$\{B_i \mid i \in [1, N] \cap N^+\}$ 为除城市 A 以外所有其他城市构成的集合。

竞争流入指数，即给定时间内从城市 A 流入城市 B 的数量占城市 A 流出总量的比例，其公式为：

$$F_{\text{Competetive}}(A \to B) = \frac{Q_{AB}}{\displaystyle\sum_{j=1}^{M} Q_{A_j B}}$$

式中，$Q_{A_j B}$ 为春节前从城市 A 流入城市 B 的人口数量，$\{B_i \mid i \in [1, M] \cap N^+\}$ 为所有中心城市构成的集合。

当 $F_{\text{Competetive}}(A \to B) > 0.6$ 时，意味着来自城市 A 的跨城出行过半为前往城市 B，认为城市 A 处于城市 B 的紧密影响区以内；当 $F_{\text{Competetive}}(A \to B) \in (0.4, 0.6]$ 时，认为城市 A 处于城市 B 的次紧密影响区以内；当 $F_{\text{Competetive}}(A \to B) \leqslant 0.4$ 时，认为城市 A 处于城市 B 的边缘影响区以内。

5.2　城市空间格局分析评价

城市是非农业人口集中、以从事非农业生产活动为主的居民点，是一定地域范围内社会、经济、文化活动的中心，是城市内外各部门、各要素有机结合的大系统。城市空间格局是长期历史发展的产物，是城市形态演变、空间增长时空规律的体现。本节从城市空间形态、结构模型和空间增长等方面，介绍城市地理国情监测中关于城市空间格局分析评价的基本理论和方法。

5.2.1 城市空间形态

城市空间形态的发展是一个复杂的社会、经济、生态与空间耦合的过程，第一层次表现为宏观区域内城镇群的分布形态；第二层次表现为城市的外部空间形态，即城市的平面型式和立面形态；第三层次表现为城市内部的分区形态。通过城市形态的研究，可从纵向和横向两方面比较探讨城市自身的发展规律，解释城市发展中的多种现象，并预测城市未来发展。

5.2.1.1 影响城市空间形态的规划理论

近现代历史上，城市的发展受到很多规划理论、思潮和实践的影响。如欧文和傅里叶为代表的空想社会主义、1848年英国通过的《公共卫生法》、1853年开始的巴黎改建、1898年霍华德提出的田园城市、1922年柯布西埃提出的现代城市设想、1924年美国发布的《分区土地管理标准法案》、1933年发表的以功能分区为核心的《雅典宪章》、1944年开始以疏解大城市为核心的伦敦新城建设、1977年签署的《马丘比丘宪章》、1920—1970年风靡美国的汽车文化等，都深刻影响了城市的发展。

本节介绍对城市空间形态发展有着重要影响的三种规划理论，分别是霍华德的田园城市、柯布西埃的现代城市以及《雅典宪章》。

1. 霍华德的田园城市

以霍华德提出"田园城市"为标志，现代城市规划出现了比较完整的理论体系和实践框架。霍华德于1898年出版了《明天：通往真正改革的和平之路》(*Tomorrow：A Peaceful Path to Real Reform*)，提出了田园城市(Garden City)的理论。田园城市是为健康、生活以及产业而设计的城市，它的规模足以提供丰富的社会生活，但不应超过这一程度；四周要有永久性农业地带围绕，城市的土地归公众所有，由委员会受托管理。

根据霍华德的设想，田园城市包括城市和乡村两个部分，城区平面呈圆形，中央是一个公园，由主干道向外辐射，把城市分为6个扇形区域，在核心部位布置一些独立的公共建筑(市政厅、音乐厅、图书馆、医院、博物馆)。在城市直径线的外三分之一处设一条环形的林荫大道，并以此形成补充性的城市公园，两侧均为居住用地，居住建筑地区布置学校和教堂。在城区的最外围地区建设各类工厂、仓库和市场。

2. 柯布西埃的现代城市设想

在关于现代城市发展的基本走向上，与霍华德的田园城市设想完全不同的是柯布西埃的现代城市设想。霍华德是希望通过新建城市来解决过去城市尤其是大城市中出现的问题，而柯布西埃则希望通过对过去城市尤其是大城市本身的内部改造，使这些城市能够适应城市社会发展的需要。

柯布西埃通过对20世纪初的城市发展规律和城市社会问题的关注、思考和研究，提出关于未来城市发展模式的设想，即"现代城市"理想。规划改造的4个原则是：减少市中心的拥堵、提高市中心的密度、改善交通、增加城市的植被绿化。

柯布西埃认为，只有集中的城市才有生命力，由于拥挤而带来的城市问题是完全可以通过技术手段进行改造而得到解决的，即采用大量的高层建筑来提高密度和建立一个高效率的城市交通系统。建筑物的地面全部架空，城市的全部地面均可由行人支配，城市道路系统由地铁和人车完全分离的高架道路组成。所有的城市应当是"垂直的花园城市"，是"在花园中的城市"，而不是霍华德似的"城市中的花园"。

3.《雅典宪章》

20 世纪 20 年代末，现代建筑运动走向高潮，在国际现代建筑会议（CIAM）第一次会议的宣言中，提出了现代建筑和建筑运动的基本思想和准则。1933 年召开的第四次会议的主题是"功能城市"，会议发表了《雅典宪章》，它是由现代建筑运动的主要建筑师制定的，反映了对现代城市规划发展的基本认识和思想观点。

《雅典宪章》被称为现代城市规划的大纲，最为突出的内容是提出了城市功能分区，把城市活动划分为居住、工作、游憩和交通四大活动，并提出各功能分区要有其最适宜发展的条件，以便给生活、工作、文化分类和秩序化。城市规划的基本任务就是制定规划方案，而这些规划方案的内容都是关于各功能分区的"平衡状态"和建立"最合适的关系"，它鼓励的是对城市发展终极状态下各类用地关系的描述，并"必须制定必要的法律以保证其实现"。

5.2.1.2　城市空间形态影响因素

城市空间形态是历史发展演变的结果，自然因素、经济发展、交通条件、人口增长和政府调控等各种因素相互联系、相互作用，影响着城市空间形态的演变。综合作用机制如图 5-3 所示。

1. 城市产生与自然地理条件

从城市的产生看，自然地理条件是影响城市选址的主要因素，地理位置、交通条件、水资源等都是城市产生必不可少的决定因素，沿河沿江、依山傍水、交通汇聚往往成为城市典型的特征。此外，也有很多城市因政治统治、军事防御、资源开发需要而设立，如城堡、要塞、矿山等。

2. 城市发展与经济结构转型

从城市的发展看，经济发展为城市空间形态演变提供动力，其作用机制是通过经济空间的集聚与扩散实现的。城市经济发展主要体现在第二、三产业的发展方面，产业空间的集聚或扩散在空间上有不同的表现。农业发展是城市发展的初始动力，为城市发展提供了充足的商品粮和大量的剩余劳动力；工业化是城市发展的根本动力，建立在工业化基础上的经济发展是城市发展的根本动因；第三产业是城市发展的后续动力，生产性服务业和消费性服务业的发展，不断提升城市发展的水平和质量。

城市的发展是人口等要素高度集聚的过程，从工业化社会到后工业化社会，可分为四

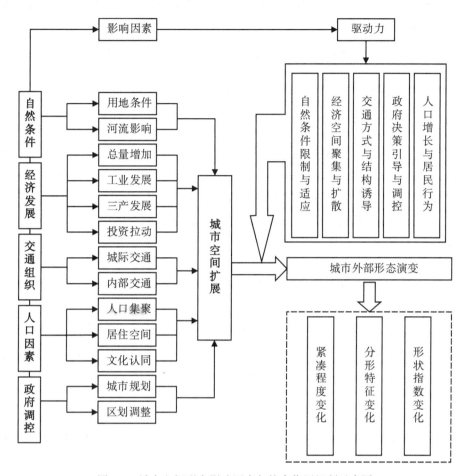

图 5-3　城市空间形态影响因素与综合作用机制示意图

个阶段：①绝对集中时期：工业化初期，人口从农村向城市迁移，导致城市人口不断增长；②相对集中时期：随着工业化进入成熟期，在人口继续向城市集中的同时，开始向郊区扩展，但城市人口的增长仍然高于郊区；③相对分散时期：人类社会进入了后工业化初期，经济结构中的第三产业比重开始超过第二产业，郊区的人口增长超过了城市的人口增长；④绝对分散时期：后工业化社会进入成熟期，第三产业的主导地位越来越显著，区域内人口从城市向郊区迁移，导致城市人口下降和郊区人口上升，即郊区化。

3. 城市发展与政策引导

政府的空间决策行为对城市外部形态的演变具有重要的作用，特别是在政府主导型城市化进程中，政府的引导与控制行为对城市空间扩展与外部形态演变产生强烈的影响，城市规划、行政区划调整、户籍制度改革、基础设施建设以及产业政策引导等手段对城市空间形态演变发挥着调控作用。

始于 20 世纪 60 年代中期美国硅谷的高科技园和日本筑波科学城，在全世界范围产生了深刻影响。21 世纪初以来在中国快速发展的高速铁路、城市地铁，极大改变了中国城市的发展格局，开发园区、高铁新区、地铁网络成为大城市的重要标志，以及城市空间结构演变的重要驱动力。

5.2.1.3 城市空间形态基本要素

城市空间形态构成要素是完成某种功能而无须进一步再分的单元，包括道路网、街区、节点、发展轴和城市用地等。

1. 道路网

道路网是构成城市形态的基本骨架，它是指人们经济通行或有通行能力的街道、铁路、公路等。道路具有连续性和方向性，并将城市平面划分为若干街区。城市中道路网密度越高，城市形态的变化越迅速。道路网的结构和相互联结方式决定了城市的平面形态，城市的空间结构在很大程度上也取决于道路网所提供的可达性条件。

2. 街区

由道路所围合起来的平面空间就是街区，它具有功能均质性的潜能，城市就是由不同的功能区所构成的，并由此形成结构化的地域，街区的存在才能使城市形成明确的图像。

3. 节点

节点具有三维空间向量，包括城区中各种功能的建筑物、人流集散点、道路交叉点、广场、交通站场以及具有特征事物的聚合点，是城市中人流和能量交换产生聚集作用的特殊地段。

4. 发展轴

城市发展轴主要由城市对外交通干线所组成，轴的数量、角度、方向、长度、伸展速度将直接构成城市不同的外部形态，并决定着城市形态在某一时期的阶段性发展特征。

5. 城市用地

城市用地是指城市各种活动所占据的土地空间和使用模式，它由各种异质与异量空间组成，是城市形态具体的物质载体，也是分析城市空间形态最主要的突破口。

5.2.1.4 城市空间形态测度方法

城市空间形态主要从城市边界形状和内部形态要素两方面进行测度。

1. 城市边界形状测度

城市边界形状测度主要有紧凑度、形状指数和分形维数等方法。

1）紧凑度

紧凑度是区域形状特征的一种测度量，可作为代表城市建成区的紧凑、饱满程度的指标，用于城市形态的比较与分析。城市形态紧凑度计算方法有多种，可分为基于长轴的形状率法、基于周长的圆形率法，以及基于最小外接圆的紧凑度法。

形状率紧凑度公式为：

$$D = \frac{1.273A}{L^2}$$

式中，A 为城市建成区面积，L 为城市建成区最长轴的长度。

圆形率紧凑度公式为:

$$D = \frac{2\sqrt{\pi A}}{P}$$

$$D = \frac{4\pi A}{P^2}$$

式中,A 为城市建成区面积,P 为城市轮廓周长。圆形率紧凑度的值在 0 到 1 之间,其值越大,形状越具有紧凑性,越接近于 1,形态越接近于圆形;反之,形状的紧凑性越差。

外接圆紧凑度公式为:

$$D = \frac{A}{A'} = \frac{A}{\pi r^2}$$

式中,A 为城市建成区面积,A' 为该区域最小外接圆面积,r 为城市建成区最小外接圆半径。实质上,外接圆紧凑度指数就是城市建成区面积占建成区最小外接圆面积的比例。

2)形状指数

形状指数是通过计算研究对象的形状与相同面积的圆或正方形之间的偏离程度来度量其形状复杂程度。最常见的形状指数有两种形式,其公式为:

$$S = \begin{cases} \dfrac{P}{2\sqrt{\pi A}} & \text{(以圆形为参照几何形状)} \\ \dfrac{0.25P}{\sqrt{A}} & \text{(以正方形为参照几何形状)} \end{cases}$$

式中,P 为研究对象的周长,A 为研究对象的面积。研究对象的形状越复杂或越扁长,S 就越大;当研究对象为标准圆形或正方形时,形状指数最小,等于 1。

3)分维数

城市有着复杂的、非线性的空间形态,这种空间形态具有分形特征,具有内在的自组织、自相似和分形生长的能力。分维数在某种意义上反映了系统对于空间的填充能力。

(1)边界维数:表征了城市地域边界线作为分形线的复杂曲折程度,边界维数越大,城市边界线的非线性越强,城市形态越复杂。其公式为:

$$\ln N(r) = \ln\eta - D\ln r$$

式中,r 为网格尺寸(边长),$N(r)$ 为边界占据的网格数目,η 为色散因子。

(2)半径维数:反映了城市某类用地的向心集聚程度和空间分布格局,其值越小,表明该类型土地的向心集聚程度越强,即越集中在城市的中心;反之,空间布局越趋向于城市的外围。其公式为:

$$\ln N(r) = \ln\eta + D\ln r$$

式中,r 为回转半径,$N(r)$ 为 πr^2 范围内土地利用的像素数目,η 为色散因子。

(3)网格维数:反映了城市土地利用空间分布的均衡性,维数越大,表明土地利用形态越均衡,反之则越集中。其公式为:

$$\ln N(r) = \ln\eta - D\ln r$$

式中,r 为网格尺寸(边长),$N(r)$ 为某土地类型占据的网格数目,η 为色散因子。

2. 内部要素测度

内部要素测度分两个方面，一是地块的形态特征测度，二是地块的关系特征测度。

1）地块形态特征

城市内部用地地块的形态与空间分布特征可借助景观生态学的方法进行测度，测度内容包括地块完整性、空间聚集性及异质性。其中，地块完整性特征反映了地块的规整性，可采用地块面积的平均值（mean area，AREA_MN）和最大斑块指数（large patch index，LPI）来测度；地块空间集聚特征反映了地块的聚集程度，可采用欧几里得平均邻域距离、斑块密度和斑块聚合度指数进行测度；异质性指数反映了城市内部空间形态的多样性特征以及城市功能空间混合使用的程度，常用 Shannon-Weaver 多样性指数和 Simpson 多样性指数来表征，具体计算公式详见 5.3.2.2 节。

2）地块关系特征

城市内部用地按城市活动类型分为居住、工作、游憩、交通等功能，城市用地的功能布局是城市规划研究的重点。地块关系特征的测度包括以下几个方面：①位置关系，即居住、工业、商业、公共服务等的区位关系与组合特征，如严格的功能分区、混合的综合分区、公共服务的配套关系等；②数量关系，即居住、工业、交通、绿化等各类用地的占比及人均指标是否符合国家规范；③连通关系，即城市的职住关系、交通组织方式，特别是高架、桥隧、地铁等立体交通方式等。

5.2.2　城市空间结构

城市空间结构是指城市各类用地在空间上的组合关系，是城市中各种力量根据自然、经济和社会条件为了效用最大化相互博弈的结果。

5.2.2.1　城市空间结构主要类型

城市有多种空间结构形态，最基本的形态可分为集中式和分散式两种，典型的空间结构有同心圆、扇形、多核心和棋盘形等多种布局形态。

1. 同心圆布局

同心圆是最常见的城市空间结构。该结构由伯吉斯（E. W. Burgess）于 1952 年总结芝加哥城市空间结构后提出。该理论认为，高收入家庭会居住在离城市中心较远的最新住房中，原来的住房由收入较低的家庭居住，最贫困的家住在靠近市中心最老的旧房，直至市中心的旧房被拆除成为中央商业区，即所谓"过滤"机制。由此形成城市各功能用地以中心区为核心，自内向外作环状扩展的同心圆结构。其中，第 1 圈层为中心商业区，第 2 圈层为中心商业区与住宅区的过渡地带，包括轻工业、批发商业、老式住宅、货舱，第 3 圈层为工人住宅区（低收入），第 4 圈层为中产阶级住宅区，第 5 圈层为高级及通勤人士住宅区。如图 5-4（a）所示。

该理论的缺陷是忽略了交通、自然障碍物、社会文化和区位偏好的影响。1932 年巴布科克（Babcock）考虑交通轴线的辐射作用，将同心圆模式修正为星状环形模式，这一理论更接近单中心中小规模城市的真实状况。

2. 扇形布局

扇形理论是霍伊特（Homer Hoyt）于 1939 年对美国 64 个中小城市及纽约、芝加哥、底特律等城市的住宅区分析中得出的。该理论的核心是各类城市用地趋向于沿主要交通线路和沿自然障碍物最少的方向，由市中心向市郊呈扇形发展。他认为，由于特定运输线路可达性和定性惯性的影响，各功能用地往往在道路两侧形成。第 1 圈层为中心商业区；第 2 圈层为轻工业和批发商业，对运输线路最为敏感，沿交通干线扩展；第 3 圈层为工人住宅区（低收入），环绕工商业布置；第 4 和第 5 圈层为中高收入住宅区，沿交通主干道或湖泊、公园向外发展。如图 5-4(b) 所示。当城市人口增加用地扩大时，高收入富人从原住区搬到新的声望更高的地方，原高收入住宅区则供贫民使用，由此出现土地利用的演替和过滤。

3. 多核心布局

随着城市发展到较大规模，往往会由单中心城市变为多中心城市。多核心布局通常有城市 CBD、城市副中心、区域中心和郊区中心等多中心体系，每个中心都包含商业、办公、酒店和娱乐设施等多种商服与产业业态，是所在地区的就业中心和商业中心。

多核心理论由麦肯其（R. D. Makenzie）于 1933 年提出，1954 年被哈里斯（C. D. Harris）和乌尔曼（E. L. Ullman）丰富发展。该理论强调城市土地利用过程中并非只形成一个商业中心，除此之外还会有多个次中心。城市中心数目的多少及功能与城市规模大小有关。中心商业区为最主要的核心，其次还有工业中心、批发中心、外围地区的零售中心、大学聚集中心及近郊区中心等。多核心理论没有假设土地均质，土地功能分区没有一定顺序，规模大小也不同，空间布局具有较大的弹性，很多大城市都属于这一类型。在典型多核心布局中，如图 5-4(c) 所示，区域 1 为中心商务区，区域 2 为批发、轻工业区，区域 3 为低收入者住宅区，区域 4 为中等收入者住宅区，区域 5 为高收入者住宅区，区域 6 为重工业区，区域 7 为次级商务区，区域 8 为近郊住宅区，区域 9 为近郊工业区。

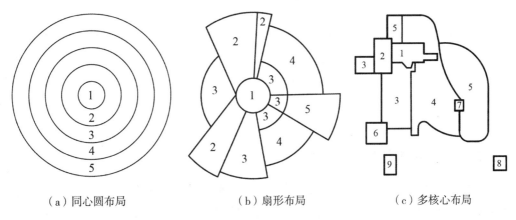

（a）同心圆布局　　　　　　（b）扇形布局　　　　　　（c）多核心布局

图 5-4　典型城市空间结构模型

4. 棋盘形布局

棋盘形布局的基本思路是：街道把街区分割成许多相同的长方形街区，可以向任何方向发展。理论上这种城市形态不需要边界和中心，人类活动可以发生在任何地点，因为城内任何一点都是平等的，而且每个街区的形状都是相同的。城市内部可以进行建设，也可向外部寻求发展空间，标准化的土地规划为标准化的建设提供了条件。

当然，棋盘形城市的规模实际上是受到限制的，城市不可能无限向外发展而丝毫不影响其中心区域的建设和城市布局。

5.2.2.2　城市空间结构演变方式

在经济、交通、区位及土地市场、政策、社会心理诸因素的作用下，城市空间结构的演变方式多种多样，主要包括向心型和离心型、外延型和飞地型。

1. 向心型和离心型演变方式

向心型和离心型演变是从与城市中心的空间关系衡量城市空间结构演变的类型，是两种完全不同的演变形式。向心型演变是指商业、政府行政机构、文化、娱乐等设施和人口不断向城市中心集聚，促使城市中心地区土地利用程度提高并向立体发展，形成中心商业商务区。离心型演变与向心型演变相反，是在中心城区发展已达到相对饱和状态时，为满足城市人口、经济等发展的需要，依托骨干基础设施自发地向外轴线扩展，或在城市规划因素影响下，以独立、半独立卫星城或规模较大的新区(如开发区)方式向外扩展的状态，最终导致城市外围农村地域变化、城市平面扩大。

2. 外延型和飞地型演变方式

按照城市离心型演变形式不同，还可分成外延型演变和飞地型演变。如果城市的离心型扩展，一直保持与建成区接壤、连续、渐次地向外扩展，则这种扩展称为外延型扩展。如果在扩展过程中，出现了空间上与建成区分离、职能上与建成区保持联系的方式，则称为飞地型扩展。

外延型扩展是最常见的城市空间结构演变形式，它所形成的城市边缘地带称为城乡结合部。飞地型扩展一般在大城市中出现，通常会跳出建成区现有边界，到条件适宜的地理位置上发展，用以分散城市的压力，形成郊区的卫星城镇。

由于中国现代城市发展类型的多样性，城市空间扩展的方式也有差别。如果把城市的向心增长及聚集型空间扩展比喻成一种"蔓延发展"方式，把城市的离心增长及扩散型空间扩展比喻成一种"跳跃发展"方式，那么对于多数中小城市而言，某一时期可能多偏向于以一种空间扩展方式为主，但对于特大城市而言，则可能呈现出二者皆备的混合型空间增长模式。

5.2.3　城市空间增长

城市空间增长在空间上可分为两个层次，在水平方向上为城市地域的蔓延，在垂直方向上为城市空间的增厚。在城市边缘区表现为不断向外围扩展，随着城市道路的延伸、农村用地转变为城市用地，城市地域面积扩大。而在城市建成区主要是垂直方向的增厚，表现为中心城区高层建筑的增多和地下空间的开发,城市要素的空间密度加大。

促使城市空间增长的驱动因子主要有城市经济总量的增长、城市产业结构的调整以及城市功能的演变,还有国家或区域的宏观经济发展状况、政策的变动、外部资金的投入、城市规划的制定和实施等。这些政治、社会、经济、环境等方面的众多因素不可分割,共同促进了城市空间的增长。

5.2.3.1 城市空间水平扩张

城市空间的水平扩张是城市地域在水平方向上的扩张,本节主要介绍城市空间水平扩张方式和时空特征评价方法。

1. 扩张主要方式

城市空间水平扩张主要方式包括轴向扩展、连片扩展、飞地式扩展和圈层扩展。

1)轴向扩展

城市轴向扩展是指城市沿一定方向扩展而形成比较窄的城市地区。城市空间的轴向扩展,无论是自发形成还是有意识地规划建设,它们均依附于城市本体,向周围地区放射扩展。从某种意义上讲,城市带状增长、指状增长、放射状增长都可视为城市轴向扩展的一种变异。根据伸展轴的性质不同,大致可以划分成以下三种类型:

(1)工业走廊。一些对交通线路依附性强的工厂和仓库沿公路、铁路和水道自由或按规划建设,连续向外延伸,形成"轴"向走廊,这类走廊大都是城市工业迅速发展时期所形成的。

(2)居住走廊。在许多城市入城主干道旁经常看到独户住宅成组排列,形成沿交通线自发发展的"居住走廊",这是我国城市近郊农民住宅布局的基本形态。在有些近郊基础设施条件较好的地区,往往也利用这类优势沿线布置生活居住区,形成具有相当规模的居住走廊。

(3)综合发展走廊。居住和就业沿伸展轴综合发展,在对外交通干道两侧连续布局工厂、间隔布置居住小区,形成城市伸展轴。在城市持续增长过程中,城市伸展轴还可能发生多种变化,如伸展轴延长和强化,出现次一级伸展轴或新的主伸展轴。

2)连片扩展

城市空间的连片扩展主要发生在城市面临巨大增长压力时,有目的地选择建成区外1~2个方向,利用大片土地进行集中开发,并且在空间上与建成区连成一体。

20世纪70年代,我国大城市面临着巨大的住房压力,在无强大实力进行大规模卫星城建设的条件下,许多大城市采取在建成区边缘综合开发大片居住区的办法,形成了连片扩展的发展模式。

3)飞地式扩展

一些重大投资项目,由于其特殊要求(如需占用大量土地、对区环境有污染等),选择在离建成区有一定距离的地方建设,形成"飞地"。如较为普遍的大型企业由于对资源和建设条件(用水、用电、港口等)的要求,大多选择远离市区独立发展的建设方式,在市区外形成相对独立的小城镇和卫星城。

20 世纪 80 年代中期以来，城市飞地式扩展又出现了一种新类型。首先在沿海城市，然后发展到内陆城市，建设各类开发区，如经济技术开发区、科技工业园区、保税区、旅游度假区、外商成片开发区等。这些开发区多远离中心城区，基本上不受中心城区边缘扩展的影响，形成规模不等的"飞地"，其中一些规模较大的开发区已经发展成为职能较为齐全的卫星城或新市区。

4）圈层扩展

当城市沿轴线推进或飞地式发展到一定程度时，会在各轴线之间填充发展，主城与飞地之间相互连接成片，原有隔离绿化带等生态空间被"蚕食"，城市最终表现为一层一层交错地向外扩展，各个圈层内多种用地互相混合，整个空间形态呈现出"摊大饼"式的发展态势。

城市圈层扩展往往具有周期波动性，与经济增长的周期波动密切相关。例如，在经济高速增长期，城市建设投资增加，城市边缘地区土地被征用，改变为工业、商业、住宅和基础设施等建设用地，建成区规模扩大；在经济萎缩时期，建设项目暂停或缓建，城市圈层扩展基本停止，建成区处于稳定状态；当经济再次复苏，城市建设转向圈层内部的结构调整，此时城市圈层结构会再次发生变化。

2. 扩张时空特征

1）时序特征

城市空间扩张的时序特征是指城市用地面积及形状在时间维度上的变化规律，主要有扩张速度指标、扩张强度指标和扩张动态度指标。

（1）扩张速度。空间扩张速度主要指年均扩张速率，是研究城市空间扩展的常用指标。其公式为：

$$R_S = \frac{U_b - U_a}{T} \times 100\%$$

式中，U_a、U_b 分别表示开始和结束时段的城市建设用地面积，T 为研究时间段，R_S 表示平均变化率。利用城市建设用地各个时间段的扩张速率来比较各个时段的扩张差异。

（2）扩张强度。扩张强度指数是指城市用地扩张面积占用地总面积的百分比。为了便于比较不同研究时期城市用地扩张的强弱或快慢，通常计算研究区域的年均扩张强度指数。其公式为：

$$R = \frac{U_b - U_a}{U_a} \times \frac{1}{T} \times 100\%$$

式中，R 为城市扩张强度，其余符号意义同前。

根据扩张强度指数的高低可以区分城市扩张类型：高速扩张、快速扩张、中速扩张、低速扩张或者缓慢扩张。

（3）扩张动态度。扩张动态度指数是用来描述研究时段内城市建设用地数量动态变化状况，该指数也可用来描述建设用地的变化速度。其公式为：

$$K = \frac{A_i - A_{i-1}}{A_{i-1} \times T} \times 100\%$$

式中，K 为扩张动态度，A_i、A_{i-1} 分别为当前时相与前一时相城市建设用地面积，T 是时间间隔，以年为单位。

2）空间特征

（1）重心转移。城市重心一般用城市建设用地的几何重心来表示。在城市发展过程中，城市建设用地的重心也随之产生一定的变化，其转移方向以及转移距离能够清晰地表现出城市扩张的空间特征。其公式为：

$$X = \frac{\sum_{i=1}^{n}(A_i \times x_i)}{\sum_{i=1}^{n} A_i}, \qquad Y = \frac{\sum_{i=1}^{n}(A_i \times y_i)}{\sum_{i=1}^{n} A_i}$$

式中，X 和 Y 表示建设用地重心的横纵坐标，A_i 表示第 i 个图斑的面积，x_i 和 y_i 为第 i 个图斑的重心坐标。重心的转移距离计算公式为：

$$d = \sqrt{(X_1 - X_2)^2 + (Y_1 - Y_2)^2}$$

式中，d 代表转移的距离，X_1 和 Y_1 表示转移后的重心坐标，X_2 和 Y_2 表示基准年的重心坐标。

（2）象限方位。象限方位分析法把城市分成多个方位，通过对比各个方位上城市建设用地扩张数量的差异来反映城市扩张的空间特征。如图 5-5 所示。

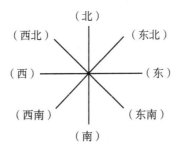

图 5-5　8 个方位示意图

（3）放射状指数。放射状指数法是将研究对象的形状与标准圆形状进行比较，得出一个相对指数的方法。其公式为：

$$SBC = \sum_{i=1}^{n} \left| \frac{r_i}{\sum_{i=1}^{n} r_i} \times 100\% - \frac{100}{n} \right|$$

式中，SBC 是放射状指数，r_i 为某个图形的中心到图形周边的半径长度，n 为具有相等角度差的辐射半径的数量。n 可以取不同的数量，数量越大，形状指数精度越高。

（4）扩张贡献率。除了通过重心转移、象限方位分析城市扩张方向和趋势外，还可以分析城市各个辖区建设用地扩张对全市空间扩张的贡献程度。其公式为：

$$\mathrm{ECR} = \frac{B_{(i,\ t2)} - B_{(i,\ t1)}}{B_{t2} - B_{t1}} \times 100\%$$

式中，ECR 表示扩张贡献率，$B_{(i,\ tj)}$ 表示辖区域 i 在 tj 时间点的城市建设用地面积，B_{tj} 表示全区域在 tj 时间点的城市建设用地面积。

3. 扩张合理性

1）扩张弹性

建成区面积 - 人口弹性系数描述了城市扩张速度与人口增长速度之间的关系，是用来评价城市扩张合理性的指标之一。其公式为：

$$R_i = \frac{A_i}{\mathrm{Pop}_i}$$

式中，R_i 为第 i 时段建成区扩展弹性系数，Pop_i 为第 i 时段市区人口平均增长率，A_i 为第 i 时段建成区面积平均增长率。

城市用地扩张速度应该与城市人口增长速度相适宜。通常情况下，扩张弹性系数越接近 1，城市扩展的合理程度越高；数值偏离越大，则表示城市扩展与人口发展之间的协调性越低。数值过小，会导致城市建设用地紧张；数值过大，势必造成城市建设占地过多、土地利用效率过低。

2）异速生长

由于城市用地和人口的增长并非简单的线性关系，城市用地扩张速度的合理与否，单用扩张弹性系数来衡量是不够的。20 世纪 50 年代，人文地理学领域在研究城市人口 - 城区面积关系时引入生物学领域的异速生长规律，并将其用于城市体系的人地关系研究中。其公式为：

$$A = aP^b$$

式中，A 为城市用地面积，这里表示建成区面积，P 为城区人口，a、b 为常系数。其中，系数 b 的大小表示不同的异速生长关系：当 $b = 0.9$ 时，城市人口与城区面积为同速增长关系，此时两者增长速度较为适宜；当 $b < 0.9$ 时，为负异速生长，此时城市人口较城区面积增长为快；当 $b > 0.9$ 时，为正异速生长，此时城市人口较城区面积扩展较慢。

5.2.3.2   城市空间垂直发展

城市垂直发展是与水平发展相对应的概念，它以功能混合、高密度居住为基本特征，按照垂直分区的原则实现城市的增长。

1. 垂直发展主要方式

城市垂直发展经历了建筑综合体、城市综合体、立体城市三种形态。建筑综合体将多种功能与空间集成在一个建筑体内，是城市垂直发展的雏形；城市综合体将职、住、休憩、文化、交流等多项城市功能纵向叠加，是当前垂直扩张的主流形态；立体城市将绝大多数乃至全部的城市功能集成在一定区域或建筑群内，是城市垂直扩张的未来发展方向。总体来说，城市空间垂直扩张的结果是城市地上、地下空间利用率提高，建筑高度逐渐增加，容积率增加，单位面积容纳人口增加，单位建设面积的投资总额也对应提高，城市土地集约利用程度提高。

城市垂直发展包括向上和向下两个方面，离不开建造技术进步的支撑。向上即向空中寻求发展空间，可以追溯到19世纪末芝加哥学派提出的"形式服从功能"的现代建筑理论和1922年柯布西埃提出的现代城市设想，这些理论奠定了美国现代建筑的基础，随着钢结构等建筑技术的不断突破和发展，不断刷新城市的天际线，成为现代城市的重要标志。向下即向地下寻求发展空间，综合组织地下交通、综合管廊、防灾设施和商业中心等，提高土地的综合开发利用程度，非常著名的有多伦多1954年建成的央街（Yonge Street）及地下步行系统PATH，东京1964年建成的新干线东京车站下的八重洲地下街。国内起步较晚，多侧重于地下交通和人防设施，比较成功的有深圳2012年建成的连城新天地地铁商业街和2015年建成的福田综合枢纽，城市垂直发展如图5-6所示。

（a）示意图　　　　　　　　　　（b）规划图

图 5-6　垂直增长图解

2. 垂直发展时空特征

1）容积率

容积率，又称建筑面积毛密度，是衡量建设用地使用强度的一项重要指标。容积率的值是无量纲的比值，通常以地块面积为1，地块内地上建筑物的总建筑面积对地块面积的倍数作为容积率的值，其公式为：

$$容积率 = \frac{总建筑面积}{土地面积}$$

2）建筑密度

建筑密度指的是规划地块内各建筑基底占地面积与地块面积之比，其公式为：

$$建筑密度 = \frac{建筑基底占地面积}{地块面积} \times 100$$

3）单位面积人口密度

单位面积人口密度指的是地块内各建筑承载的人口总量与地块面积之比，其公式为：

$$单位面积人口密度 = \frac{人口总量}{地块面积}$$

4）地下空间开发量

城市地铁在现有地下空间开发设施中最为普遍，并对区域的地下空间开发具有显著带动作用。通常利用城市已运营地铁里程数及配套的地下综合开发面积作为城市地下空间现有开发量的表征指标。

5.3　土地利用分析评价

土地是人类最基本的生产资料，也是人类赖以生存的基础。我国古代学者管仲定义土地为："地者，万物之本原，诸生之根菀也。"17 世纪英国古典经济学家威廉·配第说："土地是财富之母。"19 世纪下半叶马克思也说："土地是一切生产和一切存在的源泉。"土地是承载人们社会、经济、文化和政治活动的空间载体，也是实现城市功能的物质基础。

人们利用土地的最终目的是为了满足自身生存对物质资源的需要，主要表现在：一是向土地取得生产资源和生活资料，二是向土地索取活动场所、生产基地和建筑物基地。土地利用分为土地的生产性利用和非生产性利用，生产性利用主要将土地作为生产资料和劳动对象，以生产生物产品或矿物产品为主要目的；非生产性利用则主要利用土地的空间和承载力。本节从土地利用类别、土地利用结构、土地利用效益和土地集约节约利用 4 个方面，介绍城市地理国情监测中关于土地利用分析评价相关的基本理论与方法。

5.3.1　土地利用类别

"土地利用"（land use）这一概念不同于"土地覆盖"（land cover），前者侧重于反映土地的功能、用途、权属等管理属性，后者侧重于反映地表的自然特征属性。土地利用是指人类根据土地的自然特点，按一定的经济社会目的，采取一系列生物和技术手段，对土地进行长期性或周期性的经营管理和治理改造，形成各种类别、功能和特点不同的土地利用形式。本节重点从三生空间划分、土地利用分类和用地用海分类三个方面，介绍常见的土地利用类别划分方法。

5.3.1.1　三生空间划分

从土地空间功能角度看，土地利用可划分为生产用地、生活用地和生态用地三大类，即"三生空间"。生产用地是指进行农业、工业和商业活动获取产品和供给功能的用地，生活用地是提供承载和保障人居功能的用地，生态用地是以调节、维持和保障生态安全功能为主的用地。基于地理国情监测数据的三生空间划分方法如表 5-3 所示。

表 5-3 三生空间划分方法

序号	图层名		数据描述
1	生态用地	林草	由地理国情监测地表覆盖图层中林草(03)构成
2		水域	由地理国情监测地表覆盖图层中水域(10)构成
3	生产用地	农业生产用地	由地理国情监测地表覆盖图层中种植土地(01)构成
4		工业生产用地	由地理国情监测地表覆盖图层中房屋建筑(区)(05)和城镇功能单元中工矿企业构成
6		服务业生产用地	由地理国情监测地表覆盖图层中房屋建筑(区)(05)和城镇功能单元中有关单位院落构成
7	生活用地		由地理国情监测地表覆盖图层中房屋建筑(区)(05)和城镇功能单元中居住小区构成

5.3.1.2 土地利用分类

土地利用分类数据来源于全国土地利用调查("三调"改为"国土调查"),调查内容分为三部分:①土地利用现状及变化情况,包括地类、位置、面积、分布等;②土地权属及变化情况,包括土地的所有权和使用权;③土地条件,包括土地的自然条件、社会经济条件等。

根据《土地利用现状分类标准》(GB/T 21010—2017),土地利用分类数据分为耕地、园地、林地、草地、商服用地、工矿仓储用地、住宅用地、公共管理与公共服务用地、特殊用地、交通运输用地、水域及水利设施用地、其他用地等12个一级类、72个二级类。按照《第三次全国国土调查工作分类》,增加了一级类"湿地",土地利用共分为13个一级类、55个二级类,如表5-4所示。

表 5-4 第三次全国国土调查工作分类

一级类		二级类		备 注
编码	名称	编码	名称	
00	湿地	0303	红树林地	
		0304	森林沼泽	
		0306	灌丛沼泽	
		0402	沼泽草地	
		0603	盐田	
		1105	沿海滩涂	
		1106	内陆滩涂	
		1108	沼泽地	

续表

一级类		二级类		备　注
编码	名称	编码	名称	
01	耕地	0101	水田	
		0102	水浇地	
		0103	旱地	
02	种植园用地	0201	果园	
		0201K		可调整果园
		0202	茶园	
		0202K		可调整茶园
		0203	橡胶园	
		0203K		可调整橡胶园
		0204	其他园地	
		0204K		可调整其他园地
03	林地	0301	乔木林地	
		0301K		可调整乔木林地
		0302	竹林地	
		0302K		可调整竹林地
		0305	灌木林地	
		0307	其他林地	
		0307K		可调整其他林地
04	草地	0401	天然牧草地	
		0403	人工牧草地	
		0403K		可调整人工牧草地
		0404	其他草地	
05	商业服务业用地	05H1	商业服务业设施用地	
		0508	物流仓储用地	

续表

一级类		二级类		备注	
编码	名称	编码	名称		
06	工矿用地	0601	工业用地		
		0602	采矿用地		
07	住宅用地	0701	城镇住宅用地		
		0702	农村宅基地		
08	公共管理与公共服务用地	08H1	机关团体新闻出版用地		
		08H2	科教文卫用地	08H2A	高教用地
		0809	公用设施用地		
		0810	公园与绿地	0810A	广场用地
09	特殊用地				
10	交通运输用地	1001	铁路用地		
		1002	轨道交通用地		
		1003	公路用地		
		1004	城镇村道路用地		
		1005	交通服务场站用地		
		1006	农村道路		
		1007	机场用地		
		1008	港口码头用地		
		1009	管道运输用地		
11	水域及水利设施用地	1101	河流水面		
		1102	湖泊水面		
		1103	水库水面		

一级类		二级类		备　注		
编码	名称	编码	名称			
11	水域及水利设施用地	1104	坑塘水面	1104A	养殖坑塘	
						1104K
						可调整养殖坑塘
		1107	沟渠	1107A	干渠	
		1109	水工建筑用地			
		1110	冰川及永久积雪			
12	其他土地	1201	空闲地			
		1202	设施农用地			
		1203	田坎			
		1204	盐碱地			
		1205	沙地			
		1206	裸土地			
		1207	裸岩石砾地			

5.3.1.3　用地用海分类

住房和城乡建设部于 2010 年 12 月印发了《城市用地分类与规划建设用地标准》（GB50137—2011），用地分类包括城乡用地分类、城市建设用地分类两部分，其中城乡用地分为 2 大类、9 中类、14 小类，2 大类分别是建设用地与非建设用地；城市建设用地共分为 8 大类、35 中类、44 小类，8 大类分别是居住用地 R、公共管理与公共服务设施用地 A、商业服务业设施用地 B、工业用地 M、物流仓储用地 W、道路与交通设施用地 S、公用设施用地 U、绿地与广场用地 G。

机构改革后，自然资源部办公厅于 2023 年 11 月印发了《国土空间调查、规划、用途管制用地用海分类指南》（简称"用地用海分类"）。用地用海分类在整合原《土地利用现状分类》《城市用地分类与规划建设用地标准》《海域使用分类》等分类基础上，建立起全国统一的国土空间用地用海分类体系，兼顾了调查监测、空间规划、用途管制、审批和执法监管要求，满足了城乡差异化管理和精细化管理需求。

用地用海分类遵循陆海统筹、城乡统筹、地上地下空间统筹的基本原则，对接土地管理法并增加"海洋资源"相关用海分类，按照资源利用的主导方式划分类型，共分为 24 个一级类、113 个二级类及 140 个三级类，如表 5-5 和表 5-6 所示。

表 5-5　国土空间调查、规划、用途管制用地用海分类名称、代码表

一级类		二级类		三级类
代码	名称	代码	名称	名称
01	耕地	0101	水田	
		0102	水浇地	
		0103	旱地	
02	园地	0201	果园	
		0202	茶园	
		0203	橡胶园	
		0204	油料园地	
		0205	其他园地	
03	林地	0301	乔木林地	
		0302	竹林地	
		0303	灌木林地	
		0304	其他林地	
04	草地	0401	天然牧草地	
		0402	人工牧草地	
		0403	其他草地	
05	湿地	0501	森林沼泽	
		0502	灌丛沼泽	
		0503	沼泽草地	
		0504	其他沼泽地	
		0505	沿海滩涂	
		0506	内陆滩涂	
		0507	红树林地	
06	农业设施建设用地	0601	农村道路	村道用地、田间道
		0602	设施农用地	种植设施建设用地、畜禽养殖设施建设用地、水产养殖设施建设用地
07	居住用地	0701	城镇住宅用地	一类、二类、三类
		0702	城镇社区服务设施用地	
		0703	农村宅基地	一类、二类
		0704	农村社区服务设施用地	

续表

一级类		二级类		三级类
08	公共管理与公共服务用地	0801	机关团体用地	
		0802	科研用地	
		0803	文化用地	图书与展览用地、文化活动用地
		0804	教育用地	高等教育用地、中等职业教育用地、中小学用地、幼儿园用地、其他教育用地
		0805	体育用地	体育场馆用地、体育训练用地
		0806	医疗卫生用地	医院用地、基层医疗卫生设施用地、公共卫生用地
		0807	社会福利用地	老年人社会福利用地、儿童社会福利用地、残疾人社会福利用地、其他社会福利用地
09	商业服务业用地	0901	商业用地	零售商业用地、批发市场用地、餐饮用地、旅馆用地、公用设施营业网点用地
		0902	商务金融用地	
		0903	娱乐用地	
		0904	其他商业服务业用地	
10	工矿用地	1001	工业用地	一类、二类、三类
		1002	采矿用地	
		1003	盐田	
11	仓储用地	1101	物流仓储用地	一类、二类、三类
		1102	储备库用地	
12	交通运输用地	1201	铁路用地	
		1202	公路用地	
		1203	机场用地	
		1204	港口码头用地	
		1205	管道运输用地	
		1206	城市轨道交通用地	
		1207	城镇村道路用地	
		1208	交通场站用地	对外交通场站用地、公共交通场站用地、社会停车场用地
		1209	其他交通设施用地	

一级类		二级类		三级类
13	公用设施用地	1301	供水用地	
		1302	排水用地	
		1303	供电用地	
		1304	供燃气用地	
		1305	供热用地	
		1306	通信用地	
		1307	邮政用地	
		1308	广播电视设施用地	
		1309	环卫用地	
		1310	消防用地	
		1311	水工设施用地	
		1312	其他公用设施用地	
14	绿地与开敞空间用地	1401	公园绿地	
		1402	防护绿地	
		1403	广场用地	
15	特殊用地	1501	军事设施用地	
		1502	使领馆用地	
		1503	宗教用地	
		1504	文物古迹用地	
		1505	监教场所用地	
		1506	殡葬用地	
		1507	其他特殊用地	
16	留白用地			
17	陆地水域	1701	河流水面	
		1702	湖泊水面	
		1703	水库水面	
		1704	坑塘水面	
		1705	沟渠	
		1706	冰川及常年积雪	
18	渔业用海	1801	渔业基础设施用海	
		1802	增养殖用海	

续表

一级类		二级类		三级类
18	渔业用海	1803	捕捞海域	
		1804	农林牧业用岛	
19	工矿通信用海	1901	工业用海	
		1902	盐田用海	
		1903	固体矿产用海	
		1904	油气用海	
		1905	可再生能源用海	
		1906	海底电缆管道用海	
20	交通运输用海	2001	港口用海	
		2002	航运用海	
		2003	路桥隧道用海	
		2004	机场用海	
		2005	其他交通运输用海	
21	游憩用海	2101	风景旅游用海	
		2102	文体休闲娱乐用海	
22	特殊用海	2201	军事用海	
		2202	科研教育用海	
		2203	海洋保护修复及海岸防护工程用海	
		2204	排污倾倒用海	
		2205	水下文物保护用海	
		2206	其他特殊用海	
23	其他土地	2301	空闲地	
		2302	后备耕地	
		2303	田坎	
		2304	盐碱地	
		2305	沙地	
		2306	裸土地	
		2307	裸岩石砾地	
24	其他海域			

表 5-6　地下空间用途补充分类及其名称、代码表

一级类		二级类	
代码	名称	代码	名称
UG12	地下交通运输设施	UG1210	地下人行通道
UG13	地下公用设施	UG1314	地下市政管线
		UG1315	地下市政管廊
UG25	地下人民防空设施		
UG26	其他地下设施		

5.3.2　土地利用结构

土地利用结构是指各种土地利用类型在某区域内的空间组合方式，它反映了土地资源在国民经济各部门及部门内的分配状况和比例关系。本节重点介绍城市土地利用结构，包括功能布局、规划标准和衡量指标等方面。

5.3.2.1　土地利用功能布局

城市土地利用结构受到土地利用功能布局的重要影响，包括功能组团、功能分区以及职住联系。

1. 功能组团

城市规划学科中，"组团"一词的起源虽已无从考证，但对其源于地理学的形态类型分析的说法基本认同。组团既有形态上的组团，又有功能上的组团。一些城市因地形等自然条件限制而被迫形成分散的空间结构类型，就是典型的形态上的组团式空间结构，分散的各个相对独立的结构体定义为组团。而功能意义上的组团往往分散于城市中，功能相近的部门集中在一个组团之内，在城市中形成无形的集合。这类功能意义上的组团在空间上是相对分散的，但其相近的城市功能在空间上又往往具有相互的吸引力。

城市功能组团具有相互联系、相互作用、有机结合的整体性，相对独立、分工明确的结构性，规模等级划分的层次性，以及区域联系、对外交流的开放性。

2. 功能分区

城市功能区是指城市内部按一定标准和功能类型划分的不同属性的分区，它们受自然、历史、经济、社会等诸多因素的影响，随着城市的发展而演进和变化。

从功能角度看，城市功能分区总体特点一般为：商业用地多位于市中心、交通干线的两侧或街角路口处；居住用地多分布在商业用地的外围，很多城市超过一半的土地都是住宅用地，一般位于商业区与工业用地之间，呈团块状；工业用地多分布于城市边缘且沿交

通干线分布，呈环状或带状；市政用地接近城市中心处，靠近交通方便区域或邻近其服务对象，呈点状；绿地呈星状，混杂在其他用地之间，郊区有较大面积的绿地。

从空间面积看，城市有居住用地、工业用地、商业用地三种基本类型，居住用地是最广泛的土地利用形式，面积最大；商业用地较少，多分布于市中心及居民区；工业用地多在城市外围；市政用地、文化用地、交通用地等根据城市大小而不同。

3. 职住关系

职住关系是指城市居民居住地与工作地之间的空间联系和位置关系，包含居住、就业和通勤三大主体，是城市土地利用功能布局合理性评价的重要内容。职住关系研究多以特定区域的居住人口与就业人口的数量关系及流入/流出过程为依据，评价该区域的职住空间平衡度、职住空间错配性，以及整个城市的就业可达性、过剩通勤等，反映城市土地利用功能布局的合理程度。

5.3.2.2 土地利用规划标准

城市土地利用需符合一定的规划设计标准，例如住房和城乡建设部 2010 年发布的《城市用地分类与规划建设用地标准》(GB50137—2011) 和自然资源部 2023 年印发的《国土空间调查、规划、用途管制用地用海分类指南》。建设用地标准包括人均城市建设用地标准、人均单项城市建设用地标准和城市建设用地结构三部分。

1. 人均城市建设用地标准

规划人均城市建设用地指标一般应在 85.1～105.0 平方米/人，不同气候区人均城市建设用地指标应符合表 5-7 中的要求。

表 5-7　人均城市建设用地规模控制指标

气候区	现状人均城市建设用地规模	规划人均城市建设用地规模取值区间	允许调整幅度		
			规划人口规模 ≤20.0 万人	规划人口规模 20.1 万～50.0 万人	规划人口规模 >50.0 万人
Ⅰ、Ⅱ、Ⅵ、Ⅶ	≤65.0	65.0～85.0	>0.0	>0.0	>0.0
	65.1～75.0	65.0～95.0	+0.1～+20.0	+0.1～+20.0	+0.1～+20.0
	75.1～85.0	75.0～105.0	+0.1～+20.0	+0.1～+20.0	+0.1～+15.0
	85.1～95.0	80.0～110.0	+0.1～+20.0	-5.0～+20.0	-5.0～+15.0
	95.1～105.0	90.0～110.0	-5.0～+15.0	-10.0～+15.0	-10.0～+10.0
	105.1～115.0	95.0～115.0	-10.0～-0.1	-15.0～-0.1	-20.0～-0.1
	>115.0	≤115.0			

气候区	现状人均城市建设用地规模	规划人均城市建设用地规模取值区间	允许调整幅度		
			规划人口规模≤20.0万人	规划人口规模20.1万~50.0万人	规划人口规模>50.0万人
Ⅲ、Ⅳ、Ⅴ	≤65.0	65.0~85.0	>0.0	>0.0	>0.0
	65.1~75.0	65.0~95.0	+0.1~+20.0	+0.1~20.0	+0.1~+20.0
	75.1~85.0	75.0~100.0	−5.0~+20.0	−5.0~+20.0	−5.0~+15.0
	85.1~95.0	80.0~105.0	−10.0~+15.0	−10.0~+15.0	−10.0~+10.0
	95.1~105.0	85.0~105.0	−15.0~+10.0	−15.0~+10.0	−15.0~+5.0
	105.1~115.0	90.0~110.0	−20.0~−0.1	−20.0~−0.1	−25.0~−5.0
	>115.0	≤110.0			

2. 人均单项城市建设用地标准

规划人均单项城市建设用地指标应符合表5-8中的规定。

表5-8　人均用地面积指标　　　　　（单位：m²/人）

建筑气候区划	Ⅰ、Ⅱ、Ⅵ、Ⅶ气候区	Ⅲ、Ⅳ、Ⅴ气候区
人均居住用地面积	28.0~38.0	23.0~36.0
人均公共管理与公共服务用地面积	5.5	
人均交通设施用地面积	12.0	
人均绿地面积	10.0	
人均公园绿地面积	8.0	

3. 城市建设用地结构

居住用地、公共管理与公共服务用地、工业用地、交通设施用地和绿地五大类主要用地规划比例应符合表5-9中的规定。

表5-9　规划建设用地结构

类别名称	占城市建设用地的比例(%)
居住用地	25.0~40.0
公共管理与公共服务设施用地	5.0~8.0
工业用地	15.0~30.0

类别名称	占城市建设用地的比例(%)
道路与交通设施用地	10.0~25.0
绿地与广场用地	10.0~15.0

注：工矿城市、风景旅游城市以及其他具有特殊情况的城市，可根据实际情况具体确定。

5.3.2.3　土地利用结构指标

城市土地利用结构除表现为功能布局、比例关系外，还具有空间形态等几何特征，可以从多方面进行测度。

1. 几何中心与功能中心

城市几何中心既是城市各项用地的平均中心，也是建成区几何形状的形心，是数理统计意义上的抽象概念，反映了城市地理上的中心位置。城市功能中心包括商业中心、交通中心、人口分布中心、就业岗位中心等。

一般假定单位面积上的土地使用和开发强度是一样的，将各个功能用地简化为以其形心为代表的点，以其面积为权重参与平衡，计算功能中心，又可称为功能重心。根据计算结果，即可绘制出不同时期几何中心和功能中心的变迁轨迹图，分析其空间移动规律和同步、异步关系。

2. 偏离度

中心变迁一般是指中心的绝对位移，还需要以特定时期建成区几何形状为背景，进行相对位移的分析，才能深入比较各时期中心分布和变化的合理性。

偏离度是以特定系统功能重心到其几何中心(形心)的距离与包络边界半径的最大值之比，用来描述特定系统功能重心对于几何中心分布的偏离程度，可以建成区最长轴的半径代替包络边界半径的最大值。除可以几何中心为衡量标准外，还可以其他特定中心为衡量标准，如以居住重心为基础，比较商业重心、中小学重心等设施分布的偏离度。

3. 放射状指数

放射状指数主要反映城市中心与各部分之间的交通联系，综合考虑客观位置和交通时间、费用等可达性因素，计算中心到全市的平均出行距离、时间，从城市内部联系的角度评价城市中心选址的合理性。具体公式详见 5.2.3.1 小节。

4. 结构相似性系数

对不同地区土地利用结构的相似性进行评价，主要采用联合国工业发展组织提出的结构相似性系数，其公式为：

$$S_{ij} = \frac{\sum_k x_{ik} x_{jk}}{\sqrt{\sum_k x^2_{ik}} \sqrt{\sum_k x^2_{jk}}}$$

式中，S_{ij} 为地区 i 与地区 j 之间的产业结构的相似性系数，x_{ik}、x_{jk} 分别表示地区 i 与地区 j

某用地类型 k 占建设用地的比重。S_{ij} 在 0 ~ 1 之间变动，该值越接近于 1，表示两地区的用地结构相似性程度越高；反之，如果该值越趋近于 0，则表示两地的用地结构差异化程度越高。

5. 信息熵

衡量土地利用结构的计量办法一般有信息熵、均衡度和优势度，均衡度和优势度都是基于信息熵得出的。假定一个城市的建设用地总面积为 Q，土地利用根据其功能分成 k 种，每个职能类的面积为 Q_i，其公式为：

$$Q = \sum_{i=1}^{k} Q_i$$

各类土地功能占城市建设用地的比例为：

$$P_i = \frac{Q_i}{\sum_{i=1}^{k} Q_i}$$

按照信息论的原理，并参考香农 - 威纳（Shannon-Weaner）指数，定义土地利用结构的信息熵，其公式为：

$$H = - \sum_{i=1}^{n} P_i \ln P_i$$

信息熵的高低反映了城市土地利用的均衡程度，该值越低，表明土地利用的功能类别越多，各功能类别的面积相差越小。一般认为，信息熵值越小，系统越有序，结构性将会越强；反之，信息熵值越大，系统将越无序，结构性将会越差。

6. 土地利用转移矩阵

土地利用转移矩阵是马尔科夫模型在土地利用变化方面的应用。马尔科夫模型不仅可以定量地表明不同土地利用类型之间的转化情况，还可以揭示不同土地利用类型间的转移速率。

通常的土地利用转移矩阵中，行表示 T_1 时点土地利用类型，列表示 T_2 时点土地利用类型。如图 5-7 所示，P_{ij} 表示 $T_1 \sim T_2$ 期间土地类型 A_i 转换为土地类型 A_j 的面积占土地总面积的百分比，P_{ii} 表示 $T_1 \sim T_2$ 期间 A_i 种土地利用类型保持不变的面积百分比，P_{i*} 表示 T_1 时点地类 A_i 的总面积百分比，P_{*j} 表示 T_2 时点 A_j 种土地利用类型的总面积百分比。

		T_2				P_{i*}
		A_1	A_2	$\cdots$	A_a	
T_1	A_1	P_{11}	P_{12}	$\cdots$	P_{1a}	P_{1*}
	A_2	P_{21}	P_{22}	$\cdots$	P_{2a}	P_{2*}
	$\vdots$	$\vdots$	$\vdots$	$\vdots$	$\vdots$	$\vdots$
	A_n	P_{n1}	P_{n2}	$\cdots$	P_{nn}	P_{n*}
	P_{*j}	P_{*1}	P_{*2}	$\cdots$	P_{*n}	1

图 5-7　土地利用转移矩阵

7. 土地利用强度综合指数

根据生态学原理,将土地利用强度按照自然综合体在社会因素影响下的自然平衡保持状态分为 4 个级别:非再生利用资源级、人为再生利用资源级、自然再生利用资源级和其他级,并对 4 种土地利用级赋值,得到 4 种土地利用强度的分级指数,如表 5-10 所示。

表 5-10　不同类型土地利用强度分级指数

类型	非再生利用资源	人为再生利用资源	自然再生利用资源	其他
土地利用要素类型	建设用地	耕地	林地、草地、水域	其他要素
分级指数	4	3	2	1

根据表 5-10 的分级指数,计算土地利用强度综合指数,其公式为:

$$L = 100 \times \sum_{i=1}^{n} (A_i \times C_i)$$

式中,L 为土地利用强度综合指数,A_i 为第 i 级土地利用强度分级指数,C_i 为第 i 级土地利用强度分级面积百分比,n 是分级数目,即 $n = 4$。综合指数的大小反映了土地利用强度的高低。

5.3.3　土地利用效益

土地利用效益是指人类在土地上投入的劳动、资本的产出量及其所造成的社会、环境影响,一般包括社会效益、经济效益、生态效益三方面,其中生态效益是土地利用的前提,经济效益是土地利用的中心内容,社会效益是土地利用的主要目的。本节主要从土地利用单项效益和综合效益两方面展开介绍。

5.3.3.1　土地利用单项效益

土地利用单项效益主要选取重点指标从经济、社会和生态三个方面展开评价。

1. 经济效益

土地利用的经济效益是指土地利用过程中所取得的为社会所需要的有效产品(服务)及生产要素投入能力的提升,一般分为土地利用经济投入和经济产出两部分。常用指标包括单位城市用地固定资产投入,单位城市用地二、三产业增加值,地均一产产业增加值,单位城市用地财政收入,单位城市用地全社会零售额等。

2. 社会效益

土地利用的社会效益是指土地利用在促进社会发展进步与满足社会需求等非自然方面取得的改善,一般分为民生保障和就业保障两部分。常用指标包括地均居住和就业人口数量、职工平均工资、农村居民人均纯收入、每万人普通高等学校在校学生数、每万人拥有医疗床位数等。

3. 生态效益

土地利用的生态效益是指土地利用对生态系统结构和功能的影响，一般分为土地承载力、土地生态条件、生态环境质量和生态环境治理4个部分。常用指标包括建成区绿化率、废弃物产生量、废弃物综合利用率、污水处理率、垃圾无害化处理率、地均能源消耗量/排放量等。

5.3.3.2 土地利用综合效益

土地利用效益研究视角已由单项效益向综合效益转换，常用的评价方法主要包括层次分析法、模糊综合评价法、TOPSIS法、熵值法、DEA法、灰色关联度分析法、基于RS和GIS综合评价法等，不同评价方法的优缺点如表5-11所示。

表5-11 土地利用综合效益评价方法对比表

评价方法	概念界定	优点	不足
层次分析法	将评价对象按照目标层、准侧层和指标层的顺序分解成为不同结构和不同要素，采取定性与定量相结合的方式进行决策的研究方法	将研究对象进行系统化分析的工具，是一种简洁实用的决策方法	只能基于现有方案进行评判分析，指标体系要素过多，会导致计算量过大
模糊综合评价法	运用模糊数学的理论，将各类评价因素的定性评价转化为定量评价	将比较模糊的信息通过定量化的处理，主要解决比较模糊、难以量化的非确定性问题	比较重视主要因素，对于次要因素的重视程度不高
TOPSIS法	将评价对象与理想值目标的接近程度进行排序	能够比较充分的利用原始信息资源，寻找多目标决策中的最优解	评价的灵敏度不足，针对现有的评价对象的相对优劣势进行评价
熵值法	判断某个指标离散程度的数学方法	是一种客观赋权方法，表示能量在空间中的均匀程度	只能说明系统的有序程度
DEA法	保持决策单元的输入或者输出不变，通过比较决策单元偏离DEA前沿面程度判断相对有效性	可以处理多个问题	要求采集的样本数量比较多
灰色关联度分析	衡量因素之间关联程度的分析方法	对系统发展变化态势提供量化的度量，适合动态历程分析	无法对结构进行评价，只是分析影响要素之间的关系
基于RS与GIS技术评价	借助遥感技术和GIS技术对空间进行分析的方法	信息把握比较准确，利用计算机自动计算处理评价结果	遥感影像的获取高度比较高，费用比较贵

土地利用的经济、社会、生态效益三者关系密切，相互制约、相互促进，体现了人与自然、人与社会之间的交互耦合关系，如图 5-8 所示。

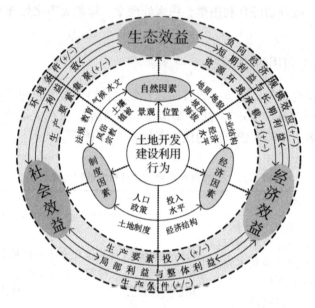

图 5-8　土地利用经济、社会、生态效益交互耦合作用关系图

土地利用三大效益之间的耦合度、协调度模型公式如下：

$$C = \left[\frac{U_{eco} \times U_{soc} \times U_{env}}{\left(\dfrac{U_{eco} + U_{soc} + U_{env}}{3} \right)^3} \right]^{\frac{1}{3}}$$

$$D = \sqrt{C \times U_A}$$

式中，C 为耦合度，D 为协调度。C 的取值范围是 0～1：$C = 0$ 时，耦合度最小，系统间或系统内部要素之间处于无序状态；$C = 1$ 时，耦合度最大，系统间或系统内部要素之间达到良性协调耦合。

5.3.4　土地集约节约利用

土地集约节约利用是以用地结构调整和用地布局优化为基础，以增加单位面积上的土地投入、改善经营管理等为手段，以土地利用强度提高为外在特征，以实现城市可持续发展为终极目标的一种土地利用方式。城市土地集约节约利用评价的实质是全面掌握城市土地利用状况和潜力，提高土地利用效率，促进土地资源的科学配置和合理利用。常用的模型主要有集约度模型和用地面积评价测算模型。

5.3.4.1 集约度模型

土地集约化是指在较小面积土地上获取较高经济收益的一种经营方式。集约度模型主要特点是稳定性高，既考虑了城市的历史背景，又考虑了城市的发展需求。

集约度模型首先需要设计评价指标体系，计算单项指标的功效值，再结合指标加权系数，计算出单项指标的得分，最后通过加和得到土地利用集约度，其公式为：

$$S_{io} = \frac{a_i - t_i}{a_{max} - a_{min}}$$

$$U_i = \begin{cases} \dfrac{x_i - b_i}{a_i - b_i}, & U_{A(ui)} \text{ 具有正功效时, } i = 1, 2, \cdots, n \\[2mm] \dfrac{b_i - x_i}{b_i - a_i}, & U_{A(ui)} \text{ 具有负功效时, } i = 1, 2, \cdots, n \end{cases}$$

式中，S_{io} 为合理值或预测值，b_i 为指标下限值，a_i 为指标上限值，$U_{A(ui)}$ 为指标 u_i 对系统有序的功效，A 为系统的稳定区域。

由于城市土地集约节约利用的影响因素很多，参评指标多样，为了增强评价的可操作性，采用协调度模型求和后进行评价。用线性加权法对每一个指标功效配以加权系数 W_i，则集约度公式为：

$$\begin{aligned} C &= W_1 U_A(u_1) + W_2 U_A(u_2) + \cdots + W_n U_A(u_n) \\ &= \sum_{i=1}^{n} W_i U_A(u_i) \end{aligned}$$

式中，$\sum_{i=1}^{n} W_i = 1$，C 为集约度，取值介于 0 ~ 1。根据集约度大小，可划分为 6 个区间段进行评价分析：当 $C \geq 0.8$ 时，土地利用系统高度集约；当 $0.6 \leq C < 0.8$ 时，土地利用系统比较集约；当 $0.5 \leq C < 0.6$ 时，土地利用系统基本集约；当 $0.4 \leq C < 0.5$ 时，土地利用系统不太集约；当 $0.2 \leq C < 0.4$ 时，土地利用系统处于不集约状态；当 $C < 0.2$ 时，土地利用系统处于极不协调状态。该方法的局限性在于样本数量制约了模型的推广度，不适用于建成时间较短的开发区的土地集约节约利用评价。

5.3.4.2 用地面积评价测算模型

提高城市建筑容积率，是城市内部挖掘土地利用潜力、解决城市经济高速发展与保持耕地总量平衡的有效途径之一。用地面积评价测算模型主要用来评价城市建筑密度和容积率的潜力实现可能。其公式为：

$$S = \frac{S_1(P_2 - P_1)}{P_2}$$

式中，S 为土地利用潜力，S_1 为现状土地面积，P_2 为期望容积率，P_1 为现状容积率。

用地面积评价测算模型计算简单，相关数据获得较为容易，克服了集约度模型对评价对象时间的应用限制，适合于宏观或中观层面的土地集约节约利用评价，特别是开发区土地利用潜力估算。该模型的局限性主要在于功能单一，评价指标多为土地利用强度指标和土地投入产出指标，对土地集约节约利用的评价不够全面。

5.4　社会经济分析评价

社会经济系统是一个以人为核心、涉及人类活动的各个方面和生存环境等诸多复杂因素的巨系统，其发展与演变是决定和影响土地利用与城市发展的根本原因。本节重点从人口评价、产业评价和城镇化评价 3 个方面，介绍城市地理国情监测中关于社会经济分析评价的相关理论与方法。

5.4.1　人口增长与分布

人口是构成城市的细胞，城市人口的集聚与演变反映着城市经济的集聚与扩散、空间的扩张与重组。本节从人口调查与识别、分析与评价两方面介绍关于人口增长与分布分析评价的相关技术与方法。

5.4.1.1　人口调查与识别

1. 人口普查

我国人口普查每 10 年进行一次，尾数逢 "0" 的年份为普查年度，标准时点为普查年度的 11 月 1 日零时。人口普查对象是指普查标准时点在我国境内的自然人以及在我国境外但未定居的中国公民，不包括在我国境内短期停留的境外人员。人口普查主要调查人口和住户的基本情况，内容包括姓名、性别、年龄、民族、国籍、受教育程度、行业、职业、迁移流动、社会保障、婚姻、生育、死亡、住房情况等。

2. 人口抽样调查

人口抽样调查是人口统计工作的一种重要方法，指按随机原则从所研究的人口总体中抽取一部分作为样本，并根据样本调查结果，推断总体各项指标值的一种非全面调查。

根据人口抽样组织方式的不同，有简单随机抽样、分类(层)抽样、多阶段抽样、等距抽样、整群抽样、典型社区估算等多种形式。它们各有其优缺点，在实施人口抽样调查时，通常加以综合运用。

国家统计局在 1982 年第三次人口普查的基础上，自 1982 年开始，每年调查一次，形成了一项调查制度。人口变动情况抽样调查的基本方法是：以出生率作为估计样本的依据，确定把握程度为 95%，允许误差为 0.5‰，样本规模约 47 万人，总概率为 4.5‰，即近似 1/2000。采取分层多阶段随机等距整群的抽样方式，先按省(直辖市、自治区)和县、市分层，然后按县(市)、乡(街道)、村民小组(居民小组) 3 个阶段抽样。第一阶段：按省抽县、市(区)，县和市分层后，分别按地址码顺序排队，以累计的人数等距抽取 15% 的县或市(区)。第二阶段：在被抽中的县、市(区)内，以相同的方法抽取 10% 的乡或街道。第三阶段：在被抽中的乡或街道内，以相同方法抽选 3% 的村民小组或居民小组，对被抽中的村民小组或居民小组范围内的全部家庭户进行调查。例如，1985 年中国人口变动情况的抽样调查，在大陆 29 个省、自治区、直辖市共抽取了 413 个县、市（区），960 个乡（街道），3557 个村民小组（居民小组）。

3. 实际服务人口估算

实际服务人口包括在本地居住超过 6 个月以上的常住人口和在本地居住 6 个月以下的"短期驻留人口"两部分，是在城市地区进行各种活动的全口径人口，为从总量上对城市基础设施和公共服务设施等进行合理配置提供了科学依据。

大数据为实际服务人口的识别与估算提供了可能，弥补了传统人口普查周期性长，抽样调查以偏概全、误差累积的局限性，为全面、动态地掌握城市人口构成及变化提供了有效手段。

1）基于大数据的人口类型划分

传统调查方法早已构建起了针对人口的调查与统计口径，相关管理职能部门所公布的各项"人口"指标均具有明确的统计概念，如统计部门的户籍和常住人口概念、公安部门的外来人口概念、卫健委的流动人口概念，均有针对人口概念的明确定义。而基于大数据的人口测度，往往由于其数据计算逻辑与传统调查手段的不同，导致大数据人口概念与传统调查统计概念存在较大差异。

若基于大数据的人口计算结果不经计算逻辑的推敲，直接被等价理解为近似的传统人口概念，则必然造成歧义。因此，基于大数据人口的计算，首先需要对标传统调查统计方法的人口定义，构建大数据的人口计算逻辑，以保障大数据人口测度结果与传统数据的可比性。

本节从城市的常住人口、实际服务人口、短期驻留人口、过境人口、就业人口 5 个概念出发，构建与常用人口概念相对应或接近的人口测度指标，如表 5-12 所示。

表 5-12　基于手机信令数据的各类人口计算逻辑

人口类型		基于时空大数据的计算逻辑
常住人口		连续 6 个月数据内，筛选出夜间居住地（每日休息时段的最久停留地）50% 以上（重复率）日期内均位于某地域范围内的人数
实际服务人口		连续 6 个月数据内，每日在域内连续出现 3 小时以上的人数
短期驻留人口	10 天以下	在域内连续出现 3 小时以上，但连续出现天数不超过 10 天的人数；
	10 天以上	在域内连续出现 10 天以上，但在连续 6 个月内，其夜间居住地 50% 以上（重复率）日期内不位于域内的人数
过境人口		以天作为计算周期，在域内连续出现时间少于 3 小时的人口
就业人口		连续 6 个月数据内，筛选出日间工作地（每日工作时段最久停留地）50% 以上（重复率）日期内均位于域内的人数，且剔除日夜不动人群

若以市域空间边界为"人口容器"，则城市人口的构成关系可以实现两次简单切分。

第一次切分可以将人口直观地划分为过境人口与实际服务人口。过境人口即为搭乘交通工具过境穿越城市的人群，该类人群仅仅使用了城市的部分交通枢纽设施及道路，并不占用城市内部的绝大多数公共服务设施。实际服务人口是明确在市域空间内逗留一定时长的人群，该类人群也是实际使用城市各项资源、设施的人群集合。

针对实际服务人口进行第二次切分，进一步划分为：常住人口与短期驻留人口。常住人口即为在市域内连续居住六个月及以上的居民，是城市居民构成的主体，也是传统调查统计中最为重视的一部分。短期驻留人口，是实际居住于城市而停留时长不满足常住人口认定标准的居住人群，该类群体具有一定的流动特征，往往由商务工作、会议培训、旅游观光等出行目的人群构成。更进一步细分，还可将短期驻留人群划分为短期停留（10 天以内）与中长期停留（10 天以上）。

2）基于大数据的人口扩样逻辑

鉴于当前没有一种数据源能够覆盖 100%的居民，在使用大数据进行人口计算时，识别结果必须经过扩样计算，方可趋近于城市人口的实际规模。从具体的扩样思路看，大数据从原始设备识别数到最终扩样结果不仅仅是确定一个简单的扩样系数，而是多次扩样步骤的集合。以基于手机信令数据的常住人口扩样计算为例，其中包含 4 项扩样系数的确定与计算，如图 5-9 所示。

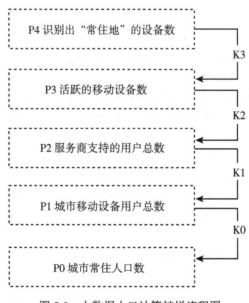

图 5-9　大数据人口计算扩样流程图

其一为 K3 扩样系数，即需要明确识别出具有居住地的移动设备数中有多少非用户行为所产生的记录，例如车载设备产生的位置数据、用户手机上网卡产生的位置记录。在此基础上，从识别出居住地的设备数（P4）推算出城市中活跃的移动设备数（P3）。

其二为 K2 扩样系数，即需要明确多少人同时使用两台以上的移动设备。例如部分人群由于职业需求、生活习惯等因素同时拥有并使用多台移动设备，需要剔除一人多机情况，以保证设备位置信息与人的一一对应关系。在城市活跃的移动设备数(P3)基础上，进一步推算出数据服务商所支持的用户总人数(P2)。

其三为 K1 扩样系数，即需要明确已知的移动设备用户中有多少用户是该数据服务商所支持的用户。例如确定中国移动、中国联通、中国电信等手机网络运营商在城市中的市场份额占比，在此基础上推算出该城市内移动设备用户的总人数(P1)。

其四为 K0 扩样系数，即需要明确城市中完全不使用移动设备的居民占比。例如针对城市居民中的高龄老年人、婴幼儿等非移动设备用户，需要对该类人群的空间规模占比进行估算，从而反推实际的城市常住人口规模(P0)。

4. 居住、就业与游憩人口识别

常住人口是指在本地居住超过 6 个月以上的人口，一般以年为更新周期，不便于监测城市人口的动态变化。大数据不仅可以用于常住人口识别，还可以根据特定需要，识别和估算逐月的居住、就业人口变化以及节假日游憩人口。基于手机信令的居住、就业与游憩人口识别框架如图 5-10 所示。

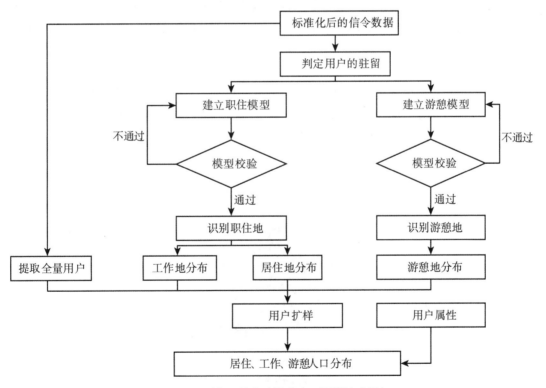

图 5-10 居住、就业及游憩人口识别技术框架

1)居住地判断

以 21 时到次日 8 时为居住地观测时段,累加用户每日在该时段内出现时间并排名,将排名较高区域做为用户的备选居住地。如果用户一个月内工作日在该区域出现天数超过 10 天,则认为该区域是用户的居住地。

2)工作地判断

以 9 时到 17 时为工作地观测时段,累加用户每日在该时段内出现时间并排名,将排名较高区域做为用户的备选工作地。如果用户年龄段在 16~64 岁,且一个月内工作日在该区域出现天数超过 10 天,则认为该区域是用户的工作地。

3)游憩模型

以周末及节假日为观测时段,如果用户出现在非职非住的地方,且一次驻留超过 1 小时及以上,则该用户为游憩人口。

5.4.1.2   人口分析与评价

人口分析评价可以分为静态和动态两方面,静态分析评价关注人口的结构、质量和空间分布情况,动态分析评价主要关注人口的增长和流动迁移情况。

1. 人口结构

这里的人口结构主要指人口的自然结构,包括人口的年龄结构和性别结构。人口的自然结构既是人口再生产的必然结果,又是人口再生产的基础和起点,对人口发展规模和社会经济的发展有重要影响。

1)年龄结构

年龄结构是指城市各年龄组的人数占总人数的比例。目前国际通用的是采用三种主要年龄界限将人口划分为幼年组(0~14 岁)、成年组(15~64 岁)和老年组(65 岁以上)。为了便于研究,常根据年龄统计做出百岁图(俗称人口宝塔图),如图 5-11 所示。

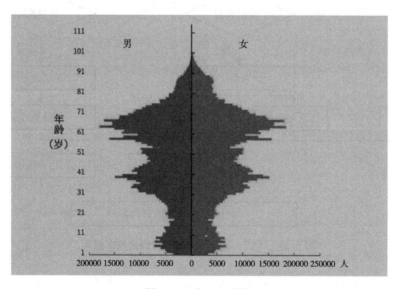

图 5-11   人口百岁图

　　根据人口的年龄结构，还可以计算出一系列指标，如老少比、抚养指数等。其中老少比是老年组人口与幼年组人口的比例，抚养指数是指劳动适龄人口（16~64 岁）在人口中的比重，表示每个劳动适龄人口的负担程度。

　　国际上普遍认为，当一个国家或地区 60 岁以上老年人口占人口总数的 10% 或者 65 岁以上老年人口占人口总数的 7% 时，意味着该地区处于老龄化社会。当一个国家或地区人口抚养比低于 50% 时，就意味着其进入了"人口红利"获利期。

　　人口年龄构成状况反映了总人口中育龄人口与非育龄人口、劳动适龄人口与非劳动适龄人口、少年儿童人口与老年人口等的比例关系，对社会经济发展产生着重要影响。

　　根据城市或区域的人口年龄结构，可以将其划分为年轻型、成年型、老年型社会，如表 5-13 所示，其主要划分指标普遍采用联合国人口学家建议的老年人口系数、少年人口系数、老少比和年龄中位数等。

表 5-13　人口年龄构成类型

年龄构成类型	老年人口数（%）	少年人口数（%）	老少比（%）	年龄中位数（岁）
年轻型	5 以下	40 以上	15 以下	20 以下
成年型	5~10	30~40	15~30 以上 30	20~30
老年型	10 以上	30 以下	30 以上	30 以上

2）性别结构

　　人口性别结构是指男性人口和女性人口在总人口中所占比重。有两种表示方法，一种是分别计算男性和女性在人口总数中的百分比，另一种是计算男性人数对女性人数的百分比。性别结构指标可按全体人口计算，也可按各年龄组人口计算。

　　影响人口性别结构的主要因素有育龄妇女生育率、出生婴儿性别比、男女分别的死亡率以及人口迁移等。人口性别结构会直接影响结婚率和妇女生育率，从而影响人口出生率和人口再生产速度。人口性别结构对经济发展和就业安排也有影响，因为不同部门、不同职业往往需要不同性别的劳动力。人口性别比例应保持平衡，如果性别比差别很大，就会产生许多经济社会问题。

　　人口性别结构常与人口年龄结构结合使用，称"人口性别年龄结构"，它是研究人口再生产、进行人口预测、分析人口和经济等现象之间关系的基础。

2. 人口分布

　　人口分布是指某个时刻人口在空间上的表现形式亦即人口的空间分布状态。常用的刻画人口空间分布的方法有 Clark 模型、人口重心等。

1）Clark 模型

　　人口分布最经典的模型是 Clark 模型，其原理是：随着从城市中心向外围距离的增加，城市人口密度趋向于指数式衰减，即人口密度与距离之间呈负指数关系。

Clark 模型是一种单核心模型，探讨人口密度从城市中心向外的演变特点。但许多城市呈现多中心结构，主中心外还有若干副中心，必定会对人口分布产生一定影响，出现若干人口分布密度的次高峰区，需要对单核心模型进行必要的修正。

2）人口重心

"人口重心"这一概念由美国耶鲁大学教授弗·沃尔克于 1874 年最先提出：如果把一个国家或地区当作一个质地均匀的平面，并假定分布在这个巨大平面上的每个人都是等重的，那么这个平面上便存在一个支点，使这个人口分布平面保持水平的平衡状态，这个支点就是人口重心。随着时间的推移，人口重心的移动方向表征着人口分布的伸展方向，移动轨迹反映了一个时期内人口分布伸展变化的历史过程，其公式为：

$$\bar{x} = \frac{\sum\limits_{i=1}^{n} p_i x_i}{\sum\limits_{i=1}^{n} p_i}, \qquad \bar{y} = \frac{\sum\limits_{i=1}^{n} p_i y_i}{\sum\limits_{i=1}^{n} p_i}$$

式中，$\bar{x}$ 和 $\bar{y}$ 为某地域人口分布重心的坐标，可以用经度、纬度来表示，也可以用直角坐标系坐标来表示；p、x 和 y 分别为研究区域的人口数及其人口重心的坐标。对于较小的行政区或统计区，可以取其行政中心所在地的坐标为该区的人口重心。

除此之外，还可以用标准差椭圆等空间统计分析模型来刻画人口的空间分布。

3. 人口质量

人口质量亦称人口素质，是人口总体的身体素质、文化素质和思想素质的综合表现。身体素质主要包括健康状况和预期寿命，文化素质主要包括文化科学水平和劳动技能，思想素质主要包括政治思想和道德品质。人口质量的三个方面具有内在的紧密联系，身体素质是人口质量的自然条件和基础，文化素质和思想素质是人口质量高低的主要标志。反映人口质量的指标可分为直接指标和间接指标。

直接指标包括反映人口身体素质状况的指标，如平均预期寿命、长寿水平、平均死亡年龄、幼儿死亡率、残疾人口所占比重、平均智力商数、青少年身高体重的增长速度等；反映人口文化科学素质状况的指标，如识字率、文盲率、就学率、每十万人口中各种文化程度人口数、人口的平均受教育年限、每百万人口中从事研究与开发的科学家与工程师、每万职工中技术人员所占比重等。

间接指标是指与人口质量高低呈正相关的指标，主要包括每万人中医生数、床位数、卫生经费在国民收入中所占的比重、每人每天的热量和蛋白质供应量、人均粮食占有量、人均住房面积、人均教育经费、教育经费在国民收入中所占的比重、图书和报刊的出版发行量、环境监测状况与污染指数等，可用于判断一个国家为提高人口质量所具备的物质条件和差异。

4. 人口增长

城市和区域的人口无时不在增减变化，它主要来自自然增长和机械增长两个方面，两者之和便是城市人口的增长值。常用指标包括自然增长率、机械增长率和总和生育率。

1) 自然增长率

自然增长是指人口再生长的变化量，常见衡量指标有出生率、死亡率和自然增长率。

出生率（又称"粗出生率"）指在一定时期（通常为一年）内一定地域范围内出生人数与同期人口平均数之比，一般用千分率表示，其公式为：

$$出生率 = \frac{年出生人数}{年平均人数} \times 1000‰$$

死亡率（又称"粗死亡率"）指在一定时期（通常为一年）内一定地区的死亡人数与同期平均人数（或期中人数）之比，一般用千分率表示，其公式为：

$$死亡率 = \frac{年死亡人数}{年平均人数} \times 1000‰$$

自然增长即出生人数和死亡人数的净差值，常以一年内城市人口的自然增减数与该城市的总人口数（或期中人数）之比的千分率表示其增长速度，称为自然增长率，其公式为：

$$自然增长率 = \frac{本年出生人口数 - 本年死亡人口数}{年平均人数} \times 1000‰$$

$$自然增长率 = 人口出生率 - 人口死亡率$$

2) 机械增长率

机械增长是指由于人口迁移所形成的变化量，即一定时期内迁入城市人口与迁出城市人口的净差值。机械增长的多少与社会经济发展速度、城市建设和发展条件以及国家对城市的发展方针政策密切相关。

机械增长的速度用机械增长率表示，即一年内城市机械增长的人口数与年平均人数之比的千分率，其公式为：

$$机械增长率 = \frac{本年迁入人数 - 本年迁出人数}{年平均人数} \times 1000‰$$

3) 总和生育率

总和生育率也称总生育率，是指一个国家或地区的妇女在育龄期间（国际传统上一般以 15 岁至 44 岁或 49 岁为准），每个妇女平均的生育子女数。

总和生育率是衡量生育水平最常用的指标之一，其变化与各个历史时期的经济形势、人口政策有很强相关性，也直接左右着人口总量的变化。一般来讲，如果总和生育率小于 2.1（对已发展国家来说），新生人口是不足以弥补生育妇女和其伴侣数量的。

中国官方的《国家人口发展战略研究报告》提出："全国总和生育率在未来 30 年应保持在 1.8 左右，过高或过低都不利于人口与经济社会的协调发展。"但事实上，新中国成立后，妇女总和生育率经历了迅速上升（1950—1957 年）、大幅下降（1958—1961 年）、猛烈反弹（1962—1963 年）、高位整理（1964—1971 年）、逐渐下降（1972—1990 年）、低位徘徊（1991 年至今）几个阶段。2021 年第七次全国人口普查结果显示，2020 年我国育龄妇女总和生育率为 1.3，处于较低水平。

5. 人口迁移与流动

人口迁移与流动一般指人们由于经济或社会因素离开日常生活的居住地，转移到其他地区。跨地域间的人口流动，改变了城市的人口规模和结构。其中，经济型人口流动在人口流动中占有重要位置，如农村人口向城市转移，经济欠发达地区人口向经济发达地区转移。随着劳动密集型产业由发达地区向不发达地区转移，人口的转移也会相应地发生变化。

1）人口净流入

人口净流入是人口普查及统计公报常用的人口变化分析指标，用常住人口与户籍人口的差值表示人口的流入、流出情况，总体上反映了某一地域的人口吸引力大小，其公式为：

$$人口净流入 = 常住人口 - 户籍人口$$

2）人口迁移

人口净流入是静态的统计指标，实际上城市间人口流动同时有流入和流出，是动态的人口迁徙过程。常用指标是净迁移率，其公式为：

$$净迁移率 = \frac{流入人口 - 流出人口}{常住人口} = 迁入率 - 迁出率$$

流入人口和流出人口难以通过传统调查数据获取，一般可用互联网迁徙数据反映城市之间的人口流动与迁徙情况。春节前的人口迁移是平时人口迁移的逆过程，可据此反过来推算各地间的人口流入、流出规模和方向，具体方法详见 5.1.3.2 节。

5.4.2　产业发展与结构

产业是国民经济各部门行业的总称，是城市经济发展的基石，是影响城市发展进程和方向的决定性因素。本节从经济普查与调查、经济联系、产业结构和产业分布四个方面，介绍城市地理国情监测中关于产业发展与结构分析评价的基本理论与方法。

5.4.2.1　经济普查与调查

产业分析评价研究的基础数据一般来源于经济普查和相关企业调查。

1. 经济普查

经济普查是为了全面掌握我国第二产业、第三产业的发展规模、结构和效益等情况，而定期开展的大规模普查，每 5 年进行一次，标准时点为普查年份的 12 月 31 日。除 2004 年条例发布后第一次经济普查为 2004 年外，以后逢 3 和逢 8 年份为经济普查年。经济普查的对象是在我国境内从事第二产业和第三产业的全部法人单位、产业活动单位和个体经营户。具体范围包括：采矿业，制造业，电力、热力、燃气及水生产和供应业，建筑业，批发和零售业，交通运输、仓储和邮政业，住宿和餐饮业，信息传输、软件和信息技术服务业，金融业，房地产业，租赁和商务服务业，科学研究和和技术服务业，水利、环境和公共设施管理业，居民服务、修理和其他服务业，教育，卫生和社会工作，文化、体育和娱乐业，以及公共管理、社会保障和社会组织等。

2. 相关企业调查数据

除经济普查外，还可以从政府行业管理部门及大数据公司获取各种企业相关数据，主要包括工商登记企业数据、重点税源企业数据、企业注册与互投信息等。该类数据一般为表格形式，需进行地名地址匹配和空间定位等预处理。

工商登记企业数据一般来源于企信宝、天眼查、企查查等专业数据公司，包括企业ID、公司名称、注册号、统一社会信用代码、组织机构代码、企业类型、法定代表人、注册资本、成立日期、经营起止期限、核准日期、登记机关、状态、经营范围、注销日期、注销原因、吊销日期、吊销原因、登记机关区域代码、社会信用代码区域代码等属性字段。

企业注册和互投信息一般来源于企信宝、天眼查、企查查等专业数据公司，包括企业ID、行业代码、纳入时间、股东名称、股东类型、股东总实缴、股东总应缴、应缴明细、实缴明细、被投资公司ID、股比、应缴额、分支机构名称、分支机构EID、分支机构登记机关等属性字段，一般用来分析产业投资与辐射的关系。

重点税源企业数据一般来源于地方税务机构，包括纳税人名称、所属行业、生产经营地址和税额等属性字段，一般将纳税额超2000万元的企业列为规模以上重点税源企业。

医保参保数据一般来源于地方人力资源与社会保障机构，包括工作单位、工作地址、工作时间、参保时间、家庭住址、参保辖区等属性字段，一般用于分析不同产业类别的就业岗位和就业人口情况。

5.4.2.2 经济联系

经济联系是指地区之间、地区内部、城镇之间、农村之间以及城乡之间在原料、材料以及工农业产品的交换活动和经济技术上的相互联系。区域经济联系的发展是劳动地域分工的结果，在经济全球化时代，区域之间因其自身所独有的个性与差异，经济联系也日益复杂和密切。

1. 经济联系研究的经典理论

20世纪五六十年代，区域经济研究活跃，诞生了很多理论，如佩鲁的"增长极"与"增长中心"理论、哈格斯特朗的"空间扩散"理论、邬曼的"空间相互作用"理论、弗里德曼的"核心-边缘"理论、克鲁格曼的贸易模型、工业集聚模型、垄断竞争模型。

区域经济联系强度的定量化测度是区域经济研究的基础，总体而言，分为两种方法：自上而下的理论法和自下而上的经验法。理论法主要是通过模型来测算城市间的经济联系，如断裂点模型、引力模型、区位熵模型、威尔逊模型、隶属度模型等，计算方便，但较为简化；调查法主要是通过大量的实际调查来确定，如格林(H. L. Green)用铁路通勤方向、日报发行范围、电话联系数、银行客户、卡车货运流、度假者来源、大型工业企业董事办公地点七个指标划分纽约和波士顿两大城市之间的界线，较为准确但工作量较大。

早期，人们主要用理论法来测度区域经济联系。赖利在研究零售市场问题时，提出了"赖利定律"，即城市对周围地区的吸引力与其规模成正比、与距离成反比。康弗斯在赖利的基础上提出了寻找平衡点的断裂点模型。在此基础上，普林斯顿学者社会物理学派的斯图尔特等将其发展成为"重力模型"，被广泛用于区域相互作用测度。

2. 经济联系研究的大数据方法

随着大数据的兴起，企业互投和总部–分支关系等数据为区域经济联系研究提供了新的切入点，很多学者采用网络分析等方法来分析区域的经济联系情况。

一方面，从资金流的角度，选取企业跨区域投资数据，挖掘城市间潜在的地理空间关联结构及资本流动。主要涉及三方面内容：一是资金流作用下的区域总体空间特征，如资金流整体分布、资金流等级分布、城市资金流等级排序；二是资金流作用下的城市网络节点分布，如城市相对连接率、城市重要程度；三是资金流与经济相关数据的对比分析，如城市财政总收入、固定资产投资总额、城镇居民可支配收入、农村居民可支配收入等。

另一方面，以企业组织(总部与子公司的联系)为切入点，研究城市间网络层级特征。一般借助反映企业间合作关系的量化数据或者微观产业链的调查数据，进一步细分企业网络，深入分析不同职能分支企业构成的城市网络结构，更全面地挖掘各个城市在特定的网络中所扮演的角色及其与其他城市的关系。

5.4.2.3　产业结构

产业结构是指经济中各类产业之间的内在联系和比例关系，在某种程度上影响和反映了一个地区的经济增长和发展状况，既是区域进行资源配置、实现资源增值的结果，也是评价发展状况和推断发展轨迹的重要依据。

1. 产业构成及其演化趋势

英国经济学家费希尔和克拉克将经济活动分为三种部类，产品直接来源于自然界的部类称为第一产业，对初级产品进行再加工的部类称为第二产业，为生产和消费提供服务的部类称为第三产业。尽管各个产业的内部构成有所不同，这样的产业分类已为世界各国所采用。

在工业革命以后的相当一段历史时期，第二产业是大部分城市经济的主导部分，只有少数城市的第三产业较为突出，如首府城市、交通枢纽城市和旅游城市。

美国社会学家贝尔将人类社会的演进过程划分为前工业社会、工业社会和后工业社会3 个历史时期，经济结构分别以第一产业、第二产业和第三产业为主导。研究表明，经济发达国家已经进入后工业社会，第三产业成为经济结构的主导部分。

城市产业可以分为基本部类和非基本部类。城市产业的基本部类主要是为了满足来自城市外部的商品或服务需求，非基本部类则是为了满足城市内部的商品或服务需求。根据城市经济基础理论，城市产业的基本部类输出产品或服务，使城市获得来自外部的收入，从而产生生产或者生活的消费需求，其中的相当一部分将由城市内部的非基本部类所提供，于是又会产生新一轮的生产或者生活的消费需求，形成城市经济发展的循环和累积过程。

因此，城市产业的基本部类是城市发展的动力，基本部类带动非基本部类的发展被称为乘数效应。城市产业的基本部类和非基本部类之间存在一种比率关系，通常用就业人数的比率来表示。根据城市产业的基本部类的就业人数来推算非基本部类的就业人数，然后再根据城市的总就业人口再来推算城市的总人口数。各个城市的基本/非基本部类的就业人数比率有所不同,大城市的基本/非基本比率小于小城市,说明大城市的基本部类的乘数效应要高于小城市,也就是说大城市的基本部类所提供的产品或服务的附加值要高于小城市。

2. 三次产业结构分析

产业结构分析遵循由浅入深的过程,首先计算三次产业结构,确定经济所处阶段;然后根据霍夫曼系数等指标判断所处的工业化进程;最后根据不同产业部门的比例和集中程度,判断区域发展的战略产业。

按照统计口径,选取特定国家或地区的三次产业增加值,分析其在国内生产总值或地区生产总值中的比例以及三次产业中的比例关系,并结合上述指标的历年变化及人均指标来综合分析地方经济和产业发展特征、趋势和阶段。目前常用的划分经济发展阶段的方法有三种,如表5-14所示。

表5-14 三种经济发展阶段划分标准

划分标准	划分方法			
产业成长阶段论	农业化社会:第一产业比重最高	工业化社会:第二产业比重最高		后工业化社会:第三产业比重最高
联合国工业化组织(工业净产值占国民收入比重)	农业经济阶段:小于20%	工业初兴阶段:介于20%~40%	工业加速阶段:大于40%	—
产业阶段论	工业化初级阶段:一产比重大于10%	工业化加速阶段:一产比重小于10%且二产比重高于三产	工业化成熟阶段:一产比重小于5%且二、三产比重大致相当	后工业化阶段:三产比重超过70%

3. 产业内部结构分析

在三次产业分析的基础上,进一步对三次产业内部的构成情况进行更为精细的分析,以揭示国家或地区内部产业构成及发展情况,更加精准地界定产业化发展阶段。

1)总体产业化进程趋势分析

以美国经济学家库兹涅茨、钱纳里为代表的发展经济学家提出了工业化前期、中期、后期的阶段划分,勾画出了产业化进程的完整图表,如图5-12所示。

2)工业化进程与霍夫曼系数

德国经济学家霍夫曼通过设定霍夫曼系数,提出了著名的霍夫曼定理,即随着一国工业化的发展,霍夫曼系数呈现不断下降的趋势,其公式为:

$$霍夫曼系数\ H = \frac{消费资料工业的净产值}{资本资料工业的净产值}$$

它表明在工业化早期,工业结构以轻工业为主,加工程度较低,霍夫曼系数较大。随着工业化的发展,加工程度高的重化工业和机械加工业必定有所发展,在总产出中的比重

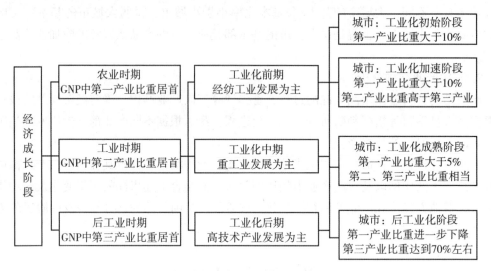

图 5-12　经济发展理论中的成长阶段划分

增加，即霍夫曼比例越小，重工业化程度越高，工业化水平也越高。

4. 战略产业部门分析

从战略角度深入分析和发现潜在的产业部门，对城市未来的产业战略和政策制定具有现实指导意义，这里重点介绍区位熵、集中度和结构增速矩阵等较为主流的研究方法。

1）区位熵

在区域经济学中，通常用区位熵来判断一个产业是否构成地区专业化部门。区位熵是指一个地区特定部门的产值在地区工业总产值中所占的比重与全国该部门产值在全国工业总产值中所占比重之间的比值，具体公式详见 5.2.1.3 节。区位熵大于 1，可以认为该产业是地区的专业化部门，区位熵越大，专业化水平越高；如果区位熵小于或等于 1，则认为该产业是自给性部门。

2）集中度

集中度是用来研究某一地区或城市某项产业在特定区域中集聚程度的指标，数值越高，表明产业的集聚程度越高。

3）结构增速矩阵

结构增速矩阵源于管理学中的波士顿矩阵，认为一般决定产品结构的基本因素有两个，即市场引力与企业实力。市场引力包括整个市场的销售量（额）增长率、竞争对手强弱及利润高低等，其中最主要的是反映市场引力的综合指标——销售增长率，这是决定企业产品结构的外在因素。企业实力包括市场占有率、技术、设备、资金利用能力等，其中市场占有率是决定企业产品结构的内在要素，它直接显示出企业竞争实力。

按照波士顿矩阵原理，产品市场占有率越高，创造利润的能力越大；另一方面，销售增长率越高，为了维持其增长及扩大市场占有率所需的资金亦越多。通过以上两个因素相互作用，会出现四种不同性质的产品类型，形成不同的产品发展前景：

（1）销售增长率和市场占有率"双高"的产品群（明星类产品）；

（2）销售增长率和市场占有率"双低"的产品群（瘦狗类产品）；

（3）销售增长率高、市场占有率低的产品群（问题类产品）；

（4）销售增长率低、市场占有率高的产品群（金牛类产品）。

5.4.2.4　产业分布

产业分布主要考量产业在空间上的集聚和分散情况。产业集聚指特定产业的企业大量分布于某一地区，形成一个具有协作竞争优势的集合体。这可以从两个层面来理解：①随机集中，即大量不相关的企业集中分布在特定区域；②企业间由于共享外部性或自然优势而趋于向某地区集中。衡量产业集聚的方法主要有两类：一类是传统的单一地理尺度方法，包括洛伦兹曲线、集中化指数、基尼系数、Herfindahl 指数、熵指数、E-G 指数和M-S 指数；另一类是通过分析点的空间分布，建立基于距离的多空间尺度分析方法，如 $K(L)$ 函数、D 函数和 M 函数。

1. 单一地理尺度方法

单一地理尺度方法的共同特点是只能度量人为给定或自然界限划分的单一规模地理单元（如行政区）上经济活动的空间集中和分散情况，较为常用的有集中化指数、基尼系数、锡尔系数和 E-G 指数等。

1）洛伦兹曲线和集中化指数

为了研究国民收入在国民之间的分配问题，20 世纪初意大利统计学家洛伦兹提出了著名的洛伦兹曲线，可以直观地反映一个国家收入分配平等或不平等的状况。洛伦兹曲线的弯曲程度反映了收入分配的不平等程度，弯曲程度越大，收入分配越不平等，反之亦然。

集中化指数是用来分析和衡量区域内工业或经济部门专门化（或集中化）程度的一项重要的数量指标。

2）基尼系数

基尼系数是国际上通用的、用以衡量一个国家或地区居民收入差距的常用指标。

基尼系数最大为 1，最小等于 0。基尼系数越接近 0，表明收入分配越是趋向平等。联合国有关组织规定，基尼系数小于 0.2，表示收入分配高度均衡；基尼系数介于 0.2～0.3，表示收入分配比较均衡；基尼系数介于 0.3～0.4，表示收入分配相对合理；基尼系数介于 0.4～0.5，表示收入分配差距较大；基尼系数在 0.6 以上，表示收入分配差距悬殊。

3）锡尔系数

锡尔系数由 Theil 和 Henri 于 1967 年提出，可以用来描述经济发展的不均衡情况，包括锡尔系数 T 和锡尔系数 L，两者的区别在于考虑的加权因子不同，锡尔系数 T 以收入比重加权，锡尔系数 L 以人口比重加权。这里以锡尔系数 T 为例进行介绍，其公式为：

$$T = \sum_{i=1}^{n} y_i \log\left(\frac{y_i}{p_i}\right)$$

式中，n 为区域个数，y_i 为 i 地区收入占全区的份额，p_i 为 i 地区人口占全区的份额。锡尔系数越大，表示收入分配差异越大；锡尔系数越小，则表示收入分配越均衡。

4）$E\text{-}G$ 指数

为了准确辨识产业地理集中产生的根源，究竟是源于外部经济还是内部经济，Ellison 和 Glaeser 于 1997 年首次提出了 $E\text{-}G$ 指数，其假设前提是如果企业间的区位选择是相互依赖的，企业将趋向于向具有特殊自然优势或能够从行业内其他企业获得溢出效应的地区集中。其公式为：

$$\gamma = \frac{G - \left(1 - \sum\limits_{k=1}^{K} x_k^2\right) H}{\left(1 - \sum\limits_{k=1}^{K} x_k^2\right)(1 - H)}$$

式中，γ 表示 $E\text{-}G$ 指数，K 为地理单元的个数，x_k 为第 k 个地理单元所有行业就业人数占整个地区所有行业就业人数的比重，H 为某行业每个企业就业人数与该行业所有就业人数比值的平方和，G 为总体地理集中度指数。

2. 基于距离的多空间尺度方法

基于距离的多空间尺度方法实质上是将区域内的企业看作点，通过分析点的分布状态来了解区域产业分布的情况，这类方法源于 Ripley 提出的 K 函数及其修正。

1）Repley 的 K 函数

Ripley 的 K 函数可用来反映企业点状要素在不同空间尺度上所表现出来的特定模式、集聚特征，具体公式详见 5.3.2.2 节。

2）D 函数

K 函数在计算产业地理集中度时将地域看作均值区域，没有考虑企业规模对集中度的影响等问题。Diggle 等在非均匀分布的前提下，对其做了改进，提出了 D 函数。D 函数与 L 函数的不同之处是运用了一个对照组，并将其定义为除了研究行业（cases）以外的其他行业（controls）的个数，其公式为：

$$D(r) = K_{\text{cases}}(r) - K_{\text{controls}}(r)$$

式中，$K_{\text{cases}}(r)$ 和 $K_{\text{controls}}(r)$ 分别是研究行业和对照组的 K 函数。D 函数的实际含义是研究行业相对于对照组是更集中还是更分散。若 D 值大于零，则说明研究行业的地理分布趋于集中；反之，则趋向于分散。

3）M 函数

2010 年，Marcon 和 Puech 改善并提出了 M 函数。首先假设研究区 A 分布有许多制造业，定义 f_{iSr} 为 r 半径范围内 S 行业每个企业的邻居（属于 S 行业）个数，N_S 为 A 区域 S 行业的全部企业数，e_{iSr} 为以 S 行业的 i 企业为重心、r 半径内属于 S 行业的邻居的就业人数，e_{ir} 为以 S 行业的 i 企业为重心、r 半径内属于全部行业的邻居的就业人数，E_S 为 A 区域内 S 行业的全部就业人数，E 为 A 区域内全部行业的全部就业人数，则 M 函数公式为：

$$M(r, S) = \frac{\dfrac{\sum\limits_{i=1}^{N_S} \dfrac{e_{iSr}}{e_{ir}}}{N_S}}{\dfrac{E_S}{E}}$$

式中，分子的含义是以 S 行业每个企业为中心、r 半径内 S 行业的就业人数与全部行业的就业人数之比的平均值，分母是 A 区域内 S 行业的就业人数与全部行业就业人数的比值，其地理意义是 r 范围内 S 行业相对于全部行业的分布特征。随机分布条件下，$M = 1$；$M > 1$，表示 r 范围内 S 行业的空间分布是集中的；$M < 1$，则是分散的。

M 函数还可以反映两个产业的空间临近分布情况，此时 e_{iSr} 为以 S_1 行业的企业为中心、半径 r 范围内 S_2 行业的就业人数，其公式为：

$$M(r, S_1, S_2) = \frac{\dfrac{\sum\limits_{i=1}^{N_{S_1}} \dfrac{e_{iS_2r}}{e_{ir}}}{N_{S_1}}}{\dfrac{E_{S_2}}{E}}$$

式中，$M(r, S_1, S_2)$ 的值依赖于 S_1 和 S_2 行业的分布，值越大，两个行业空间分布的一致性越强。

5.4.3 城镇化水平

城镇化或称城市化，是指人口和经济活动向城市集中的过程。城镇化评价包括城镇化水平评价和城镇化质量评价两个方面，前者是从城镇化的各个要素层面来评价城镇化的程度，后者主要针对"人"来进行城镇化质量研究，反映乡村人口逐步转变为城镇人口以及城镇文化与生活方式、价值观念向乡村扩散的过程。本节重点介绍城镇化水平的评价方法，从人口和土地利用两个方面来反映城镇化水平及其耦合协调关系。

5.4.3.1 人口城镇化

人口城镇化是城镇化的基础，城市是随着人口的流动和各类要素的集聚才得以发展的。人口向城市集中或迁移的过程包含了社会、经济、空间转换等多方面的内容，因此采用城市人口占地区总人口的百分比这一指标来衡量城镇化水平，被人口学、地理学、社会学和经济学界普遍接受，其公式为：

$$U_1 = \frac{100 \times P_u}{P}$$

式中，U_1 为该区域的人口城镇化水平，P_u 表示非农人口总量，P 为人口总量。以城市人口的比重来衡量城市化水平仅测度了农村人口向城市集中的过程，不能反映城市化的其他性质，如城市生活方式向农村地区或其他地区扩散的过程、非城市景观向城市型景观转化的过程等，因而也存在一定的片面性。

5.4.3.2　土地城镇化

土地城镇化是从土地性质和地域范围上来表征城镇化水平的一个指标,反映了一定时间内非城市用地(如农业、草原、森林、海滩等)转变为城市用地(如工厂、商业、住宅、文教等)的过程,常用方法是直接计算区域内建设用地占区域总面积的比例,其公式为:

$$U_2 = \frac{S_u}{S}$$

式中,U_2 为土地城镇化水平,S_u 为区域内城市建设用地面积,S 为区域总面积。与人口城镇化相比,土地城镇化反映了土地利用性质转换、建成区范围扩大及城市景观形成的过程。

5.4.3.3　耦合协调分析

耦合度用以刻画多个系统之间相互影响的程度,其概念来源于物理领域,后被广泛引入社会科学领域。衡量人口和土地利用两个系统之间相互作用水平的耦合度公式为:

$$C = 2 \left[\frac{U_1 \times U_2}{(U_1 + U_2)^2} \right]^{\frac{1}{2}}$$

式中,C 表示人口系统与土地利用系统两者之间的相互作用强度,其值越大,两者之间的相互作用水平越强;U_1 为标准化后的人口城镇化水平,U_2 为标准化后的土地城镇化水平。

但耦合度只能反映两个系统之间的相互作用程度,不能区分各个功能之间是在高水平上相互促进还是低水平上相互制约。因此,引入耦合协调指数来构建人口与土地城镇化水平的耦合协调模型,其公式为:

$$D = \sqrt{C \times T}, \quad T = \partial U_1 + \beta U_2$$

式中,D 为人口城镇化和土地城镇化水平的耦合协调度,D 值越大,表示两者相互作用程度和耦合协调水平越高;T 为人口和土地城镇化的调和系数,反映两者对耦合协调度的贡献水平;∂、β 表示人口和土地城镇化水平的权重,一般由熵权法计算得到,$\partial + \beta = 1$,反映两者的效用价值。

5.5　综合交通分析评价

城市交通是城市对外联系和内部运行必不可少的重要基础设施,具有系统性、网络性、动静结合性、立体综合性和容量限制性等特征。本节从交通设施、职住关系、通勤特征和公交服务等方面,介绍城市地理国情监测中关于综合交通分析评价的基本理论与方法。

5.5.1　交通设施

交通设施是城市综合交通的基本构成要素,包括对外交通设施和城市内部交通设施,是决定城市交通系统服务水平的基础。本节主要介绍交通设施分类，重点介绍对外交通设施和内部交通设施的分析评价方法。

5.5.1.1 交通设施分类

交通设施分为对外交通设施和城市内部交通设施，对外交通设施包括机场、火车站、铁路、高速公路及出入口等；内部交通设施包括各级道路网络、公共交通系统、慢行系统、停车设施及各种相关的交通管理、控制设施。交通设施分类如图 5-13 所示。

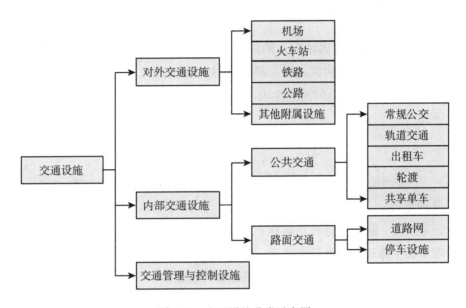

图 5-13　交通设施分类示意图

5.5.1.2 对外交通设施分析评价

对外交通设施评价包括交通设施的数量、接驳度和运输能力等方面的静态评价，以及可达性、到发旅客和中转率等方面的动态评价。

1. 运输能力分析

运输能力是指铁路、水运、公路和航空等运输方式在一定时间内所能完成的最大客货运输量，常用的指标包括铁路、水运、公路和航空的客运量、货运量，以及港口集装箱吞吐量、客运吞吐量、货邮吞吐量、航线数量等。

2. 接驳度分析

对外交通设施的接驳度反映了城市对外交通运输和城市内部交通运输转换的便利性，对于不同的对外交通设施，所考虑的接驳因素也不同。机场、火车站和长途汽车站接驳度主要考虑站点周边 500 米范围内的各类公共交通站点的数量，港口、高速公路出入口还应考虑城市道路设施的接驳度。

3. 可达性与等时圈分析

可达性来源于 Hansen 提出的交通网络中各节点相互作用的机会大小，用以描述区域交通联系紧密程度，是反映区域社会经济联系的重要指标。

对于铁路、航空或公路交通方式，可以从公开网站获取铁路、航空、客运汽车的班次和时刻表信息，以两城市之间最小交通时间的倒数作为该交通方式下的两城市间的可达性，其公式为：

$$\text{Acc}_{(A \to B)} = \frac{1}{t_{\min}(A \to B)}$$

式中，$t_{\min}(A \to B)$ 是城市 A 到城市 B 的最短交通时间。

综合某城市对所有城市的可达性来描述该城市在全国、省内等研究区域的综合可达性。例如，对于城市 A，其总的可达性表示为从 A 出发前往所有可能前往的城市的可达性累加，其公式为：

$$\text{Acc}_{A\text{-mode}} = \sum_{i=1}^{i=N} \text{Acc}_{(A \to B_i) - \text{mode}}$$

式中，$\text{Acc}_{A\text{-mode}}$ 是当前出行方式下城市 A 的可达性，mode 包含铁路、航空和公路出行方式，B_i 是其他城市。

对于公路交通，除了考虑长途客运汽车班次外，还可通过调用高德、百度等 API 接口，在考虑交通平峰和拥堵路况情况下，得到两城市之间的公路驾车出行时间，分析两城市间的公路交通可达性和某城市的公路交通综合可达性。

在此基础上，还可以进行等时圈分析。其基本方法是：利用城市间的铁路客运时刻表、航空客运时刻表等信息，结合高德、百度 API 或货车帮等提供的实际公路交通时间，区分铁路、航空和公路运输等不同的交通方式，计算城市间的预期交通时长并分级，在空间上表示出不同预期交通时间级别的城市所处的位置，也即对外交通等时圈。

4. 到发旅客识别与中转分析

对外交通枢纽到发(到达和出发)旅客出行链还原有两个关键环节：一是剔除交通枢纽附近居住、就业和接送站人口影响，识别出发和到达用户有效驻留地；二是基于多场景多目标双约束重力扩样模型对动态 OD 进行扩样。机场与火车站的到发旅客识别规则如表 5-15 所示，动态 OD 扩样算法如图 5-14 所示。

对外交通中转率是城市区域交通地位的重要标志，大数据的发展为重要对外交通设施的中转识别分析提供了新的手段。根据识别规则，认为出发旅客来源地位于该区域外的是出发的中转旅客，到达旅客去向地位于该区域外的是到达的中转旅客。在识别中转人群基础上，即可估算对外交通枢纽的中转率，分析人口联系的腹地。

表 5-15 机场、火车站到发旅客识别规则

机场		火车站	
出发客流	到达客流	出发客流	到达客流
1. 提取落在机场范围圈内非职非住人口； 2. 当天在研究区域的最后一条信令出现在机场； 3. 在机场出现后，往后推 12 小时，没有在研究区域的驻留； 4. 提取机场出发后，信令再次出现的城市作为出发客流的去向地；若机场出发当天和第二天在国内都没有信令，则标记为出境用户； 5. 提取当天在研究区域内第一条驻留作为出发客流的来源地	1. 访客定义：非研究区域居住用户； 2. 当天在研究区域的第一条信令出现在机场； 3. 在机场出现后，往前推 12 小时，没有在研究区域的驻留； 4. 提取机场出发前最后一条信令出现的城市作为出发客流的来源地；若机场到达当天和前一天在国内都没有信令，则标记为"国外"用户，即入境用户； 5. 当天最后一条驻留作为去向地	1. 提取落在火车站相关图层中的非职非住人口； 2. 剔除在火车站出现后，往后推，当天在研究区域有超过1小时的驻留； 3. 然后提取当天在研究区域外出现有效驻留(超过1小时或者全国范围内当天最后一条信令)，并以该有效驻留所在地作为出发客流的去向地； 4. 提取当天在研究区域内的第一条驻留作为出发客流的来源地	1. 访客定义：非研究区域居住用户； 2. 先剔除在火车站出现后，往前推，当天在研究区域有超过1小时的驻留； 3. 然后提取当天在研究区域外出现有效驻留(超过1小时或者全国范围内当天第一条信令)，并以该有效驻留所在地作为到达访客客流的来源地； 4. 提取到访客流，当天最后一条驻留作为去向地

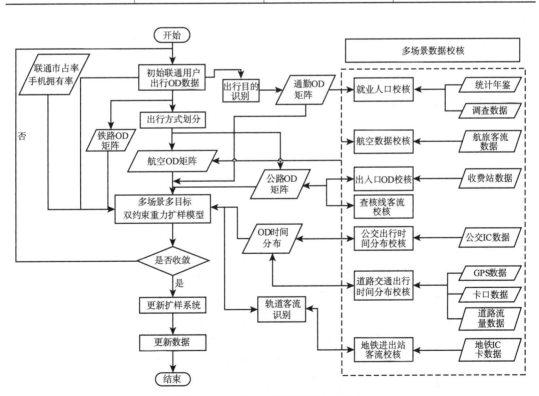

图 5-14 动态 OD 扩样算法技术流程

5.5.1.3　内部交通设施分析评价

城市内部交通设施以道路网络系统为主,包括机动车道、非机动车道和停车设施,其中机动车道分为城市快速路、主干道、次干道和支路,停车设施分为路内停车和路外停车。

内部交通设施评价主要集中于交通线网及交通服务,前者分析设施规划、布局、建设的合理性,后者分析设施在日常运营的可靠性、便捷性,常用的分析方法包括几何分析、拓扑分析、可达性分析和容量分析等。

1. 几何分析

几何分析主要是分析线网的密度、长度、宽度、四肢交叉口比例、断头路比例等特征。假设交通线网的道路总长为 L,重要节点(公交站、地铁站)数量为 N,评价单元面积为 A,线密度、点密度、节点总数、断头路比例公式为:

$$LD = \frac{L}{A}$$

$$PD = \frac{N}{A}$$

$$NT = NX + ND$$

$$RD = \frac{ND}{NT}$$

式中,LD 为线密度,PD 为点密度,NT 为节点总数,RD 为断头路比例,NX 为交叉口,ND 为断头路。

2. 拓扑分析

拓扑分析以道路连接点、交通枢纽为节点,以交通联系为边构建交通网络,对网络特征进行计算,如连通性、邻近中心性、介数中心性等。常用的连通性指数包括 α 指数、β 指数和 γ 指数,其公式为:

$$\alpha = \frac{E - N + 1}{2N - 5}$$

$$\beta = \frac{E}{N}$$

$$\gamma = \frac{E}{3N - 6}$$

式中,线路网的节点数量为 N,边数为 E。α 指数是指网络内实际回路数与网络内可能存在的最大回路数之间的比率,其值在 0 到 1 之间。当 $\alpha = 0$ 时,表明网络中不存在回路;当 $\alpha = 1$ 时,表明网络已经达到最大限度的回路数目。β 指数是线点率,是网络内每一个节点的平均连线数目。当 $\beta = 0$ 时,表示无网络存在;β 值越大,表示网络复杂性越强。γ 指数又称连通度指数,是指网络内连线的实际观察数与可能存在的最大数目之间的比率,其值在 0 到 1 之间。当 $\gamma = 0$ 时,表示网络中无连线,只有孤立的点存在;当 $\gamma = 1$ 时,表示网络内每一个节点都存在与其他所有节点连接的连线。

邻近中心性和介数中心性公式为:

$$C_i^c = \frac{N-1}{\displaystyle\sum_{j \in N, \, j \neq i} d_{ij}}$$

$$C_i^B = \frac{1}{(N-1)(N-2)} \sum_{\substack{j, \, k \in N \\ j \neq k \neq i}} \frac{n(i)}{n_{jk}}$$

式中，d_{ij} 是节点 i、j 之间的最短路径，n_{jk} 是节点 j 与节点 k 中间的最短路径数量，$n_{jk}(i)$ 是节点 j 与节点 k 之间包含了节点 i 的最短路径数量，C_i^B 的取值范围是 $[0, 1]$，取 1 表示途中所有最短路径都必须通过节点 i，取 0 表示没有最短路径通过节点 i。

3. 容量分析

交通设施容量是城市交通系统承载出行需求的能力，不同类型的交通设施容量定义、量纲和考虑的因素也不尽相同。

1）道路网络容量

城市道路网络容量描述了道路网络对交通需求的处理能力。从微观狭义角度层面，道路网络容量是在一定交通状态下单位时间内道路网关键断面能够通过的最大交通量；从宏观广义层面，道路网络容量是单位时间内路网所能容纳的最大交通量。道路网络容量估算方法以"时空消耗"思想为基础，主要有线性规划法、割集法、交通分配模拟法和路网容量模型法。

"时空消耗"的基本思想是：对于城市道路设施来说，无论是静态的还是动态的，在一定时期内是有限的、相对稳定的，因此，城市交通设施所能容纳的交通人流、车流在一定时间、空间内都是有限的。根据这一思想，定义城市路网设施容量为"城市道路设施在一定时间内能够容纳的交通人口数和交通车辆数"，其公式为：

$$C_r = \frac{\text{路网单位时间内的总时空资源}}{\text{交通个体单位时间内的平均一次出行时空消耗}} = \begin{cases} \dfrac{A \cdot T}{C_n}, & \text{二维模型} \\[2ex] \dfrac{L \cdot T}{C_n}, & \text{一维模型} \end{cases}$$

式中，A 为城市道路设施有效面积，T 为单位时间内的城市道路有效运营时间，L 为城市道路有效运营长度，c_n 为交通个体(人、车)平均出行时空消耗。

城市道路网络分为机动车路网、非机动车路网和步行网络，由于车道标线的存在，机动车路网内所有车辆各行其道，即使存在宽度富余，也无法被其它车辆所利用，因此对机动车路网容量的求算可忽略车道宽度因素，采用一维模型形式；对于非机动车路网和步行网络而言，由于存在大量穿插行驶行为，容量求算可采用二维模型形式。

2）公交系统运输能力

在一定的设施供给条件下，常规公交系统也存在着运输能力的上限。将常规公交系统运输能力定义为：在正常运营状况下，城市所有常规公交线路所能承载的最大客流运输周转量，单位为人公里，其公式为：

$$C_B = \sum_{i \in N_B} l_i \cdot n_i \cdot c_i$$

式中，C_B 为城市常规公交系统运输能力(人公里)，N_B 为城市常规公交线路集，l_i 为第 i 条常规公交线路的运营长度(公里)，n_i 为第 i 条常规公交线路的日运营车次数，c_i 为第 i 条常规公交线路运营车辆的最大单车容纳乘客数。

3) 停车设施容量

城市停车设施的容量是指包括路内停车区域和路外停车场在内的城市所有停车设施所能提供的最大车辆停泊容纳量，可量化定义为城市停车设施在单位时间内能够容纳的停泊车辆数，其公式为：

$$C_P = \frac{单位时间内的总停车泊位时空资源}{单位时间内车辆平均停泊时空消耗}$$

设单位时间为 1 小时，单位时间内的城市总停车泊位时空资源量公式为：

$$C'_P = (N_b^o + N_b^i) \times 1$$

$$C_P^* = t_P \times 1$$

式中，C'_P 为单位时间内的城市停车泊位时空资源总量，C_P^* 为单位时间内的车辆平均停泊时空消耗，N_b^o 为城市所有路外停车设施提供的有效泊位数量，N_b^i 为城市所有路内停车区域提供的有效泊位数量，t_P 为单位时间内的车辆平均停泊时耗。

4) 出租车系统容量

城市出租车系统容量指所有运营出租车辆所能够提供的出租车服务容纳能力，其公式为：

$$C_t = N_t \cdot t_t \cdot n_t$$

式中，C_t 为城市出租车系统服务容量，N_t 为城市运营出租车辆数，t_t 为出租车平均有效运营时间(小时)，n_t 为出租车平均单车载客数，可取调查数据的平均值。

4. 可达性分析

城市内部的可达性往往指任意两个地点(节点)之间的可达性或针对某一地点(设施)的可达性，分析方法主要有距离度量法、两步移动搜索法、重力模型法和累积机会法。

1) 距离度量法

距离度量法利用两个地点(节点)之间的出行距离或时间衡量可达性，是空间可达性分析中最基本的方法。常用的距离指标包括空间距离、时间距离、经济距离和综合距离等，常用的时间指标包括节点之间的出行时间、平均出行费用和加权平均出行时间等。其公式为：

$$A_i = \frac{\sum_{j=1}^{n} T_{ij}}{n}$$

式中，A_i 是针对某个节点的综合可达性，T_{ij} 是从 i 到 j 的最短出行距离，n 是总数。

2) 两步移动搜索法

两步移动搜索法是一种考虑供需关系的可达性模型，如果某类要素的供给越多，其可达性越高。其基本原理是：首先，对每个供给点 j，搜索所有在距离阈值范围内的需求点 k，计算供需比；其次，对每个需求点 i，搜索距离阈值范围内的供给点，将所有的供需比叠加得到可达性。其公式为：

$$R_j = \frac{S_j}{\sum_{k \in (d_{kj} \leqslant d_0)} D_k}$$

$$A_i^F = \sum_{k \in (d_{kj} \leqslant d_0)} R_j = \sum_{k \in (d_{kj} \leqslant d_0)} \frac{S_j}{\sum_{k \in (d_{kj} \leqslant d_0)} D_{kj}}$$

式中，d_{kj} 为 k 和 j 之间的时间成本，D_k 为搜索区内的需求总数，S_j 为 j 点的供给总数，A_i^F 是可达性，其值越大，表明可达性越好。

3）重力模型法

重力模型法也称为势能模型、潜力模型、引力模型等，其理论原型是万有引力定律。基本原理是：实体之间的吸引随着两者之间距离的增加而衰减，且两个实体之间的吸引是对称的，一个地点的可达性是其所在系统中所有其他实体对其施加影响的总和，一个地点的可达性不仅取决于其在交通系统中的位置，还受系统中其他地点的分布及其属性的影响。其公式为：

$$A_i = \sum_{j=1}^{n} \frac{D_j}{(c_{ij})^a}$$

式中，A_i 是位置 i 的可达性，D_j 是 j 的活动规模或势能，c_{ij} 是从位置 i 到 j 的出行成本，可以是出行距离、出行时间、出行费用或综合出行成本，n 是位置总数，a 是出行距离的敏感系数。

4）累积机会法

累积机会法也称为等时线模型，是在给定的时间、空间或出行成本范围内，所能够获得的某种机会总数。其中，机会包括就业、上学、购物、就医等，可获得的机会越多，对应的可达性就越大。其公式为：

$$A_i = \sum_{j=1}^{n} O_{jt}$$

式中，A_i 是位置 i 的可达性，t 是给定的出行阈值，O_{jt} 是位置 j 中的机会数量，位置 j 是与位置 i 的距离（或时间、费用等）小于阈值 t 的位置，n 为位置总数。

5.5.2　职住关系

职住关系是居民在城市空间中的居住机会和就业机会的空间匹配结果，它直接影响了城市的形态结构、居民的行为体验以及社会的和谐宜居，长期以来受到城市研究的关注和重视。

5.5.2.1　职住平衡

职住平衡是评价居住和就业关系的重要指标之一，也可称作职住均衡或者就业–居住平衡，是指在合理的城市区域范围内，住房数量与就业岗位数量基本一致或者匹配。职住平衡是城市发展中的一种理想状态，大部分居民出行的距离和时间成本较小，既方便居民通勤出行、提高生活品质，也可以缓解机动车带来的城市交通压力，对节约能源和保护环境有重要作用。常用的职住平衡测度指标有职住比、就业平衡指数、居住平衡指数等。

1. 职住比

职住比是某一区域内就业岗位数量与居住人口数量的比值，反映了区域就业岗位和居住人口之间的数量均衡关系。当职住比在 $0.8 \sim 1.2$ 时，说明地域的职住空间是平衡的；职住比过高或过低，都说明职住空间不平衡。其公式为：

$$职住比 = \frac{本区域就业岗位数}{本区域居住人口数}$$

但职住比不能反映居住地和就业地在空间上的临近关系，在研究中通常引入就业平衡指数和居住平衡指数来反映居住和就业实质性的匹配程度。

2. 就业平衡指数

就业平衡指数是在某一区域就业且居住人口与本区域就业人口的比值，又分为就业平衡指数 I 和就业平衡指数 II，值越高表示该区域就业者本地居住率越高，就业机会越多，就业职能越强。其公式为：

$$就业平衡指数 I = \frac{在本区域就业且居住的人数}{本区域就业人口数}$$

$$就业平衡指数 II = \frac{在本区域就业且居住的人数}{本区域就业人口数 \times 各区域就业平衡指数均值}$$

3. 居住平衡指数

居住平衡指数是在某一区域居住且就业人口与本区域居住人口的比值，又分为居住平衡指数 I 和居住平衡指数 II，值越高表示该区域居住者本地就业率越高，居住机会越多，居住职能越强。其公式为：

$$居住平衡指数 I = \frac{在本区域居住且就业的人数}{本区域居住人口数}$$

$$居住平衡指数 II = \frac{在本区域居住且就业的人数}{本区域居住人口数 \times 各区域居住平衡指数均值}$$

4. 职住平衡模式

基于前文提出的"就业平衡指数 II"和"居住平衡指数 II"，以 1 为临界点划分为 4 个象限，将居民职住平衡划分为 4 种模式，如表 5-16 所示。

表 5-16　居民职住平衡的 4 种空间模式划分

平衡模式	居住平衡指数 II	就业平衡指数 II	说　　明
低度平衡区	<1	<1	居住者分散就业为主，就业者分散居住为主
中度平衡区 I 型	<1	≥1	居住者分散就业为主，就业者就近居住为主

平衡模式	居住平衡指数Ⅱ	就业平衡指数Ⅱ	说　　明
中度平衡区Ⅱ型	≥1	<1	居住者就近就业为主，就业者分散居住为主
高度平衡区	≥1	≥1	居住者就近就业为主，就业者就近居住为主

5.5.2.2　职住空间错配

20 世纪 60 年代，Kain 提出了"空间错位假说"，他认为工作岗位的郊区化和美国住房市场中的种族隔离是导致黑人失业率高、工资收入低、通勤时间长的重要因素。在我国，20 世纪 90 年代之后，随着城镇化进程逐步加速，住房和就业体制改革进一步深化，居民进行住房选址和就业选择的机会都显著增加，导致了居住-就业空间关系的深刻变化。与此同时，以开发区和新城为代表的新城市空间不断发展，也进一步加剧了居住—就业的分离现象。常用的职住空间错配描述指标包括空间错位指数、职住偏离度、职住分离率等。

1. 空间错位指数

空间错位指数用来测度城市居民的居住—就业空间错位程度，指数越小，说明空间错位程度越低，匹配程度越高，反之则匹配程度越低。其公式为：

$$\text{SMI}_j = \frac{1}{2 P_j} \sum_{j=1}^{n} \left| \left(\frac{e_{ij}}{E_j} \right) \times P_j - P_{ij} \right|$$

式中，P_{ij} 是城市 j 中 i 区县的人口数，e_{ij} 是城市 j 中 i 区县的就业机会，P_j 是城市 j 的总人口数，E_j 是城市 j 的总就业机会。SMI_j 的取值范围为 0 ～ 1，$\text{SMI}_j = 0$ 时表示居住 — 就业绝对匹配，$\text{SMI}_j = 1$ 时表示居住 — 就业完全不匹配。

2. 职住偏离度

职住偏离度是测度职住空间关系最直接的方法，通常用一个区域内的就业人口数与居住人口数的比值来衡量。其公式为：

$$Z_{ij} = \frac{\dfrac{Y_{ij}}{Y_i}}{\dfrac{R_{ij}}{R_i}}$$

式中，Z_{ij} 为第 i 年 j 区的职住偏离度，Y_{ij} 为第 i 年 j 区的就业人口数，Y_i 为第 i 年全区就业人口总数，R_{ij} 为第 i 年 j 区的居住人口数，R_i 为第 i 年全区的居住人口总数。$Z_{ij} = 1$ 表明就业居住功能相匹配，$Z_{ij} > 1$ 表明就业人口比重高于居住人口比重，即就业功能强于居住功能，反之则表明居住功能占主导。因此，可用其标准差来衡量职住空间匹配程度，标准差越小表明居住空间与就业空间越匹配，反之表明匹配程度越差。

3. 职住分离率

由于现实存在不同空间单元之间的职住交互现象，也就是说某区域虽然职住数量是均衡的，但居住在此的人不在此地工作，或工作在此的人不住在这里，这种情况下需要通过职住分离率进行分析。

　　职住分离率可用居住人口分离率和就业人口分离率分别表示。居住人口分离率是指不在此区域就业的居住人口与此区域所有从事工作的居住人口之比，也称通勤流出率。就业人口分离率是指不在此区域居住的就业人口占此区域所有就业人口的比重，也叫通勤流入率。其公式为：

$$居住人口分离率=\frac{不在此区域就业的居住人口}{本区域所有从事工作的居住人口}$$

$$就业人口分离率=\frac{不在此区域居住的就业人口}{本区域所有就业人口}$$

　　需要特别说明的是，虽然两者均能反映通勤的流入流出问题，但实施主体有异，通勤流出针对的是此区域的居住人口，通勤流入是针对此区域的就业人口，因此这两者不能简单加和或者相减。

5.5.3　通勤特征

　　通勤是城市居民的基本交通需求，也是联系城市居住地和就业地的重要桥梁，是城市职住空间研究的重要内容。相比传统的职住出行 OD 调查方法，手机信令和网络位置服务等新兴大数据的引入，为通勤特征分析带来了新的技术手段和方法。

5.5.3.1　通勤 OD 识别与测度

　　手机信令、网络位置服务的普及应用和大数据挖掘技术的发展，为开展通勤 OD 识别和评价提供了新的手段。

　　1. 通勤 OD 识别

　　手机信令数据和网络位置服务数据等新兴大数据记录了用户发出位置服务请求的时间、地点，利用长时间序列大数据，可以定义识别规则，挖掘用户的居住地和就业地，进而还原人口的出行链，获取出行 OD。

　　居住地判断以 21 时到次日 8 时为居住地观测时段，累加用户每日在该时段内出现时间并排名，将排名较高区域作为用户的备选居住地。如果用户一个月内在该区域出现天数超过 10 个工作日，则认为该区域是用户的居住地。

　　工作地判断以 9 时到 17 时为就业地观测时段，累加用户每日在该时段内出现时间并排名，将排名较高区域作为用户的备选就业地。如果用户年龄段在 16~64 岁，且一个月内在该区域出现天数超过 10 个工作日，则认为该区域是用户的就业地。

　　在居住地和工作地判断的基础上，以居住地作为通勤出行的起点，以工作地作为通勤出行终点，连接起点和终点获得通勤 OD。

　　2. 通勤指标测度

　　在交通调查或通勤 OD 识别基础上，可以从通勤的距离、时间和方式等方面，开展城市通勤特征分析。

1）通勤距离

通勤距离包括欧式距离、路网最短距离和实际通勤距离三种。空间距离是工作地和居住地的直线距离，常用欧式距离表达；路网最短距离基于互联网地图或路网计算，一般直线距离2.5公里内采用骑行方式计算路网距离，2.5公里以上采用小汽车方式计算路网距离；实际通勤距离根据居民的通勤行为估算。

单程平均通勤距离是通勤人口从居住地到就业地的平均路网距离，一般以单程距离小于5公里的通勤人口比重作为衡量城市职住平衡和通勤幸福的指标。

2）通勤时间

通勤时间通常为全方式单程通勤出行时耗，常用早高峰时段从居住地到就业地的平均出行时间来度量，单程45分钟以内可达率是城市运行效率的衡量标准，单程60分钟以上可达率反映城市超长通勤问题。

3）通勤方式

通勤方式基于长时间序列的互联网地图位置服务，通过轨迹追踪对驾车、轨道交通、公共汽车、骑行、步行5种交通方式进行推断，通常利用连续3个月早高峰时段从居住地到就业地的出行数据估算最可能通勤出行方式。

5.5.3.2　通勤特征分析评价

通勤特征对个体表现为通勤距离、时间、方式的差异，在宏观上表现为群体出行模式、结构和分布的规律。

1. 通勤圈层特征

通勤圈层特征是指城市内部不同区域人群通勤行为规律，其与区域功能定位、产业布局、经济发展和人口分布特征密切相关，常用的分析指标和方法包括通勤空间半径、通勤模式和通勤圈。

1）通勤空间半径

通勤空间半径常用来测度通勤空间辐射范围，以覆盖某区域90%通勤人口的空间椭圆的长轴为通勤空间半径，半径越大，说明城市通勤紧密联系的空间范围越大。

2）通勤圈层模式

根据城市空间理论，大城市在经历过完整的发展阶段后，通常会形成规律性的自内向外和自小向大的圈层结构。根据通勤出行的起点和终点，将通勤出行划分为内部出行、内向出行、逆向出行和侧向出行四种模式。内部出行的起始地和目的地都在中心城区；内向出行的起始地在外围地区，目的地在中心城区；逆向出行的起始地在中心城区，目的地在外围地区；侧向出行的起始地和目的地都在外围地区。

3）通勤圈识别

通勤圈是以通勤中心为核心的通勤活动空间范围，即"通勤中心-通勤圈"的空间结构，如图5-15所示。通勤中心作为通勤人口密度较高、面积规模较大的中心区域，是城市通勤联系网络中的重要节点。通勤圈的空间结构特征主要有：单次通勤出行的活动空间是包括居住地、工作地及通勤过程中所需的购物和休闲场所在内的空间范围；单个"通勤中心-通勤圈"空间范畴是以通勤中心为核心，包括居民外出通勤、外来通勤和内部通勤所形成的空间范围；中心城区"通勤中心-通勤圈"空间结构则是在中心城区的通勤区内，由多个主要通勤中心的通勤圈所组成的空间范围。

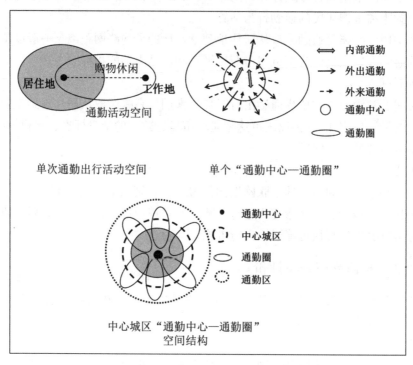

图 5-15　通勤圈概念示意图

2. 浪费性通勤

浪费性通勤最早由 Hamilton 提出，是指在不改变城市空间结构的前提下，通过相互交换居住地与就业地，使城市通勤在理论上达到最小值，实际通勤值与理论最小通勤值之差即为浪费性通勤。该值可以表示城市的通勤效率以及城市空间要素配置的合理程度，为提高城市通勤效率、减少通勤时间提供了独特的视角和方法。

基于实际通勤时间、理论最短通勤时间和理论最长通勤时间，计算得到对应的浪费性通勤率 E 和通勤容量使用率 C，以衡量不同城市之间的通勤效率和职住平衡状况。其公式为：

$$E = \frac{Q_{arc} - Q_{mrc}}{Q_{arc}}$$

$$C = \frac{Q_{arc} - Q_{mrc}}{Q_{maxrc} - Q_{mrc}}$$

$$Q_{arc} = \sum_i \sum_j c_{ij} x_{ij}$$

式中，Q_{arc} 为实际通勤时间，Q_{mrc} 理论最短通勤时间，Q_{maxrc} 是理论最长通勤时间，c_{ij} 为从

居住地 i 到就业地 j 的通勤距离或时间，x_{ij} 表示该方向上的通勤人数即通勤流量，理论最小通勤值 Q_{mrc} 的计算就转化为求使整个城市的总通勤距离或时间最短的问题。

3. 交通碳排放

居民通勤过程的碳排放水平受通勤距离和通勤方式影响，常用每天每万人单程通勤出行的碳排放总量来衡量，其公式为：

$$C_{通勤} = \sum_{i \in M} C_i = \sum_{i \in M} P_i \times L_i \times \beta_i \times 10000$$

式中，$C_{通勤}$ 是通勤碳排放总量，i 是通勤方式，包括驾车、公交、轨道交通、骑行和步行，P_i 是 i 通勤模式的通勤人口占比，L_i 是 i 通勤模式的平均通勤距离，β_i 是 i 通勤模式的碳排放因子，驾车、公交、轨道交通和骑行的碳排放因子通常取 0.2500kg/km、0.0540 kg/km、0.0286kg/km 和 0.0072kg/km。

5.5.3.3　通勤轨迹还原

静态的职住 OD 只能反映通勤的起点和终点，不能体现居民通勤"从哪儿来，到哪儿去"的动态路径特征。利用用户长时间序列的定位数据，结合路网匹配技术，可以还原通勤路径和节点，有助于从微观层面生动刻画通勤模式和特征。本节重点介绍基于百度 LBS 数据和手机信令数据的通勤轨迹还原方法。

1. 百度 LBS 数据轨迹还原

百度 LBS 数据为主动定位数据，通过 GPS、WiFi、基站等多种途径定位，定位精度较高，但只有用户在使用百度系产品时才被记录轨迹点，所以用户的空间定位点存在不连续、打点少等问题。同时，由于用户在工作日可能存在出差、外出办事等其他非通勤行为，给通勤轨迹还原带来了干扰。

基于以上分析，利用百度用户长时间序列通勤打点和百度挖掘的通勤模式进行轨迹还原，具体算法如下：首先对数据进行脱敏处理，将定位点按时间排序，剔除异常定位点，根据停留时间和空间聚类筛选用户的有效驻留点，根据职住模型识别居住地和工作地；再利用用户长时间行为数据，识别用户通勤时间与通勤方式；调用百度路径规划 API，基于出行距离和时间成本，返回在当前通勤方式下的最佳通勤路径 2~3 条；最终计算真实定位点和最佳通勤路径匹配度，匹配度最高的路径即为最可能通勤路径。用户通勤轨迹还原数据结构如表 5-17 所示。

表 5-17　百度用户通勤轨迹还原数据结构

id	Wh_time	Hw_time	O_xy	D_xy	Distance	Cost_time	Pt_link	Types	Direciotn
1	04	19	114.3…	113.5…	4467	2455	115.6…	driving	5

每条记录代表一个人的轨迹，id 字段是记录的唯一标识码；Wh_time 和 Hw_time 分别是用户通勤下班时间和上班时间；O_xy 是居住地所在格网中心点的坐标；D_xy 是工作地

所在格网中心点的坐标；Distance 是此人通勤出行距离；Cost_time 是通勤时间，基于百度路径规划 API 获得；Pt_link 是出行的轨迹所经过格网的中心点，中心点坐标根据道路形状进行抽稀，在道路拐弯、交叉口、匝道等道路形状复杂区域点较多，在直行道路等区域点较少；Types 指的是通勤交通方式，包含 driving、riding、transit 3 种，来自百度大数据挖掘结果；Direction 是此人出行由 O 到 D 的方向。假定用户通勤上班和通勤下班经过的路径相同，若该记录表示通勤上班路径，则通勤下班路径所经过的道路格网点与通勤上班相同，但方向相反。

2. 手机信令数据轨迹还原

手机信令数据为用户被动定位数据，具有空间定位点较多且连续的特点，但受限于基站密度，定位精度相对较低。相比于百度 LBS 数据，手机信令通勤轨迹还原的关键问题是基于长时间序列定位点数据剔除非通勤行为定位点，并将定位点匹配至道路网。具体算法如下：首先，提取用户长时间序列通勤空间定位点，根据职住模型识别居住地和工作地；然后，提取用户长时间序列往返居住地和工作地之间发生了定位服务的基站，剔除异常点和出现频次较少的基站点；最后，将基站点与 OSM 路网匹配，返回所在道路的节点坐标。数据结构表 5-18 所示。

表 5-18　联通手机信令通勤轨迹出行链编码结构

Oid	Rn	Direction	Mode	Cnt	O_x	O_y	D_x	D_y
459902	1	1	0	小于 5				
459902	2	2	1	5—10				
459902	3	2	1	10—15				
459903	1	2	1	大于 15				
459904	1	1	0	……				

Oid 是用户通勤出行链的唯一编码，Rn 是该出行链中第 n 个轨迹点编号，Direction 是出行方向，编码方式与百度一致，Mode 是通勤模式，分上班和下班两种，Cnt 是当前出行链的人数统计，O_x 和 O_y 是出发地坐标，D_x 和 D_y 是目的地坐标。

3. 基于通勤轨迹还原的道路流量分析

为了将个体的通勤轨迹进行统计，需要将个体的轨迹与道路网进行匹配，根据互联网定位和手机信令数据特点，可采用基于 R 树的道路流量统计方案，如图 5-16 所示。

匹配度计算方法是根据路网数据构建 R 树索引，遍历每条轨迹中的所有记录，当在索引中找到路段后，给对应的路段匹配点数量+1，当一条轨迹遍历结束后，统计匹配点数大于 3 的路段，这些路段的流量值+1，直到所有记录遍历结束。

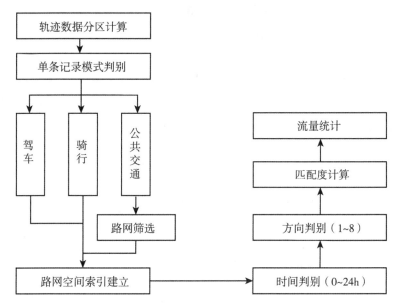

（a）基于百度轨迹的道路流量统计流程图

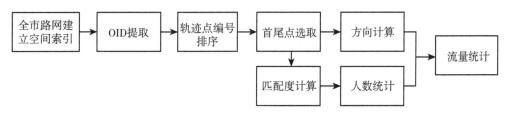

（b）基于联通轨迹的道路流量统计流程图

图 5-16　道路流量统计技术流程

4. 基于通勤轨迹还原的潮汐交通分析

随着我国城市规模的扩大，住宅区往城市外围延伸，职住分离的现象越来越明显，人群在早高峰期间向市中心汇聚，在晚高峰期间则向城市外围扩散，这种潮汐交通流造成了道路双向流量不均衡的现象，形成潮汐拥堵。

潮汐交通主要具有两个特征：一是同一路段的拥堵度具有时段双向不平衡性，表现为路段某一方向早高峰拥堵度较大，晚高峰交通流较小，而另一方向交通状况则相反，在工作日形成周期性循环；二是路段的交通状态较稳定，即一个交通状态持续的时间较长。

潮汐交通的分析方法为利用以上两个特征识别不同等级的潮汐路段。时段性双向流量不平衡性的定义如下：在一定时间段内，同一路段两个方向流量差值的平均值是否大于指定的阈值，并且在早晚两个时间段内差指的平均值是否异号。其公式为：

$$PB = \frac{\sum\limits_{i \in 高峰时期} F_{1i} - F_{2i}}{n}$$

$$\begin{cases} PB_{早} \cdot PB_{晚} < 0 \\ |PB_{早}| > a, \quad \cdot \ |PB_{早}| > a \end{cases}$$

式中，F_{1i} 指的是某一方向的流量值，F_{2i} 指的是另一方向的流量值，PB 代表早高峰或者晚高峰流量值的差指，均为基于通勤轨迹还原的道路流量，a 是阈值。

道路流量稳定性的定义：将路段某方向在指定时间范围内每个时刻的流量值与平均流量的一半做对比，如果大于或者小于平均流量的时刻数大于时刻总数量的一半，则该时段该方向路段流量的稳定性比较好。其公式为：

$$StaScore = \sum_{i \in 高峰期} \begin{cases} 1, & F_{1j} > \dfrac{F_{均}}{2} \\ 0, & F_{1j} > \dfrac{F_{均}}{2} \end{cases}$$

$$SumScore = \sum_{i=1}^{n} \begin{cases} 1, & sum(StaScore) > 2 \\ 0, & sum(StaScore) \leqslant 2_i \end{cases}$$

式中，$F_{均}$ 是平均流量，是基于通勤轨迹还原的道路平均流量，StaScore 是单路段道路流量稳定性，SumScore 是流量稳定性求和，$n=4$。

5.5.4　公交服务水平

公共交通是城市交通的重要组成部分，除应满足合理的线网密度、站点分布要求外，便捷的公交换乘也是衡量公交服务水平的重要指标。本节主要从公交基本指标评价、公交 OD 提取与换乘分析等方面介绍公交服务水平评价的理论与方法。

5.5.4.1　公交服务基本指标评价

公共交通系统主要包括常规公交、轨道交通、出租车和轮渡，其中常规公交设施包括公交基础配套站场、停靠站、公交专用道以及车辆，轨道交通包括轨道线路、地铁站和地铁，出租车包括营运车辆，轮渡包括营运船只和码头，慢行系统包括共享单车和步行系统等。基本评价指标包括公交线网密度、站点密度和覆盖度等。

1. 线网密度

公交线网密度和线路重复系数是衡量公共交通线网的基础指标，公交线网密度是单位面积内公共交通线网长度，线路重复系数反映了同一条道路上公交线路的重复数量，其公式为：

$$\rho_{线网} = \frac{L_{公交}}{S} = \frac{\sum_{i=1}^{n} l_i}{S}$$

$$\gamma = \frac{L_{公交}}{L_{有公交道路}}$$

式中，$\rho_{线网}$ 是公交线网密度，$L_{公交}$ 是公交线路总长度，S 是区域面积，γ 是公交线路重复度，$L_{有公交道路}$ 是区域内有公交线路的道路总长度。

2. 站点密度

站点密度是衡量公共交通站点分布的基础指标，是指单位面积内公共交通站点数量，包括公交和轨道交通站点。换乘系数是公共交通站点到其他站点的易达程度，通常利用接驳度和接近度表示。接驳度可利用站点周边 500 米内其他公共交通设施的数量表征，接近度是该站点到其他公共交通站点的最短路径长度之和的倒数，值越大，表明换乘越方便。

3. 覆盖度

覆盖度是公共交通站点周边一定距离内覆盖人口数量和面积的比例，常用距离指标包括欧式距离、路网距离等空间距离，以及 5 分钟、10 分钟等时间距离。

除上述指标外，轨道交通覆盖通勤人口占比和 45 分钟公交服务能力占比也是常用指标。轨道交通覆盖通勤人口占比是居住地和就业地均在轨道交通站点 800 米、1000 米覆盖范围内的通勤人口比重，值越高说明轨道交通对通勤出行的支撑作用越好。45 分钟公交服务能力占比是 45 分钟内能够通过公共交通完成通勤出行的人口比重，值越高，表明公共交通系统对通勤出行的保障越好。

5.5.4.2 公交 OD 提取与换乘分析

公交车辆 GPS、公交刷卡、手机信令和网络位置服务等大数据的广泛应用，为公交 OD 提取与换乘分析提供了全新的手段。

1. 公交刷卡数据匹配

原始公交刷卡数据通常只有用户 ID、线路名称、刷卡时间和刷卡设备 ID 等属性，缺少上车站点信息，因而需要结合公交车运行轨迹数据和公交站点坐标数据，识别刷卡数据的上车站点。主要流程(图 5-17)如下：

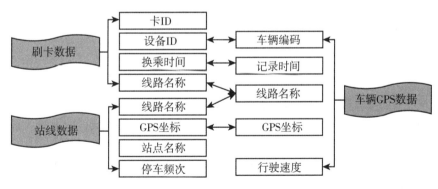

图 5-17　公交刷卡数据关系

(1)定义公交刷卡数据匹配规则：公交车 GPS 轨迹的最早记录时间应不大于刷卡数据的最早记录时间，且最晚记录时间应不小于刷卡数据的最晚记录时间；公交车在规定站点停靠一段时间，与站点的距离应不大于 d 且运行速度应不大于 v(取 $d = 30\mathrm{m}$，$v = 2\mathrm{km/h}$)，绝大多数乘客在公交车停靠时间内完成刷卡事务。

(2)对于每条公交线路，利用匹配规则重复计算不同 IC 卡与不同车辆之间的匹配规律，取匹配结果概率之和最大的最优解，剔除匹配概率为 0 的异常刷卡数据，完成所有设备编号之间的匹配。

（3）基于（2）中设备编号的匹配，将刷卡数据匹配到时间差最近的公交车 GPS 轨迹上，采用距离公交车 GPS 轨迹点最近的公交站点作为刷卡数据的上车站点，并取公交车的运行方向为刷卡数据的上车方向。

2. 公交出行 OD 提取

公交 IC 卡数据是获取公交出行信息最简单、最直接的方式，但大多数公交车的 IC 卡收费系统采用一票制收费，即仅上车刷卡、下车不需要刷卡，导致无法直接提取公交出行 OD，一般需要通过各种概率模型或引力模型推导公交出行 OD。常用的方法模型包括概率论模型、结构优化模型、双层网络规划模型、基于乘距的概率推断方法等，基本思路都是估算站点 A 上车的乘客在站点 B 下车的概率。其中，概率论模型是公交乘客出行站数与概率之间的关系模型，基于少量站点的上下客乘客调查数据，利用概率论模型推导公交出行 OD。结构优化模型通过吸引权系数，建立公交上下站之间的指数分布模型。双层网络规划模型是通过设置上下层模型和约束条件，利用遗传算法等求解模型。基于乘距的概率推断方法假设乘客乘坐站数呈现泊松分布，不同线路的平均乘距不同，通常根据交通调查确定主要参数。

除公交 IC 卡数据外，站点周边设施、用地等类型数据也常用于出行 OD 推导。一般来说，站点周边设施、用地及站点性质不同，致使不同站点上下车客流并非均衡分布，若站点附近拥有大型购物娱乐设施或交通枢纽，则站点上下车人数较多，客流吸引力较大。此时，乘客在某站点的下车概率与乘车距离和站点吸引力强度有关，其公式为：

$$P_{ij} = \frac{F_{ij} \times W_j}{\sum_{k=i+1}^{n} (F_{ik} \times W_k)}$$

$$W_j = \frac{S_j}{\sum_{k=1}^{n} S_k}$$

式中，P_{ij} 是综合考虑了乘车距离和吸引力强度的 i 站上车 j 站下车概率，F_{ij} 是只考虑了乘车距离的 i 站上车 j 站下车概率，W_j 是 j 站的吸引力强度，S_j 是站点 j 的上车人数。

3. 地铁出行 OD 提取

通常情况下，原始地铁刷卡数据无进出站 OD 信息，在分析前必须要提取地铁出行的 OD 数据，主要步骤包括：

（1）根据地铁刷卡数据的用户 ID 唯一标识码，提取每一个用户 ID 的刷卡事务，其中进出站的标识码分别为 0 和 1。

（2）对每个用户的刷卡事务按照时间排序，将出站刷卡事务视为一条事务的终止点，寻找与之匹配的进站事务，当且仅当进站事务发生在出站事务之前且两者之间没有其他进出事务时，形成一条完整的地铁刷卡 OD 链，否则舍弃该条事务。

（3）循环完成所有事务的匹配，生成所有地铁刷卡数据 OD 数据链。

4. 公交-轨道交通换乘分析

换乘是在一次出行中连续多次乘坐公共交通的行为，由于出发地和目的地之间无直接到达的公共交通线路，或者需要绕行较远距离，通常需要靠换乘来完成。

由于出行目的的多样化，通常根据出行时间和空间约束识别换乘行为。换乘需要在一定时间内完成，并且步行距离不能太远。一般而言，公交和公交换乘的站点距离在 800 米之内，公交和轨道交通换乘站点距离在 1000 米之内，换乘时间在 30 分钟以内。由于多数城市的公交 IC 卡收费系统不记录下车点和下车时刻，还需要根据刷卡时间设置合理的时间阈值，考虑到总出行时间、换乘时间等因素，一般设置两次刷卡时间差小于 60 分钟。

识别换乘行为后，即可进行公交-轨道交通换乘特征分析，常用的特征指标包括平均换乘时间、平均换乘距离、运能匹配度、人均换乘面积、换乘运距比率和人均出行费用等。

平均换乘时间表示乘客从公交下车到轨道站点进站，或轨道站点出站到公交上车过程中总花费的时间。平均换乘距离表示乘客从公交站点到轨道站点的空间距离。运能匹配度是高峰时段轨道交通站点的客运量和常规公交运力的比值，反映高峰时段轨道交通站点转移换乘客流的及时性能力。人均换乘面积用于衡量换乘站的拥塞程度，面积越小，说明高峰时段站内越拥挤。换乘运距比率是累积换乘时间后 20% 的时间与前 20% 的时间的比值，值越大，说明换乘点分布越不平衡，辐射区位置越分散，会影响换乘效率。人均出行费用是平均每次换乘车票成本。其公式为：

$$L_h = 60 \times \left(\frac{T_p}{I_s} + I \right) \times Q_m \times \frac{\alpha}{T_p}$$

$$C_b = 60 \times B_b \times J_b \times \frac{P_s \, \eta_s + P_b \, \eta_t - P_b \, \eta_r}{I_p}$$

$$\beta = \frac{L_h}{C_b}$$

式中，L_h 是换乘客流量，C_b 是地面公交运输能力，β 是运能匹配度，T_p 是高峰时长，I_s 是高峰时段轨道交通发车间隔，Q_m 是站点每小时进站客流量，α 是轨道站点换乘客流与公交下车人流占比，P_s 和 P_b 是公交车从轨道站点始发和途经的车次数量，B_b 是公交额定人数，J_b 是其他车型对常规车型的折算系数，η_s、η_t、η_r 是常规公交的满载率、实际载客率和极限载客率，I_p 是公交车的发车间隔。当 $\beta > 1$ 时，表明二者的运能匹配度较高，β 越大，说明轨道交通的运输能力越好；当 $\beta < 1$ 时，表明二者的接运能力不匹配。

5. 公交/轨道交通-骑行换乘分析

共享单车是一种新型的城市交通模式，2015 年后，摩拜、ofo、哈啰等第 4 代共享单车在我国各大城市快速发展，为城市公共交通"最后一公里"出行提供了新的解决方案。骑行出行目的主要以通勤和休闲娱乐为主，骑行出行模式包括两种：第一种出行为"全程模式"，即以骑行为唯一的出行方式；第二种为"换乘模式"，将骑行作为两种公共交通工具间换乘和公共交通"第一/最后一公里"的出行工具。由于难以建立公共交通刷卡数据和骑行数据之间的关联，所以通常认为以公交站点和轨道交通站点为起点或终点的骑行都体现了公共交通和骑行的换乘。

　　由于第 4 代共享单车没有固定的停放桩，骑行的起终点较为随机地分布在公共交通站点周边范围内。在实际研究中，通常设定公共交通站点的缓冲区，以该范围内的骑行出行分析公共交通和骑行的换乘特征。常用的特征包括不同时段的出行热力、出行距离、出行时间等，骑行热力表征公共交通-骑行的换乘需求，出行距离表征公共交通-骑行的辐射范围。常用的表现形式除常规的折线图、柱状图等统计图表外，还有空间热力图、流向图、路线图。

5.6　基本公共服务分析评价

　　基本公共服务是指由政府提供的、用于保障全体公民的生存权和发展权的公共产品或服务，考虑的是人类最根本的公共需求，主要包括教育、医疗、社会福利等基本公共服务。近几年，基本公共服务评价主要集中在均等化评价、配置水平评价、服务质量评价等方面，大数据的发展为识别公共设施服务区提供了新的手段。

　　本节从公共服务均等化、城市与社区宜居性、15 分钟生活圈、功能中心识别和服务范围识别等方面，介绍城市地理国情监测中关于基本公共服务分析评价的基本理论与方法。

5.6.1　基本公共服务均等化

　　基本公共服务均等化是指全体公民都能公平可及地获得大致均等的基本公共服务。基本公共服务均等化的内涵不仅局限在数量上，还要考虑地区、年龄、性别、收入水平、行为能力等多方面的差异。本节从教育、医疗和社会福利等基本公共服务设施的保障度、服务水平、均匀度和便捷度等方面，介绍基本公共服务均等化分析评价的有关方法。

5.6.1.1　保障度

　　保障度是基本公共服务资源的总体统计，从供给的角度反映基本公共服务设施的数量。一般以统计年鉴和行业专题资料为基础，按不同统计单元、不同类别进行统计分析。教育设施按普通高等院校、普通中学、技工学校、中等职业学校、小学和幼儿园等统计，医疗卫生机构按医院(三级、二级、一级)、基层医疗卫生机构(社区卫生服务中心(站)、乡镇卫生院、村卫生室、诊所)、专业公共卫生机构(专科疾病防治机构、妇幼保健机构、卫生计生监督机构、疾病预防控制中心)分类统计，社会福利机构按社会福利院、儿童福利院分类统计。

5.6.1.2　服务水平

　　服务水平一般以各类基本公共服务设施保障度为基础，结合人口数据，计算基本公共服务设施的人均拥有水平，以评价不同统计单元的基本公共服务供需水平差异。不同的基本公共服务设施采用不同的服务水平评价指标，可结合国家标准或行业标准开展对标分析，以发现公共服务设施在数量供给上的优势与短板。本节重点介绍教育、医疗和社会福利设施的服务水平评价方法。

1. 教育设施服务水平

教育设施服务水平评价一般采用生师比和学位剩余容量两个指标。

生师比是指某学年内某级教育中每位专任教师平均所教的学生数，可用于反映教师数量充足程度。生师比数值越高，表明每位教师平均所教的学生越多；数值越小，表明平均每位教师所教的学生越少，老师有更多精力去关注每一个学生，有助于取得更好的教育效果，但值过低则表明存在一定的资源浪费。其公式为：

$$生师比 = \frac{某一级教育在校生总数}{该级教育专任教师总数}$$

学位剩余容量是指一所学校能提供的学位总容量与在校学生数的差值，其公式为：

$$学位剩余容量 = 学位总容量 - 在校学生数$$

2. 医疗机构服务水平

医疗机构服务水平评价一般采用每千人口执业（助理）医师数、每千人口注册护士数和每千人口医疗卫生机构床位数 3 个指标，其公式分别为：

$$每千人口执业（助理）医师数 = \frac{执业医师数 + 执业助理医师数}{常住人口数} \times 1000$$

$$每千人口注册护士数 = \frac{注册护士数}{常住人口数} \times 1000$$

$$每千人口医疗卫生机构床位数 = \frac{医疗卫生机构床位数}{常住人口数} \times 1000$$

3. 社会福利机构服务水平

社会福利机构服务水平评价一般采用每千人口社会福利机构床位数指标，其公式为：

$$每千人口社会福利机构床位数 = \frac{社会福利机构床位数}{60 岁以上老龄人口数} \times 1000$$

各类基本公共服务设施服务水平指标参考标准见表 5-19。

表 5-19　各类基本公共服务设施服务水平指标参考标准

设施类别	指标	参考标准	参考标准来源
教育	生师比	城市高中　12.5：1 城市初中　13.5：1 城市小学　19：1	《关于制定中小学教职工编制标准的意见》
医疗	每千人口执业（助理）医师数	3.2 人	《国民经济和社会发展第十四个五年规划和二〇三五年远景目标》
	每千人口注册护士数	3.8 人	

5.6.1.3　均匀度

常用的均匀度评价指标主要分为各类设施一定范围内服务面积覆盖率和服务人口覆盖率两类，后者更能反映各类设施在空间布局上的供需水平，这里重点介绍基于人口覆盖率的均匀度评价方法。

基于人口覆盖率的均匀度评价是基于路网数据集，统计以某一公共设施为中心，一定距离或时间成本服务半径所覆盖的人口数量占区域总人口数量的比例。不同的公共服务设施服务的人口对象不同，教育设施分别对应 6~11 岁小学和 12~17 岁中学的适龄人口，医疗设施主要服务于全口径常住人口，社会福利设施主要服务于 60 岁以上老龄人口。不同公共服务设施的服务半径有不同的参考标准见表 5-20。

表 5-20　各类基本公共服务设施服务半径参考标准

设施类别	指标	距离成本参考标准	时间成本参考标准	参考标准来源
教育	幼儿园服务半径	300 米	步行约 5 分钟	—
	小学服务半径	城市地区　500 米 乡村地区　1000 米	步行约 10 分钟	《中小学校建筑设计规范》（GBJ 99—86）、《国土空间规划城市体检评估规程》
	中学服务半径	城市地区　1000 米 乡村地区　2000 米	步行约 15 分钟	
医疗	区级及以上医院(除专科医院)服务半径	2000 米	—	《城市公共服务设施规划标准（修订）》（GB50442）
	社区服务中心服务半径	1000 米	步行约 15 分钟	《国土空间规划城市体检评估规程》
	卫生服务站服务半径	300 米	步行约 5 分钟	
社会福利	社会福利机构服务半径	—	车行 30 分钟	—

5.6.1.4　便捷度

便捷度评价一般从出行者的角度出发，衡量居民获取基本公共服务的容易程度，是评价基本公共服务设施空间布局合理性和居民生活品质的关键指标之一。常见评价指标包括平均最小邻近距离、服务范围内平均可达时间和服务范围内最长可达时间，常用计算方法有栅格成本距离法、两步移动搜索法和优化模型法。

1. 栅格成本距离法

栅格成本距离分析法是将研究区域划分成一定大小的栅格，根据每个栅格所在位置的土地类型或者道路等级设置其成本值，采用节点、连线计算法则，通过迭代运算计算出每个栅格到源栅格的所有可能路径及其累计成本，并将最低累计成本的值赋给该栅格。GIS中的栅格成本距离分析通常使用成本距离分析。

2. 两步移动搜索法

两步移动搜索法是一种考虑供需关系的可达性模型。高斯两步移动搜索法是这一方法的改进版本，它在计算可达性的过程中考虑了搜索半径内部的距离差异性，增加了距离衰减系数，能够更为准确地描述研究对象的可达性随距离衰减而变化的特征，算法的关键是设定合理的搜索半径和距离衰减参数。具体公式详见 5.5.1.3 节。

3. 优化模型法

优化模型法采用最小阻抗模型和最大化覆盖范围模型相结合的多因素考量方法。最小阻抗模型是在所有候选的设施选址中，按给定的数目挑选出设施的空间位置，使得所有使用者到达距他最近设施的出行距离之和最短。最大化覆盖范围模型是在所有候选的设施选址中，按给定数目挑选出设施的空间位置，使得在设施最大服务半径之内的设施需求点最多。

1）最小阻抗模型

最小阻抗模型的核心是最短路径算法，其公式为：

$$L_{ab} = D_{ab} + \sum_{n=1}^{n} X_n$$

式中，L_{ab} 代表节点对 (a, b) 路径上的总阻抗，D_{ab} 代表节点对 (a, b) 路径上所有路段的阻抗，X_n 指在路段上到第 n 个节点的阻抗。

2）最大化覆盖范围模型

模拟最大化覆盖范围模型的数学原理，其公式为：

$$Q.T. \begin{cases} \sum_{a=1}^{n} C_{ab} X_a - Y_b \geq 0 \\ \sum_{a=1}^{n} X = D \\ X_a Y_b = 0 \text{ 或 } 1 \end{cases}$$

式中，X_a、$Y_b (a = 1, 2, \cdots, n; b = 1, 2, \cdots, m)$ 是决策变量，Q_a 表示请求点到设施点的综合布局指数（阻抗），C_{ab} 为二元值系数，D 为指定的设施布局数量。

5.6.2 城市与社区宜居性

2005 年，我国首次提出了"宜居城市"的理念。2007 年，中国城市科学研究会发布了《宜居城市科学评价标准》。目前，国内有关宜居评价的研究多集中在宜居城市和宜居社区两个方面。

5.6.2.1　宜居城市评价

宜居城市评价一般基于统计年鉴数据，以社会经济、人民生活、生态环境为落脚点，选取宏观指标，重点关注城市发展的协调性与可持续性，便于全国范围内开展城市间的横向比较。国内外宜居城市相关评价指标体系如表 5-21 所示。

表 5-21　国内外宜居城市相关评价指标体系

指标名称	评价内容	指标体系框架	评价方法
全球宜居城市评选指数体系	安定性、医疗卫生、文化与环境、基础设施、教育	二级指标体系：5 个一级指标，30 个二级指标	综合评分
宜居城市科学评价标准	社会文明度、经济富裕度、环境优美度、资源承载度、生活便宜度、公共安全度	三级指标体系：6 个一级指标，27 个二级指标，61 个三级指标，4 个否决项	综合评分+一票否决
英国 BREEAM-Communities 体系	气候和能源、资源、交通、生态、商业、社区、场地塑造、建筑	二级指标体系：8 个一级指标，51 个二级指标	综合评分
美国 LEED-ND 体系	节约土地、环境保护、紧凑完善和谐社区、资源节约、其他	二级指标体系：5 个方向，69 个评价要点	综合评分(必要项和得分项)
广东省创建宜居城乡工作绩效考核指标	创建实绩、组织保障、公众和专家满意度	二级指标体系：3 个一级指标，26 个二级指标	综合评分

以武汉市为例，从社会和谐度、经济富裕度、环境优美度、资源承载度、生活便宜度和公共安全度 6 个方面，构建了包含 11 个二级指数和 43 个三级指标的城市宜居性评价指标体系，如表 5-22 所示。

表 5-22　城市宜居性综合分析评价指标体系

一级指数	二级指数	三级指标	标准值
社会保障		城镇医保覆盖度	100
		城市最低生活保障(城镇)	400
经济富裕度	收入与消费	人均 GDP	8
		城镇居民人均可支配收入	30000
		人均财政收入	20000
		CPI(居民消费价格指数)	104
	就业水平	失业率	4
		第三产业就业人口占就业总人口的比例	70

一级指数	二级指数	三级指标	标准值
环境优美度	生态环境	城市空气质量达标天数	365
		集中式饮水水源地水质达标率	100
		城市工业污水处理率	100
		城镇生活垃圾无害化处理率	100
		噪声达标区覆盖度	100
		工业固体废物处置利用率	100
		人均公共绿地面积	10
		城市绿化覆盖度	35
		水域面积占比	0.08
	气候环境	加分：全年15~25℃气温天数超过180天，加1分	/
		扣分：全年灾害性气候天数超过36天，扣2分	/
资源承载度		人均可用淡水资源量	1000
		工业用水重复利用率	100
		人均城市建设用地面积	115
生活便宜度	城市交通	人均拥有道路面积	15
		城市路网密度	80
		拥堵指数	1
		公共交通分担率	35
		主城区轨道交通线网密度	0.6
生活便宜度	商业	1000m范围内拥有超市的居住区比例	100
	市政设施	城市燃气普及率	100
		互联网普及率	100
		每万人公厕数	2.75
	教育文化体育设施	500m范围内拥有小学的社区比例	100
		1000m范围内拥有中学的社区比例	100
		每百万人拥有影院和剧院，图书馆，博物馆	30
		1000m范围内拥有免费开放体育设施的居住区比例	100
		距离免费开放式公园500m的居住区比例	100

续表

一级指数	二级指数	三级指标	标准值
生活便宜度	城市住房	人均住房建筑面积	26
	公共卫生	社区卫生服务机构覆盖度	100
		每千人医院床位数	4.8
		人均寿命指标	75
公共安全度	社会安全	道路事故死亡率	10
		刑事案件发案率	5
		消防机构服务半径覆盖度	100
综合评价否定条件	社会矛盾突出，刑事案件发案率明显高于全国平均水平的		
	基尼系数大于 0.6 导致社会贫富两级严重分化的		
	近三年曾被国家环保局公布为年度"十大污染城市"的		
	区域淡水资源严重缺乏或生态环境严重恶化的（人均淡水资源 $500 m^3$ 以下或河流水质普遍劣于 Ⅳ 类或 Ⅱ 级以上空气质量天数不足 260 天/年）		

5.6.2.2　宜居社区评价

宜居社区评价一般融合调查监测空间数据、社会经济统计数据和新兴大数据，从微观尺度反映城市公共服务配套水平和居民生活质量的区域差异。国内外宜居社区相关评价指标体系如表 5-23 所示。

表 5-23　国内外宜居社区相关评价指标体系分析

指标名称	评价内容	指标体系框架	评价方法
美国建筑师协会宜居社区评价原则	人性化设计、多样性的选择、土地混合使用开发、保护城市中心、多样化交通选择、构建充满活力的公共空间、建立和谐的邻里关系、保护环境资源、保护景观和优秀设计	一级指标体系	原则性判断方法
城市宜居社区综合评价指标体系	社区居民生活水平、社区环境、社区设施、社区管理与服务、社区文明	三级指标体系：5 个一级指标，15 个二级指标，39 个三级指标	综合评分

续表

指标名称	评价内容	指标体系框架	评价方法
城市宜居社区评估指标体系	社区文明、社区环境、社区生活便宜、社区数字化管理、社区公共安全、社区居民生活	二级指标体系：6个一级指标，20个二级指标	层次分析法
生态宜居社区评价指标体系	社区居住环境、生活方便、生活水平、生态技术、管理服务	三级指标体系：5个一级指标，16个二级指标，53项三级指标	模糊综合评价方法
乌鲁木齐创建宜居社区实施方案	园林绿化、环境卫生、环境保护、物业管理、社区容貌、市政公用基础设施建设管理	二级指标体系：6个一级指标，27个二级指标	自愿申报，逐级推荐，综合评定
老工业搬迁区宜居社区评价指标体系	社区文明、社区环境、社区生活便宜、社区居民生活水平、社区公共安全	三级指标体系：5个一级指标，17个二级指标，70个三级指标	层次分析法
智慧社区评价指标体系	保障体系、基础设施与建筑环境、社区治理与公共服务、小区管理、便民服务、主题社区	三级指标体系：6个一级指标，23个二级指标，87个三级指标	综合评分(一般项+控制项)

以武汉市为例，从生活便利性、交通便捷性、环境健康性、居住舒适性和社区安全性五个方面，构建了社区宜居性评价指标体系，如表 5-24 所示。

表 5-24 社区宜居性评价指标体系及计算方法

一级指数	二级指数	三级指标及数据计算方法
生活便利性	教育设施	幼儿园 300m 缓冲区覆盖度
		小学 500m 缓冲区覆盖度
		中学 1000m 缓冲区覆盖度
	医疗福利设施	社会福利院 2000m 缓冲区覆盖度
		养老设施 1000m 缓冲区覆盖度
		三级医院 12000m 缓冲区覆盖度
		二级医院 6000m 缓冲区覆盖度
		一级医院 2000m 缓冲区覆盖度
		社区诊所 500m 缓冲区覆盖度

续表

一级指数	二级指数	三级指标及数据计算方法
生活便利性	商业服务设施	商业服务(银行保险营业厅)2000m 缓冲区覆盖度
		生活服务(超市商场农贸)1000m 缓冲区覆盖度
	文化体育设施	文化体育设施(博物馆、图书馆、景区、剧院、星级饭店、影院、公园广场、体育馆)4000m 缓冲区覆盖度
	其它公共设施	停车位(地下车库)200m 缓冲区覆盖度
		给水管线、排水管线、电力管线、通讯管线、燃气管线、热力管线、工业管线、专用管线密度
		药店 300m 缓冲区覆盖度
交通便捷性	公交交通设施	公交站点 300m 缓冲区覆盖度
	道路设施	道路(包括公路、城市道路、乡村道路)密度
	轨道交通设施	轨道交通站点 500m 缓冲区覆盖度
环境健康性	噪声	建筑工地噪声 1000m 影响范围面积占比
		道路噪声 1000m 影响范围面积占比
	环境质量	空气质量优良天数占比
		城市黑臭水体 200m 影响范围面积占比
		垃圾处理厂、垃圾中转站 3000m 缓冲区覆盖度
	重点污染源(一票否决)	重点污染源 1000m 影响范围面积占比
居住舒适性	小区等级	居住小区平均等级
	建筑物密度	房屋建筑(区)占地面积比
	水资源	水域面积占比
	社区绿地	绿地面积占比
社区安全性	消防机构	消防中队 3000m 缓冲区覆盖度
		消防支队 2000m 缓冲区覆盖度
社区安全性	警务机构	公安局 2000m 缓冲区覆盖度
		派出所 800m 缓冲区覆盖度
		社区警务室 500m 缓冲区覆盖度

5.6.3　15分钟生活圈

"生活圈"的概念源于日本，日本在《农村生活环境整备计划》中提出生活圈是指某一特定地理、社会村落范围内的人们日常生产、生活等诸多活动在地理平面上的分布，以一定人口的村落、一定距离圈域作为基准，将生活圈按照"村落—大字—旧村—市町村—地方都市圈"进行层次划分。社区生活圈是具有地理、社会和个体感知等综合维度的生活空间，其内涵与外延均超越了传统居住区所涵盖的范畴，更加强调对人们生活方式的关注，注重人们对生活质量提升的追求。15分钟生活圈反映了居民能否在一定步行时间范围内获得教育、文体、医疗卫生、市政设施、交通服务、公共环境等公共服务，体现了设施供给和居民需求之间的供需关系。

15分钟生活圈主要聚焦于与日常生活关系密切的公共服务设施，一般是居住区及以下级别的公共服务设施，对应步行时间为15分钟，服务半径为1000米左右。主要设施类型包括教育(初中、小学、幼儿园等)、文化(文化活动中心、文化室等)、体育(居住区体育中心、体育健身点等)、医疗卫生(社区卫生服务中心、社区卫生站等)、养老(居住区养老院、居家养老服务照料中心等)及农贸市场等。如图5-18所示。

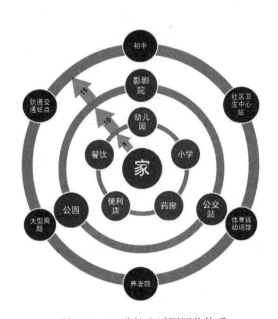

图5-18　15分钟生活圈评价体系

5.6.3.1　基于居住用地的密度分析

基于居住用地的密度分析是在密度估计的基础上提出来的，以居住人口为需求方，以设施容量为供给方，利用密度指标分析供需关系，涵盖文化、体育、医疗卫生、养老、农贸市场等与日常生活密切相关的设施，进行综合叠加分析，评价15分钟公共服务水平，判定 15 分钟公共生活圈。

基于居住用地的密度分析方法的操作步骤主要包括：

(1)划定服务范围。采用圆形邻近分配方法，即在划定设施服务区时，既考虑各类设施的最大服务半径，又对重叠区域采用邻近分配的方法进行划定，使得每处设施服务范围不重叠。

(2)分配供给容量。因为居住区及以下级别的公共服务设施主要以人均建筑面积指标进行控制，很多设施对用地面积都没有要求，所以以设施的建筑面积作为供给容量，将某类设施的建筑面积平均分配到服务范围内的居住用地上，得到设施供给密度。

(3)测算需求量。首先测算每块居住用地上的人口数量，然后根据相关标准测算每块居住用地上的设施需求量，并将需求量平均分配到该居住用地上，得到设施需求密度。

(4)供需叠加分析。将各类设施的供需密度单独进行叠加，供给密度减去需求密度，如果出现供给大于需求，说明该区域设施供给充足，满足标准要求；如果供给小于需求，则说明该区域设施供给不足，需要提高设施规模或增加设施布点。设施单独供需叠加分析可以揭示某类设施的盈余和缺口情况。

(5)15 分钟公共生活圈判定。为了避免直接将各类设施的供需分析叠加而造成部分设施盈余抵消其他设施缺口的情况，先对各类设施的供需分析进行校止，即对于每类设施供给大于需求的居住地块将供需差距设置为 0，避免出现相互抵消的情况；再将所有设施供需结果进行叠加，得到 15 分钟公共服务水平校正评价结果，叠加后其值仍为 0 的区域即为满足 15 分钟公共服务圈要求的区域。

(6)15 分钟公共服务水平评价。对于满足 15 分钟公共服务圈要求的区域，其值为各类设施盈余的叠加；而对于不满足 15 分钟公共服务圈要求的区域，其值为各类设施缺口的叠加；最终得到 15 分钟公共服务水平评价结果，并分别评价其 15 分钟服务水平的高低，重点分析不满足 15 分钟公共服务圈范围内存在缺口的设施类型和缺口数值，为设施布局优化提出指引。

5.6.3.2　基于高德 API 的 15 分钟"红黄绿"分区评价

一般选取教育(幼儿园、小学、初中)、医疗(社区卫生中心(站)、药店)、社会福利(养老院)、商超(便捷超市、餐饮店、大型商场)、文娱体育(影剧院、公园绿地、体育运动场馆)和公共交通(公交站点、轨道交通站点)等 6 大类 14 项设施作为评价对象，构建社区生活圈设施体系，调用高德 API 获取社区 5 分钟、10 分钟、15 分钟步行可达区域，按照设施体系统计各时间圈层内是否拥有各类设施，构建"红黄绿"分区，技术路线如图5-19 所示。

5.6.4　功能中心识别

功能空间是城市内部某类功能要素的集聚区，包括居住空间、工业空间、金融商务空间、休闲娱乐空间、公共管理空间等。功能中心是基于功能空间识别的基础上，将功能要素高度集聚区域定义为典型功能中心。

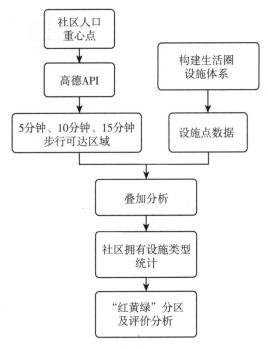

图 5-19　15 分钟生活圈评价技术路线

5.6.4.1　基于核密度与 Getis-Ord Gi* 的城市功能空间识别

城市设施兴趣点（POI）在局部地理空间下往往呈现聚集型分布特征（即热点），表达该特征的核密度法（kernel density estimation）是最常用的可视化工具。核密度法是对空间现象的一种场表达，各地理单元根据其与相邻设施点的空间关系决定单元的点聚集强度，即密度属性值。核密度用于分析空间过程的一阶属性，若引入空间自相关方法计算地理单元分布强度在邻近区域内的显著水平，可以挖掘深层次的量化信息，特别是在预期空间随机的假设模式下，验证聚类的空间分布特征。

热点是由高值对象的地理次序或地理位置造成的，一般来说，高值对象在局部空间内频繁聚集出现可形成热点区域。城市功能空间代表某种功能服务水平的高值集聚区，功能空间的界限定义为功能要素集聚水平高值地区向低值地区转变的突变地带，而热点区域内的数值是显著高于周边邻近地区的，其界线意义与功能空间边界类似。

已有研究证实，考虑到城市基础设施服务的空间位置差异，利用核密度方法进行量化热点分析，可以更好地获取城市功能服务分布的连续性、区域性特征。基于核密度与 Getis-Ord Gi* 的城市功能空间识别方法为：首先基于"距离衰减效应"计算地理单元的属性值，然后采用 Getis-Ord Gi* 统计指数定量分析设施 POI 点的局部空间相关性特征。与传统基于样方法的空间自相关相比，核密度法由于顾及了地理学第一定律的区位影响，计算获得的地理单元属性值可保留空间的细节信息，热点的空间自相关分析结果可以反映设施服务影响的连续性特征，如图 5-20 所示。

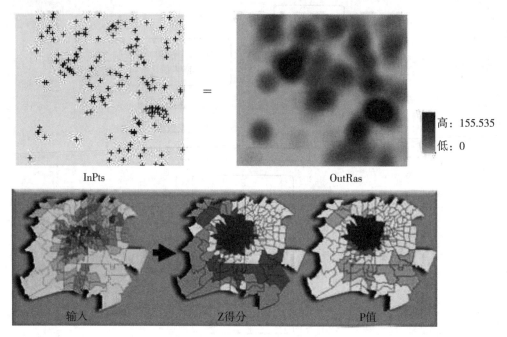

图 5-20　核密度与 Getis-Ord Gi*

5.6.4.2　基于重尾分布法的城市功能中心等级划分

在城市各类功能空间识别的基础上，需要根据各类功能密度属性值进行中心阈值划分来确定不同类型功能中心的具体位置。一般基于 Matlab 对不同类型功能密度属性值进行曲线拟合，密度分布曲线的形态直观地反映了功能要素的集聚形态，一般表现为重尾分布。曲线斜率越大，表示要素越向中心集聚，要素密度随着距中心距离的增加而快速下降；曲线斜率越小，表示要素集聚程度较低，要素密度呈现缓慢下降的蔓延分布特征。因此，通过对拟合曲线函数进行求导，获取各功能曲线的斜率值，以趋势曲线分布斜率突变处为等级分界点，划分功能中心。

5.6.5　服务范围识别

传统公共服务设施的服务范围通常通过构建缓冲区来反映理论服务区的情况，但是优质的教育、医疗资源具有明显的跨区域特征，其辐射范围已经超过行政区划界限。对于教育设施，由于城市就学的高中生已普遍持有个人手机，因此基于手机信令数据的非职住到访人口出行 OD 数据，提取早上 7:00—8:00 内抵达学校区域的手机用户，识别出在该校就学的学生。对于医疗设施，基于非职住人口的出行 OD 数据，排除医院工作人员的干扰，分别识别本地和外地人口的就医行为，统计跨地区就医比例，技术路线如图 5-21 所示，实际服务范围识别结果示例如图 5-22 所示。

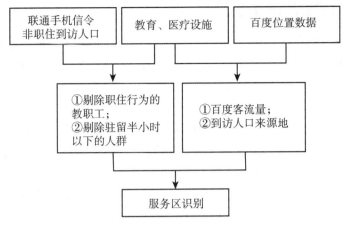

图 5-21 服务区识别技术路线

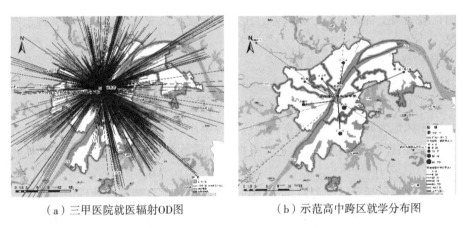

（a）三甲医院就医辐射OD图　　　　（b）示范高中跨区就学分布图

图 5-22 服务区识别结果示例图

5.7 资源环境分析评价

资源环境是指影响人类生存和发展的各种天然的和经过人工改造的自然因素及其场所条件的总称。本节从自然资源、生态系统、资源环境承载能力、低碳城市和海绵城市等方面，介绍城市地理国情监测中关于资源环境分析评价的基本理论和方法。

5.7.1 自然资源

自然资源调查与监测涉及国家安全和发展，其成果是各级政府管理工作的重要基础依据。目前，各部门已经组织开展了多项调查与监测工作，对国民经济发展、生态环境治理、科学管理决策等发挥了重大作用。

5.7.1.1　自然资源调查与监测

自然资源是指天然存在、有使用价值、可提高人类当前和未来福利的自然环境因素的总和。在国土开发利用中，自然资源包括土地资源、气候资源、水资源、生物资源、矿产资源、海洋资源、能源资源、旅游资源等。目前我国针对各项资源开展了不同的调查。

1. 土地资源调查

1984 年、2007 年和 2017 年我国分别组织开展了第一次、第二次和第三次全国土地调查工作，由于机构设置调整，2018 年第三次全国土地调查调整为第三次全国国土调查。国土调查包括土地利用现状及变化调查、土地权属及变化调查和土地条件调查，调查土地的地类、位置、面积和分布，土地的所有权和使用权以及土地的自然条件、社会经济条件等属性。调查之后，按年度开展土地利用变更调查。

2022 年 2 月，国务院部署开展第三次全国土壤普查，计划用 3 年时间完成全国耕地、园地、林地、草地等农用地和部分未利用地的土壤性状、类型、立地条件和利用状况普查，全面查清我国土壤类型及分布规律、土壤资源现状及变化趋势，准确掌握土壤质量和利用状况。

2. 森林、草原和湿地资源调查

森林资源调查分为三类：一类调查以全国或大林区为调查对象，主要调查内容包括面积、蓄积量、生长量和更新采伐等，周期为 5 年；二类调查以林业基层生产单位管辖所有森林、林木和林地为调查对象，调查内容包括各类小斑的面积、蓄积量、生长量等，周期为 10 年；三类调查在二类调查基础上，根据规划设计要求逐年进行，由县级林业主管部门组织实施。

草原资源调查包括草原资源数量调查和质量评价，主要调查草地资源的数量、质量和分布，以及草地类型、植物资源、动物资源、水土资源和经营状况，评价草原等级和草原退化、沙化、盐渍化和石漠化情况。

我国于 1996—2003 年组织完成了首次全国湿地资源调查工作，全面系统地查清了面积 100 公顷以上的湿地类型、面积与分布，并于 2009—2013 年完成了第二次全国湿地资源调查。调查内容包括近海与海岸湿地、湖泊湿地、河流湿地、沼泽湿地、人工湿地的面积、分布，以及水源补给状况、地表水水质、优势植物、野生动物、生物多样性等。

2022 年 4 月，自然资源部、国家林草局联合部署开展全国森林、草原和湿地调查监测工作，以国土三调及年度变更调查为基础，摸清全国森林、草原和湿地资源的分布、种类、数量、质量、结构和生态状况，以及变化情况。

3. 水资源调查与监测

水资源调查与监测包括水文监测、水利普查和水资源调查监测等。

水文监测的主要内容包括大江大河水情、大型水库水情、重点站雨情、全国日雨量、卫星云图等，主要成果包括水资源公报、河流泥沙公报、水资源质量年报、水旱灾难公报、水土保持公报以及各类水质、水量安全信息等。

我国于 2010—2012 年组织完成第一次全国水利普查,全面摸清了我国江河湖泊和水利工程的基本情况,系统掌握了江河湖泊开发治理保护状况,并于 2013 年发布了《第一次全国水利普查公报》。

2023 年 11 月,自然资源部部署开展全国水资源基础调查工作,包括水域空间、水储存量、水资源量、水资源质量、年度变化和专题调查评价,计划用 3 年时间掌握全国、流域及区域水资源数量、质量、空间分布、开发利用、生态状况及动态变化。

4. 矿产资源调查与监测

矿产资源调查与监测内容包括矿产资源开发秩序监测、矿山地质环境遥感调查、地质灾害气象预报预警、重大工程地质灾害监测预警、矿山修复与尾矿处置监测等,主要成果包括矿产资源潜力评价报告、矿产资源潜力分布图、国土资源调查基础地质成果、地质灾害通报等。目前,全国已经建立了 10 余个国家级监测预警示范区的地质灾害调查与动态监测体系。

5.7.1.2 自然资源分布格局分析

自然资源的分布格局分析是自然资源分析评价的基础,通常通过数量、质量、结构、开发利用程度的分析,反映各自然资源单项和综合分布格局。

1. 自然地理特征分析

自然地理特征主要包括地形地貌、水文气象、植被覆盖、土地利用和土壤等。地形地貌方面,主要从地形类型、地势起伏状况、地势倾斜方向和走势、区域极值(地势最高值、最低值)和海拔状况等方面开展地形空间分布研究。水文气象方面,主要研究降水和气温的极端事件及变化规律、降水随时间的变化趋势及影响因子等。植被覆盖方面,主要研究植被覆盖度的时空变化、植被覆盖度与气象等其他要素的相互关系等。土地利用方面,主要采用土地利用动态度分析土地利用类型的变化速度,采用土地利用转移矩阵研究某一时段内土地利用类型的变化方向和程度,用土地利用综合程度指数分析人类对土地资源的开发程度。土壤方面,主要以 GIS 为技术手段,以景观生态学原理为理论依据,研究土壤类型的空间分布特征。

2. 地域组合格局分析

自然资源地域组合格局是一定地域内各种自然资源在空间上的分布形式和数量上的比例关系的总和。地域组合格局关乎到一定地域的自然资源是否具备开发利用的潜能,开发后资源优势是否能够转化成为经济优势。地域组合格局分析主要包括格局特征和综合评价展两个方面。

格局特征方面,主要是研究区域内各类自然资源总量、结构和空间分布的特点;综合评价方面,则将自然资源、社会资源、经济资源等看成一个整体进行区域综合评价。

5.7.1.3 自然资源依存与转换关系分析

基于“山水林田湖草生命共同体”的整体生态系统观,需要分析“山水林田湖草”各要素间的关联性,解构各要素的依存、转换关系以及相互影响程度,为科学预判自然资源、生态和环境的发展趋势，同时也为自然资源的开发利用和系统治理提供依据。

1. 依存关系

人的命脉在田。耕地是人类生存和发展的物质基础，是国家粮食安全的重要保障。人是耕地利用的主体，农村地区是耕地空间分布和利用的主要场所。从时空角度来看，耕地供给与乡村人口数量在一定区域内具有相关性，而城镇建设用地与耕地的空间分布密切关联。

田的命脉在水。耕地的粮食生产离不开水，水资源禀赋与耕地质量密切相关。农田耕作离不开灌溉，在我国大部分地区，主要以地上的引水、排水、灌水等工程保障农田水利，河流、湖泊、库塘和和沟渠是重要的灌溉水源地，一般离耕地距离较近，为农业生产提供了重要保障。

水的命脉在山。河流是从区域内地表水和地下水为补给源，经常或间歇地沿着狭长凹地流动的水流。河流是地球上水文循环的重要路径，河流里的水由降雨、雪山融水和地下水共同组成，河水流动是泥沙、盐类和化学元素搬运的重要通道。河流一般是在高山地方生成源头，冰山融水、雪山融水、高山泉水及山区等降雨雪，沿地势向低洼处流去，形成一条条水系，又汇合到统一水道形成河流，一直流入湖泊和海洋。河流的许多水文特征也取决于山体及流域特点，流量大小取决于山谷汇水和流域面积大小，流速取决于地形起伏程度，水能则取决于水量大小和地势起伏状况。

山的命脉在土。土壤分解岩石并吸收和集中必需的矿质养分，不断进行养分元素的循环，支持和调节生物的生长发育过程，提供植物所需的养分、水分和适宜的理化环境，决定自然植被的分布，形成山地特有的地貌；同时，土被覆盖在岩石表层，对其具有一定的保护作用，减少各种外应力的破坏，保护山体生长发育。通常来说，山体土壤特性会影响山体的形态和功能，如武汉市长江以南的低山丘陵区，坡度起伏较大，以红壤为主，土地构型表现为腐殖质层—铁铝淀积层—网纹层。由于富铝化作用显著，风化程度较深，酸性强，质地较黏重，结构稳定性强，孔隙度较好，因此具有良好的透水性。但在雨滴击溅侵蚀作用下，土壤细粒流失下移，表层土壤孔隙被堵塞，地表板结，土壤渗透性变差，易发生水土流失。土壤流失导致山体裸露，岩石被冲刷，破坏山体形态。土壤被视为天然植物的立地条件，为植物提供水分、养分、空气和物理支撑，是植被不可缺少的自然资源，土壤大量流失导致植被减少，从而损害山体生态功能。

土的命脉在林草。林草是土壤形成的重要生物因素，是土壤有机质的制造者和分解者。绿色植物有选择地吸收分散在母质、水体和大气中的营养元素，利用太阳辐射能进行光合作用，制造成活体有机质，再以有机残体形式聚积于母质表层，经微生物分解、合成和转化，丰富了母质表层的营养物质，产生了肥力特性，推动了土壤的形成和演化。同时，不同植被类型进入土壤的有机残体性质和数量是有差异的，木本植物以枯枝落叶形式堆积于土壤表层，土壤剖面中的腐殖质自表层向下急剧减少；草本植物以枯残根系进入土体上部，土壤剖面中腐殖质自表层向下逐渐减少。草本植物灰分含量较高，在较干旱的气候条件下残体分解后形成中性或微碱性环境，钙质丰富，有利于腐殖质的形成和积累，而腐殖质又以胡敏酸钙为主，胶结作用使土壤形成团粒结构。木本植物灰分含量比草本低，针叶林枯枝落叶形成的腐殖质以富里酸为主，呈酸性或强酸性，土壤产生强烈的酸性淋溶；阔叶林灰分含量比针叶林多，枯枝落叶形成的腐殖质以胡敏酸为主，酸度较低，淋溶较弱，盐基饱和度高。

2. 转换关系

各种自然资源要素之间既有数量转换，也有要素的流动。对于数量转换，通常通过空间分析工具，以转移矩阵的形式进行表示。要素流动以碳、氮、磷、氢等元素为主，本节主要以农田生态系统为例，分析氮元素的流动。

农田生态系统是指由不同农作物种植制度、耕作方式、农药和化肥使用方式、灌溉等土地管理措施相互组合共同形成的生态系统。农田子系统中的氮循环是指氮元素通过不同途径进入农田生态系统，再经过许多相互联系的转化和移动过程后，又不同程度地离开这一系统。这一循环是开放的，它与大气和水体等外界环境进行着复杂的交换，如图 5-23 所示。

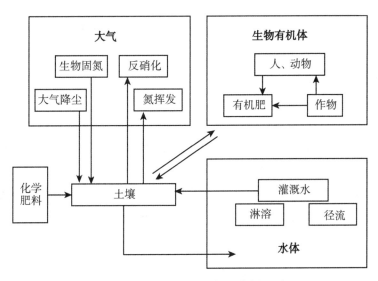

图 5-23　农田生态系统氮元素循环图

进入农田的氮元素主要包括：被作物吸收、残留在土壤中，通过淋溶进入地下水或深层土体，通过径流进入地表水体，以氮素气体 [N_2、NH_3、N_2O、$NO_x(NO+NO_2)$] 的形式挥发进入大气。被作物吸收利用的氮接着被人畜利用后，部分以有机肥的形式返回到农田，与返回到农田的作物秸秆和残茬一起进入氮元素的再循环。

为了计算氮循环通量，通常需要土地利用数据和农田相关数据。其中，土地利用数据反映水田和旱田耕种情况，农田相关数据包括稻谷、小麦、玉米、豆类、薯类、棉花、花生、芝麻、麻类、甘蔗、甜菜、烟叶、蚕茧、茶叶、水果、蔬菜等产量，以及秸秆利用方式比例、氮肥施用量和灌溉用水量等。

　　具体计算考虑三个部分：一是农田氮输入，主要包括氮肥施用量、生物固氮量、粪便还田量、大气氮沉降(根据农田面积计算)、灌溉水引入氮量、秸秆还田量；二是农田氮输出，主要包括作物粮食产出(根据经济产量和含氮量计算)、秸秆产出(根据经济产量、收获系数及秸秆含氮量计算)、氮流失；三是农田氮积累，由氮输入与氮输出相减(正为氮汇，负为氮源)，其公式为：

$$CL_{IN} = CLIN_{Fer} + CLIN_{BNF} + CLIN_{Dep} + CLIN_{Irr} + CLIN_{Str}$$

$$CL_{OUT} = \sum_{i=1}^{4} CLOUT_{Crop,i} + \sum_{i=1}^{5} CLOUT_{Str,i} + \sum_{i=1}^{5} CLOUT_{Loss,i}$$

式中，$CLIN_{Fer}$ 代表农田氮肥施用量，$CLIN_{BNF}$ 为生物固氮量，包括共生固氮和非共生固氮。共生固氮主要是指固氮菌侵染豆科植物根部，形成共生体-根瘤，然后依靠豆科植物提供碳源来将大气中的 N_2 固定为 Nr 供其他生物利用。共生固氮的量值采用固氮作物的经济产量和秸秆总氮含量来估算，包括大豆、花生以及其他豆类。非共生固氮是指散落在土壤中的固氮细菌，不需要与高等植物共生便能进行固氮。$CLIN_{Dep}$ 为大气氮沉降，根据农田面积进行计算。$CLIN_{Irr}$ 为通过灌溉引入到农田的氮量，通过每年的灌溉用水量和平均的灌溉用水量来估算。$CLIN_{Str}$ 是指秸秆还田量，通常前一年的秸秆留茬会作为有机肥供应给下一季的作物生长使用。

　　农田的氮输出可以分为三大类：作物粮食产出 $CLOUT_{Crop,i}$、秸秆产出 $CLOUT_{Str,i}$ 以及生产过程的氮流失 $CLOUT_{Loss,i}$。$CLOUT_{Crop,i}$ 根据经济产量以及含氮量得到。$CLOUT_{Str,i}$ 则根据粮食的经济产量、收获系数以及秸秆含氮量得到，去向有秸秆还田、牲畜饲料、生活能源、工业原料和废弃焚烧。$CLOUT_{Loss,i}$ 是指化肥或者有机肥在生产过程中的流失，包括 NH 挥发、地表径流、反硝化、渗漏到地下水，以及 N_2O 释放。

　　农田子系统的氮积累计算为 $CL_{IN} - CL_{OUT}$。如果是正值则表明农田子系统是氮汇，Nr (活性氮)会不断积累在系统中；如果是负值，则表明农田子系统是氮源，农田会不断流失 Nr。

5.7.1.4　自然资源服务价值评价

自然资源服务价值评价主要包括内生价值和外溢价值两个方面。

1. 内生价值评价

内生价值包括生态系统服务价值、碳汇价值等方面，本节重点介绍生态系统服务价值评价。

生态系统服务价值就是人类从生态系统体现的功能中所获得的效益，通常包括供给服务、调节服务、支持服务和文化服务等。

目前广泛使用当量因子法对不同的生态系统服务价值进行评估，其公式为：

$$ESV = \sum_{i=1}^{n} VC_i \times A_i$$

式中，ESV 是研究区生态系统服务价值，VC_i 是第 i 种地类的单位面积生态系统服务价值，A_i 是第 i 种地类的面积。

2003 年，谢高地等人在 Costanza 等学者研究的基础上，对 700 多名专业人士和学者展开问卷调查，构建了中国生态系统单位面积生态系统价值当量因子表，如表 5-25 所示。具体应用时还需结合区域实际情况进行当量因子修正，并分局各类农作物产量、播种面积和粮食价格进行经济价值修正。

表 5-25　中国生态系统单位面积生态服务价值

一级类型	二级类型	森林	草地	农田	湿地	水域	未利用地
供给服务	食物生产	148.2	193.11	449.1	161.68	238.02	8.98
	原材料生产	1338.32	161.68	175.15	107.78	157.19	17.96
调节服务	气体调节	1940.11	673.65	323.35	1082.33	229.04	26.95
	气候调节	1827.84	700.6	435.63	6085.31	925.15	58.38
	水文调节	1836.82	682.63	345.81	6035.9	8429.61	31.44
	废物处理	772.45	592.81	624.25	6467.04	6669.14	116.77
支持服务	保持土壤	1805.38	1005.98	660.18	893.71	184.13	76.35
	维持生物多样性	2025.44	839.82	458.08	1657.18	1540.41	179.64
文化服务	提供美学景观	934.13	390.72	76.35	2106.28	1994	107.78
合计		12628.69	5241	3547.89	24597.21	20366.69	624.25

2. 外溢价值评价

外溢价值是指生态系统服务功能的外部性。例如，某一区域生态服务在自给自足的同时，还发生了部分外溢，这部分外溢价值被生态服务自给不足的另一区域占用，那么从某一区域流到另一区域的生态服务价值即为外溢价值。外溢价值评价是生态产品价值实现的关键，是生态补偿机制建立的基础，是当前也是当前研究的热点和难点。

外溢价值除特指身体系统服务价值的外溢外，还可以广义地用以评价生态系统诸多其他的服务功能，如休闲与游憩、文化与历史、就业与生产、科研与教育、生态源地-廊道-节点，以及河流、湖泊、水库的洪水调蓄功能等。

5.7.2　生态系统

生态系统是从系统学的角度看待无机物、有机物及其所在空间构成的整体，将其看作一个具有一定抵抗外界干扰能力、内外保持有序循环的系统。本节主要从生态网络分析、生态景观格局分析、生态安全格局构建、生态环境状况评价、生物多样性评价和生态足迹评价等方面介绍有关评价方法。

5.7.2.1　生态网络分析

生态系统是具有自组织、自发展能力的复杂网络系统，生态网络是模拟生物间相互作用关系的网络，描述生态系统中不同分室间物质、能量流动的结构。生态网络评价是研究生态系统结构及内部变化规律的有效工具，也是当前生态系统研究的主流方法。本节主要从生态网络结构、生态网络稳定性、生态网络上升性、生态网络效能、生态网络的随机性等方面介绍生态网络评价方法。

1. 生态网络结构

生态网络连接度是生态网络结构的基本概念，其公式为：

$$C = \frac{L}{n^2}$$

式中，n 为网络节点数，L 为节点间关联边。若第 i 节点到第 j 节点有一条弧，则可达矩阵的第 i 列第 j 行的元素为 1，否则为 0。网络结构度量的常用指标包括路径数目、路径长度、系统总流量、流入路径的平均长度和循环指数等。

2. 生态网络稳定性

受信息理论的启发，生态学家提出了生态网络平均交互信息的概念。生态系统物质、能量交换的网络越完善，平均交互信息越低。其公式为：

$$\text{AMI} = k \sum_{i=0}^{n+2} \sum_{j=0}^{n} \frac{T_{ij}}{T_{..}} \log_2 \frac{T_{ij} \, T_{..}}{T_{i.} \, T_{.j}}$$

式中，AMI 是平均交互信息，T_{ij} 表示由节点 j 流至节点 i 的流量，$T_{i.}$ 表示流至节点 i 的总流量，$T_{.j}$ 表示由节点 j 流出的总流量，$T_{..}$ 表示网络通量。

3. 生态网络上升性

Ulanowicz 和 Norden 提出定量判断生态系统上升性测算方法，认为发展能力是发展程度的上界，其公式为：

$$A = \sum_{i=0}^{n+2} \sum_{j=0}^{n} T_{ij} \log_2 \frac{T_{ij} \, T_{..}}{T_{i.} \, T_{.j}}$$

$$C = - \sum_{i=0}^{n+2} \sum_{j=0}^{n} T_{ij} \log_2 \frac{T_{ij}}{T_{..}}$$

式中，A 是生态系统的发展程度，C 是发展能力，T_{ij} 表示由节点 j 流至节点 i 的流量，$T_{i.}$ 表示流至节点 i 的总流量，$T_{.j}$ 表示由节点 j 流出的总流量，$T_{..}$ 表示网络通量。

4. 生态网络效能

生态网络效能用数量方法确定生态网络中分室间的关系类别，如共生、共栖、竞争、中立关系等。一般来说，实际生态网络的正效能要大于负效能。网络直接效能用矩阵 $\boldsymbol{D}$ 表示，其公式为：

$$\boldsymbol{D} = \begin{bmatrix} \dfrac{f_{11} - f_{11}}{T_1} & \dfrac{f_{12} - f_{21}}{T_1} \\ \dfrac{f_{21} - f_{12}}{T_2} & \dfrac{f_{22} - f_{22}}{T_2} \end{bmatrix}$$

式中，f_{ij} 代表第 j 节点传递给第 i 节点的流量。

5. 生态网络的随机性

生态网络的随机性是指网络中物质、能量流动的随机属性，通常用 Markov 模型表示。其公式为：

$$V_k = V_0 \, P^{k-1}$$

式中，P 为物质或能量转移概率矩阵，V_0 为 t_0 时刻物质或能量向量，V_k 为经过 k 时间后，物质或能量在生态网络中的分布。

5.7.2.2　生态景观格局分析

生态景观格局是生态环境要素的空间格局，即大小和形状各异的要素在空间上的排列和组合，既是景观异质性的具体表现，又是各种生态过程在不同尺度上作用的结果。生态景观格局指数是生态景观评价的最常用方法，包括斑块面积、斑块数、斑块周长等景观单元特征指数，以及景观多样性、景观优势度、均匀度、丰富度、破碎度等景观异质性指数，具体公式见 5.3.2.2 节。

除了上述描述景观特征的静态指数外，生态景观格局评价还经常采用景观动态度表征景观格局变化，其公式为：

$$K = \frac{\text{LP}_1 - \text{LP}_2}{\text{LP}_1 \times t}$$

式中，K 是研究时段内某一景观类型的动态度，LP_1 和 LP_2 分别为初期和末期的景观类型面积，t 为时间年限。

5.7.2.3　生态安全格局构建

生态系统中的某些区域和关系在生态过程中具有重要意义，生态安全格局构建就是识别这些关键性要素，并通过一定的调控措施有效引导生态过程，对保护生物多样性、改善区域生态环境有重大意义，也是实现区域生态安全的基本保障和重要途径。

生态安全格局由生态源地、生态廊道、生态节点等要素组成。生态源地是区域生态系统服务的主要来源，对维持区域生态稳定具有重要意义；生态廊道是连接不同生态源地之间具有一定宽度的通道，是生物流和信息流等生态要素流动的主要途径；生态节点是生态廊道中最重要的区域，表明物种迁移过程中通过该区域的可能性极高，应重点保护。

1. 生态源地

生态源地是区域内提供生态服务的核心区域，其生态系统结构和功能具有较强的稳定性，是能量流动和物质循环的源头。生态源地选取时，应结合区域社会发展定位、生态本底进行综合考虑，一般选取生境质量高、景观连通性好、斑块面积较大且生态系统结构完整的斑块。识别方法为：基于生态系统服务功能性、生态敏感性、生态组织结构等构建综合评估体系，选取高值区域作为生态源地。

2. 生态廊道

生态廊道是生态源地之间物质交换和能量流动的通道，是指呈线性或带状布局、能够连接空间上孤立和分散的生态单元的生态系统空间类型，是物种扩散、迁移和交换的通道，也是山水林田湖草生态系统的重要组成部分。通常在确定生态源地的基础上，利用最小累积阻力模型识别生态廊道。生态阻力是物种在生态源地之间迁移遇到的阻力，不同景观类型内部结构和斑块类型的差异导致阻力大小也不同。一般而言，景观越脆弱、结构越不稳定，物种在其中迁移所受到的阻力越大。地形地貌因子与迁移阻力呈负相关关系，即高程、坡度越小，人类活动越剧烈，对物种迁移的干扰也越大，生态阻力越大。其公式为：

$$\mathrm{MCR} = f \cdot \min \sum_{j=n}^{i=m} D_{ij} \cdot R_i$$

式中，MCR 是物种在生态源地 j 和景观单元 i 之间迁移过程中的最小累积阻力值，f 为变量关系，D_{ij} 为景观单元 i 与生态源地 j 之间的距离，R_i 为景观单元 i 的生态阻力系数。

3. 生态节点

Mcrae 将物理学中的欧姆定律引入到景观生态学中，提出了生态节点的识别方法，其基本思想是：把生态景观抽象成由节点和电阻组成的电路，景观斑块是有电阻的导体，生态源地为电源，景观中的物种是随机游走的电荷，生态廊道是电阻表面，为生态源地分别注入电流，形成生态源地间的电流通道，电流密度越大，说明该区域对物种迁移越重要，该区域即为生态节点，需要进行重点保护。

根据上述理论，生态节点是生态廊道中最为重要的区域，表明物种在源地间迁移极有可能要通过该区域，主要分布在生态廊道上景观流运行阻力较大的区域。在实际应用中，通常在景观流耗费脊线、谷线上，提取累积阻力值最大路径和最小路径的交叉点，并结合区域景观格局特征，确定生态节点。

5.7.2.4　生态环境状况评价

为了评价生态环境状况，2015 年原环境保护部发布了《生态环境状况评价技术规范》（HJ 192—2015）。根据该技术规范，生态环境状况通过生态环境状况指数表征，反映区域生态环境的整体状况，包括生物丰度指数、植被覆盖指数、水网密度指数、土地胁迫指数、污染负荷指数等 5 个分指数和 1 个环境限制指数。其中，5 个分指数分别反映区域内生物的丰贫、植被覆盖的高低、水丰富程度、遭受胁迫强度、承载污染压力，环境限制指数是约束性指标。

生物丰度综合考虑了生物多样性和生境质量。植被覆盖指数是研究区域的 NDVI 均值，水网密度指数综合考虑了河流、湖泊、水库、河渠和近海面积以及水资源量，土地胁迫指数主要考虑重度侵蚀、中度侵蚀、建设用地和其他土地的胁迫作用，污染负荷指数考虑了 COD 排放、氨氮排放、SO_2 排放、烟（粉）尘排放、氮氧化物排放和固体废弃物排放，环境限制指数是约束性指标，包括重大生态破坏、环境污染和突发环境事件等。其公式为：

$$EI = 0.35 \times 生物丰度 + 0.25 \times 植被覆盖 + 0.15 \times 水网密度 + 0.15$$
$$\times (100 - 土地胁迫) + 0.1 \times (100 - 污染负荷) + 环境限制$$

$$HQ = A_{bio} \times \frac{0.35 \times S_{林地} + 0.21 \times S_{草地} + 0.28 \times S_{水域湿地} + 0.11 \times S_{耕地} + 0.04 \times S_{建设用地} + 0.01 \times S_{未利用地}}{S_{区域}}$$

$$水网密度 = \frac{A_{riv} \times \dfrac{L_{河流}}{S_{区域}} + A_{lak} \times \dfrac{S_{水域}}{S_{区域}} + A_{res} \times \dfrac{C_{水资源}}{S_{区域}}}{3}$$

$$土地胁迫 = A_{ero} \times \frac{0.4 \times S_{重度侵蚀} + 0.2 \times S_{中度侵蚀} + 0.2 \times S_{建设用地} + 0.2 \times S_{其他土地胁迫}}{S_{区域}}$$

$$污染负荷 = \frac{0.2 \times A_{COD} \times C_{COD}}{年降水量} + \frac{0.2 \times A_{NH_3} \times C_{NH_3}}{年降水量} + \frac{0.2 \times A_{SO_2} \times C_{SO_2}}{S_{区域}}$$
$$+ \frac{0.1 \times A_{YFC} \times C_{YFC}}{S_{区域}} + \frac{0.2 \times A_{NOX} \times C_{NOX}}{S_{区域}} + \frac{0.1 \times A_{SOL} \times C_{SOL}}{S_{区域}}$$

式中，EI 是生态环境状况指数，HQ 是生境质量，$S_{林地}$、$S_{草地}$、$S_{水域湿地}$、$S_{耕地}$、$S_{建设用地}$、$S_{未利用地}$ 和 $S_{区域}$ 分别表示区域内林地、草地、水域湿地、耕地、建设用地、未利用地和区域总面积，$L_{河流}$ 是河流总长度，$C_{水资源}$ 是水资源量，A_{riv}、A_{lak} 和 A_{res} 是河流、湖泊和水资源的系数，$S_{重度侵蚀}$、$S_{中度侵蚀}$ 表示重度和中度土壤侵蚀面积，A_{COD}、A_{NH_3}、A_{SO_2}、A_{YFC}、A_{NOX} 和 A_{SOL} 分别是 COD 排放、氨氮排放、SO_2 排放、烟(粉)尘排放、氮氧化物排放和固体废弃物的排放系数，C_{COD}、C_{NH_3}、C_{SO_2}、C_{YFC}、C_{NOX} 和 C_{SOL} 是相应的排放量。

根据 EI 值，生态环境分为优、良、一般、较差和差 5 级，划分标准为：EI≥75，EI 在[55, 75]，EI 在[35, 55]，EI 在[20, 35]，EI≤20。根据 EI 与基准值的变化情况，生态环境质量变化幅度分为无明显变化、略有变化、明显变化、显著变化 4 级，划分标准为：$|\Delta EI|\leqslant1$，$|\Delta EI|$ 在[1, 3]，$|\Delta EI|$ 在[3, 8]，$|\Delta EI|\geqslant8$。

5.7.2.5 生物多样性评价

生物多样性是指生物种类、种内遗传与它们生存环境的总称。开展生物多样性评价对于摸清生物多样性现状、空间分布格局及其变化趋势有着重要意义，是生物多样性保护与管理的基础。

依据《区域生物多样性评价标准》(HJ 623—2011)，生物多样性是指所有来源的活的生物体中的变异性，这些来源包括陆地、海洋和其他水生生态系统及其所构成的生态综合体等。生物多样性包含物种内部、物种之间和生态系统的多样性，常用野生维管束植物丰富度、野生动物丰富度、生态系统类型多样性、物种特有性、受威胁物种的丰富度、外来物种入侵度 6 项指标。其公式为：

$$BI = R_v \times 0.2 + R_p \times 0.2 + D_E \times 0.2 + E_D \times 0.2 + R_T \times 0.1 + (100 - E_I) \times 0.1$$

式中，BI 是生物多样性指数，物种丰富度 R_v 是评价区域内野生动植物的物种数，生态系统类型多样性R_p是评价区域内植被类型数，以群系为分类的基本单位进行划分，生态系统类型多样性D_E是区域内自然或半自然生态系统的类型数量，物种特有性E_D是区域内特有物种的相对数量，R_T受威胁物种丰富度是区域内《世界自然保护联盟濒危物种红色名录》收录的濒危物种，外来物种入侵度E_I是外来入侵物种数与本地野生维管束植物和野生高等动物种数的和之比。其公式为：

$$E_I = \frac{N_I}{N_v + N_P}$$

$$E_D = \frac{\dfrac{N_{EV}}{635} + \dfrac{N_{EP}}{3662}}{2}$$

$$R_T = \frac{\dfrac{N_{TV}}{635} + \dfrac{N_{TP}}{3662}}{2}$$

式中，E_I是外来物种入侵度，N_I是外来入侵物种数，N_v是野生动物种数，N_P是野生维管束植物的种数，N_{FV}是评价区内特有野生动物的种数，N_{EP}是特有野生维管束植物的种数，N_{TV}是受威胁的野生动物种数，N_{TP}是受威胁的野生维管束植物的种数。

5.7.2.6　生态足迹评价

生态足迹是测度人类社会可持续发展性的重要方法，最初由加拿大生态经济学家里斯提出，后由瓦克纳格尔进一步完善，其通用的概念为：生态足迹是特定数量人群按照某种生活方式所消费的自然生态系统提供的各种商品和服务功能，以及在这一过程中所产生的废弃物需要环境吸纳，并以生态生产性土地(如耕地、林地、水域等)面积来表示的一种可操作的定量方法。生态足迹基本指标包括生态承载力、人类负荷与生态足迹、生态赤字/盈余，其中，生态承载力是在一定区域内，在不损害该区域生态环境的情况下，所能承载的人类最大负荷量；生态足迹是一定尺度或范围内特定人群消费的资源和产生的废弃物所必须要消耗的生态生产性土地面积；生态赤字/盈余即为生态承载力和生态足迹之差。

生态足迹的计算基于以下两点：人类可以确定自身消费的资源及所产生的废弃物数量，这些资源和废弃物能转换成相对应的生态生产性土地面积，包括化石燃料地、可耕地、林地、牧草地、建设用地和水域6种生态生产性土地。其公式为：

$$\mathrm{EF} = N \times ef = N \sum (a\,a_i \times \gamma_i) = N \sum \left(\frac{c_i}{p_i \times \gamma_i} \right)$$

式中，EF 为生态足迹，N 为人口数，ef 为人均生态足迹，$a\,a_i$ 为人均第 i 种交易商品折算的生态生产性土地面积，γ_i 为均衡因子，c_i 为第 i 种交易商品的人均消费量，p_i 为第 i 种交易商品平均生产能力。

5.7.3 低碳城市

气候变化问题是目前最受关注的全球问题之一。影响气候变化的因素众多而且复杂，包括人为因素和自然因素等，其中化石燃料燃烧、水泥制备以及土地利用变化等所导致的二氧化碳排放量增加是造成全球变暖的主要因素。

5.7.3.1 碳排放估算与空间化

碳源是指温室气体向大气排放的过程、活动或机制，主要来源于自然界和人类活动。碳排放活动机理复杂，每时每刻都在发生，因而测度碳排放量是困难的。温室气体排放清单是目前最常用的碳排放测算方法，本节重点介绍国际和国内较为通用的温室气体清单。

1. IPCC 国家温室气体清单指南

联合国政府间气候变化专门委员会(Intergovernmental Panel on Climate Change，IPCC)于 2006 年首次发布了国家温室气体排放清单，清单所考虑的温室气体主要包括 CO_2、CH_4、N_2O 等，涵盖的排放源被划分为能源、工业过程和产品使用、农业林业等土地利用、废弃物以及氮堆积物、其它来源等几大类，并标明了不同来源对于各类温室气体排放的排放因子。其公式为：

$$E = AD \cdot EF$$

式中，E 为估计的温室气体排放量，AD 为活动水平，EF 为排放因子，即单位活动所排放/吸收温室气体的量。此公式可以应用于基础的温室气体排放量估算，针对更精准、细化的要求，IPCC 又针对不同部门引入了其他估算参数，制定了各自的排放量估算方法。

随着对碳排放过程认识的加深，IPCC 分别于 2013 年和 2019 年对既有指南进行了修订，新增湿地、制氢、稀土行业等相关活动的排放因子及计算方法，并对电解铝行业核算方法进行了完善和修改。

2. GHG 核算体系

世界资源研究所和世界可持续发展工商理事会和企业联合编纂了温室气体(Greenhouse Gas，GHG)核算体系。此套体系第一版发布于 2001 年，规定了企业如何利用电力和其它能源购买量来测算排放量，通过价值链阐释了排放来源，并开发了一套温室气体计算工具，以辅助公司计算温室气体排放量，也可用于衡量气候变化减缓项目的效益。此后，面向公司机构、城市社区、国家等不同核算对象，又对 GHG 核算体系加以细化，陆续发布了企业核算标准、企业价值链标准、产品生命周期标准、城市温室气体核算标准、减排目标标准、政策与行动标准、项目标准等多项内容，形成了一整套完整、全面、统一的温室气体核算标准。

3. ISO 企业碳盘查与产品碳足迹

国际标准化组织(International Organization for Standardization，ISO)发布了编号为 14064 的温室气体排放管理国际标准，该标准分三部分，包括组织层面上对温室气体排放/清除的核算方法和报告规范、项目层面上对温室气体排放/清除的核算方法和报告规范、温室气体声明审定与核查的规范及指南。

4. 中国省级温室气体清单编制指南

尽管国际上有很多成熟的温室气体测算标准，但大多是针对欧美国家制定的，考虑到我国在部门设置、数据统计口径等方面与欧美国家存在较大差异，有必要建立一套适用于我国的温室气体计算清单。基于此，国家发展改革委员会于 2011 年 5 月发布了《省级温室气体清单编制指南（试行）》，针对能源活动、工业生产过程、农业、土地利用变化和林业、废弃物处理等主要碳排放领域，明确了各自的温室气体排放量计算方法，分析了影响测算结果不确定性的潜在因素及应对方法，并制定了质量监督和报告撰写的相关规定。该指南的制定大体遵循《IPCC 国家温室气体排放清单》，但在具体的碳排放系数上进行了修正，不同区域有各自的排放因子，更加符合中国的发展特色。

基于以上分析，本书提炼总结了适用于城市的碳排放清单，如表 5-26 所示。

表 5-26　碳排放核算清单

行业		种类	碳排放系数	参考来源
工业生产	能源消耗	煤炭	$0.7559\text{t} \cdot \text{t}^{-1}$	T. o. west、美国橡树岭国家实验室
		焦炭	$0.855\text{t} \cdot \text{t}^{-1}$	美国橡树岭国家实验室
		原油	$0.5857\text{t} \cdot \text{t}^{-1}$	IREEA
		燃料油	$0.6185\text{t} \cdot \text{t}^{-1}$	IPCC
		汽油	$0.5538\text{t} \cdot \text{t}^{-1}$	中国农业大学生物与技术学院
		柴油	$0.5927\text{t} \cdot \text{t}^{-1}$	Dubey
		煤油	$0.5714\text{t} \cdot \text{t}^{-1}$	IPCC
		炼厂干气	$0.4602\text{t} \cdot \text{t}^{-1}$	IPCC
		液化石油气	$0.5042\text{t} \cdot \text{t}^{-1}$	IPCC
		焦炉煤气	$0.3548\text{t} \cdot \text{t}^{-1}$	IPCC
		电力	折算标煤	IPCC
	工业生产过程	纯碱	$0.1380\text{t} \cdot \text{t}^{-1}$	T. o. west、美国橡树岭国家实验室
		生铁	$0.1100\text{t} \cdot \text{t}^{-1}$	IREEA
		粗钢	$0.1100\text{t} \cdot \text{t}^{-1}$	IPCC
		钢材	$0.1100\text{t} \cdot \text{t}^{-1}$	中国农业大学生物与技术学院
		水泥	$0.4083\text{t} \cdot \text{t}^{-1}$	Dubey
		平板玻璃	$0.2100\text{t} \cdot \text{t}^{-1}$	IPCC

行业	种类	碳排放系数	参考来源
农业生产	化肥	$0.89kg \cdot kg^{-1}$	T. o. west、美国橡树岭国家实验室
	农药	$4.93kg \cdot kg^{-1}$	美国橡树岭国家实验室
	农膜	$5.18kg \cdot kg^{-1}$	IREEA
	柴油	$0.59kg \cdot kg^{-1}$	IPCC
	农业灌溉	$25.00kg \cdot Cha^{-1}$	Dubey
生活	电力	折算标煤	IPCC
	天然气	折算标煤	IPCC
废弃物处理	生活垃圾处理	0.35t/t	美国橡树岭国家实验室
交通运输	公交车	106.42kg/100km	交通部
	出租车	22.26kg/100km	交通部
	私家桥车	19.59kg/100km	交通部
	摩托车	6.68kg/100km	交通部
	大货车	106.42kg/100km	交通部
	小货车	53.20kg/100km	交通部

5. 中国碳核算数据库

中国碳核算数据库（China Emission Accounts and Datasets，CEADs）由中外多所研究机构的科研人员共同开发，包括能源清单、二氧化碳排放清单、工业过程碳排放清单、排放因子及投入产出表等子数据库。能源及二氧化碳排放清单子库展示了从20世纪90年代开始的国家-省区-城市尺度的能源及二氧化碳排放清单，工业过程排放清单子库覆盖14种工业过程中排放的二氧化碳，排放因子及投入产出表子库展示了关于排放因子测算及投入产出表编制等方面的最新研究成果。

该数据库采用粒子群优化-反向传播（PSO-BP）算法统一 DMSP／OLS 和 NPP／VIIRS 卫星图像的规模，利用夜间灯光数据与人类活动高度相关性的特性，采用 NGDC（National Geophysical Data Center）提供的两套夜间灯光数据（DMSP/OLS 和 NPP/VIIRS 数据），反演出 1997—2017 年中国 2735 个县的 CO_2 排放量。

6. 碳排放空间化

为了实现碳排放的空间化分析，可以基于地理国情成果数据，构建单影响因子空间化模型和多影响因子空间化模型，以街道为基本统计单元，分析碳排放空间分布特征。需要特别说明的是，基于地理国情成果能够构建不同精细程度的空间格网，但为了更好地对接低碳城市建设和管理主体，以街道为基本统计单元，方便后期数据应用。空间化流程如图 5-24 所示。

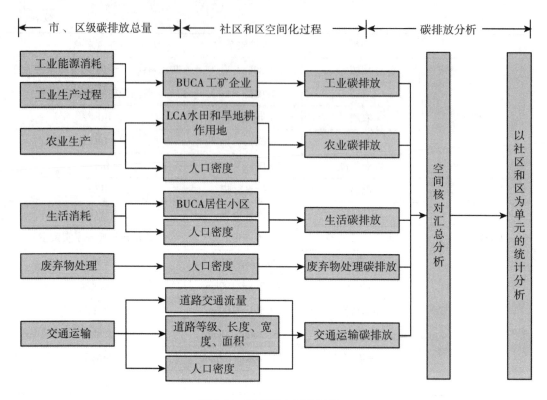

图 5-24　碳排放空间化过程

1）单影响因子空间化模型

工业碳排放和废弃物处理碳排放空间化模型为单影响因子空间化模型，其公式为：

$$C_n^i = \frac{S_n^i}{\sum\limits_{n=1}^{N} S_n^i} C_i$$

式中，C_n^i 是第 i 区第 n 个街道的碳排放量，S_n^i 为第 n 个街道的影响因子，工业碳排放模型中为工矿企业对象面积，废弃物处理碳排放模型中为人口总量，C_i 为第 i 区的碳排放总量。

2）多影响因子空间化模型

农业、生活和交通运输碳排放空间化模型均为多影响因子模型，其公式为：

$$C_n^i = \frac{S_n^i \times P_n^i}{\sum\limits_{n=1}^{N} S_n^i \times P_n^i} C_i$$

式中，C_n^i 是第 i 区第 n 个街道的碳排放量，S_n^i 和 P_n^i 为第 n 个街道的影响因子，C_i 为第 i 区的碳排放总量。对于农业碳排放，S_n^i 和 P_n^i 分别为第 n 个街道的耕作用地面积和人口总量；对于生活碳排放，S_n^i 和 P_n^i 分别为第 n 个街道的居住小区面积和人口总量；对于交通运输碳排放，S_n^i 和 P_n^i 分别为当前街道内第 n 条道路的面积和道路交通流量，由于城市内部不同等级道路承担的交通压力不同,对于城市内部不同等级的道路定义不同的权重,如果当前道路缺少道路交通流量数据,则以该道路周边 2 千米的缓冲区内人口总量作为辅助分析因子,确定该道路的交通运输碳排放量。

3)各街道碳排放汇总

在分行业进行碳排放空间化分布后,再以街道为统计单元进行汇总,得到各街道的碳排放总量,并计算各街道的碳排放强度以及人均碳排放量。

5.7.3.2 植被碳汇估算

除了控制碳排放以外,增加碳汇量也是减少大气中二氧化碳含量的重要措施。碳汇是指温室气体从自身状态通过光合作用或其他化学反应,转变为其他物质的过程。固碳过程主要借助植物的光合作用来实现,衡量固碳能力也可以等价转换为对植被生物量的测算。本节主要以森林生态系统植被碳汇为例,介绍常用的碳汇估算方法,比较有代表性的碳汇计算方法包括样地实测法、材积源生物量法、净生态系统碳交换法和遥感反演法。

1. 森林碳储量

国内外众多学者对农田、森林、湿地等不同生态系统的植被碳储量估算方法开展了大量研究,结合各地的物种、气候和生态等特点,得到了不同区域、不同土壤类型、不同植被覆盖类型和不同树种的植被碳储量,如热带天然林、沙漠地区草本层、城市绿地等。原国家林业和草原局于 2018 年 12 月发布了《森林生态系统碳储量计算指南》。该指南定义了植被碳储量的计量内容和方法,其中计量内容包括植被地上和地下部分,地上部分包括乔木层、灌木层、草本层、林分地上生物质碳储量,地下部分包括乔木层、灌木层、草本层、枯落物、枯死木和土壤等。其公式为:

$$C = \sum_{m=地上,地下} (C_{乔木}^m + C_{灌木}^m + C_{草本}^m) + C_{枯落物} + C_{枯死木} + C_{土壤}$$

$$C_{乔木}^m = \left(\sum_{k=1}^{n} B_{乔木,k}^m \times CF_{乔木,k} \right) \times s, \quad m = 地上,地下$$

$$C_{灌木}^m = B_{灌木}^m \times CF_{灌木} \times s, \quad m = 地上,地下$$

$$C_{草本}^m = B_{草本}^m \times CF_{草本} \times s, \quad m = 地上,地下$$

$$C_{枯落物} = B_{枯落物} \times CF_{枯落物} \times s$$

$$C_{枯死木} = B_{枯死木} \times CF_{枯死木} \times s$$

$$C_{土壤} = SOCC \times s$$

式中,碳储量 C 是乔木、灌木、草本植被、枯落物、枯死木和土壤碳储量的总和,$B_{乔木,k}^m$、$B_{灌木}^m$、$B_{草本}^m$、$B_{枯落}$ 分别为树种 k、灌木、草本、枯落物的单位面积生物量,m 包括地上和地下部分,$CF_{乔木,k}$、$CF_{灌木}$、$CF_{草本}$、$CF_{枯落物}$ 分别是树种 k、灌木层、草本、枯落物的含碳率,SOCC 是土壤有机碳密度,s 是林分面积。B 和 CF 可以通过碳库调查结果或模型计算,也可以采用缺省值。其中,乔木 k 的单位面积生物量根据《立木生物量模型及碳计量参数》计算,树种包括落叶松、杉木、马尾松、冷杉、栎树等类型,$B_{灌木}^{地下}$ 缺省值为 6.72t. d. m/hm^2,$CF_{灌木}$ 缺省值为 0.47 tc/(t. d. m),$CF_{枯落物}$ 和 $CF_{枯死木}$ 一般为 0.37 tc/(t. d. m)。也有学者针对不同区域、不同植被覆盖类型的碳储量密度值，为开展大范围的区域碳储量简易估算提供了思路。

2. 样地实测法

样地实测法通过样地实测直接获得生物量和土壤碳储量数据，累加后得到生态系统的碳储量。该方法中碳储量不需要其他任何转化，多用于小尺度上的研究。生物量的样地实测法应用较多，研究成果为材积源生物量法和净生态系统碳交换法等研究提供了理论和数据基础。

样地实测法是通过设立典型样地，用收获法准确测定生态系统中的植被、枯落物或土壤等碳库的碳贮量，并可通过连续观测来获知一定时期内的通量变化情况。该方法是最直接的碳汇测量方法，不仅技术简单，而且免去了不必要的系统误差和人为误差，实现了碳汇的精确测算。在所有碳汇测量方法中，该方法的测定精度最高，是其他碳汇测量方法验证的理论基础，也是目前国际上公认误差最小的碳汇测算方法。但样地实测法需要的样本数大，测量过程较费时耗力，在测量过程中往往存在样地不足、易出现重复性和代表性不高等缺点。

3. 材积源生物量法

目前各国开展的森林资源清查提供了大量森林蓄积量和面积数据，使得利用林分蓄积量与生物量之间存在的显著相关关系来推算总生物量成为可能，该方法被称作材积源生物量法。1984 年 Brownand Lugo 首先提出了利用木材密度(一定鲜材积的烘干重)乘以总蓄积量和总生物量与地上生物量的转换系数的材积源生物量法，克服了生物量转换因子法将生物量与蓄积量比值作为常数的不足，实现了由样地调查向区域推算的尺度转换。

材积源生物量法依据森林生物量和蓄积量之间存在的密切关系估算森林植被碳储量，是采用森林的蓄积量、树高、胸径等来推理森林的生物量和生产力，测定方法简单可行。由于森林生态系统树种多样、结构复杂、林龄不同等因素的影响，增加了生物量和蓄积量之间关系建立的复杂性。一般人工林生物量和蓄积量的关系与天然林生物量和蓄积量的关系是截然不同的。因此，该方法还需要大量的实测数据来验证。

4. 净生态系统碳交换法

净生态系统碳交换法是对大气与森林之间的 CO_2、H_2O 和热量通量进行非破坏性测定的碳汇测量方法。目前国际上以涡度相关法为主流，通过测定从地表到林冠上层 CO_2 浓度的垂直梯度变化来估算生态系统碳通量。涡度相关技术的进步使得长期定位观测成为可能。目前净生态系统碳交换法已成为直接测定大气与群落 CO_2 交换通量的主要方法，也是世界上 CO_2 和水热通量测定的标准方法。

涡度相关观测系统分为冠层上观测和冠层下观测，分别量化碳汇的分布和相应的贡献，如树干结构、亚冠层植被和土壤特征参数(温度、湿度、碳氮比)的碳通量贡献率。冠层上涡度相关系统夜间所测的碳通量为总生态系统碳通量，而冠层下涡度相关系统所测的碳通量是整合土壤、森林地表层、树干、灌木层等在上风向碳通量的连续变化，该系统的碳通量观测时间尺度较长，有利于解释森林生态系统陆地表面每天和每季的碳通量变化。由于冠层下净通量是大气和下垫面的表层元素通量交换的结果，这些元素包括土壤、植被等的呼吸，所以涡度相关技术观测土壤碳通量过程中仍然受到很多限制，例如采样点容易产生系统误差、观测过程易受到树干或某个表面元素的影响等。

5. 中国碳核算数据库

考虑到植被在吸收和固定 CO_2 排放上具有重大的潜力和能力，中国碳核算数据库采用 MODIS 平台提供的 MOD17A3H 产品测算中国 2000—2017 年区县所对应的净初级生产力，最后借助植被干物质与吸收 CO_2 的转化系数得到陆地植被固碳量。

6. 遥感反演法

遥感反演法是从光合作用即植被生产力形成的原理过程出发，根据植物对太阳辐射的吸收、反射、透射和辐射在植被冠层内及大气中的传输，结合植被生产力的生态影响因子，建立数学模型及其解析式，估算植被净初级生产力和植被净生态系统生产力等，估算植被碳储量。常用模型包括 TEM 模型、CASA 模型、CENTURY 模型、BIOMEBGC 模型等，其中又以 CASA 模型应用最为广泛，其公式为：

$$NPP(x, t) = PAR(x, t) \cdot FPAR(x, t) \cdot \varepsilon(x, t)$$

式中，$NPP(x, t)$ 是像元 x 在 t 月份的植被净初级生产力，$PAR(x, t)$ 是像元 x 在 t 月份接受的太阳光合有效辐射，$FPAR(x, t)$ 是像元 x 在 t 月份对光和有效辐射的吸收率，$\varepsilon(x, t)$ 是像元 x 在 t 月份的实际光能利用率。

7. 基于生物量的自然资源碳汇估算

1）基于单木生物量的林业碳汇估算

单木生物量模型是确定森林生物量的主要方法，通过模拟林内每株树木各分量（干、枝、叶、皮、根等）干物质重量估算生物量，建立树木各分量干重与其他因子之间的关系模型，从而达到利用树木易测因子估计生物量的目的。根据单木生物量估算该区域所有林木生物量，再乘以 0.5 得到干物质的碳含量，由此确定林地的碳汇量。采用的回归关系式为：

$$W = a(D^2 H)^b$$

式中，W 表示生物量，a、b 为估计参数，H 和 D 分别表示树高和胸径。

2）基于农作物生物量的耕地碳汇估算

农作物对应的土地利用类型是耕地，以人工植被为主，主要是水稻、小麦、大豆、花生等。农用地碳储量主要包括土壤碳储量和植被碳储量两部分，农用地碳通量可以分为自然过程和人为过程两类：植被光合作用为自然过程碳吸收，土壤呼吸、植被呼吸等为自然过程碳输出；施人工肥、灌溉等过程为人为过程碳输入，农机耗能、灌溉用电等为人为过程碳输出。如图 5-25 所示。

农作物生长碳吸收是指农作物在生育期内通过光合作用固化空气中 CO_2 的过程。农作物通过光合作用固化空气中 CO_2，释放 O_2，合成碳水化合物供其生长发育。根据已有研究成果，农作物在生长季中的碳吸收量可以根据作物经济产量推算。其公式为：

$$D_{\text{cro-i}} = \frac{Y_{\text{cro-i}}}{H_{\text{cro-i}}} \times (1 - P_{\text{cro-i}})$$

式中，$D_{\text{cro-i}}$ 表示第 i 种作物单位有机质积累（干重）；$Y_{\text{cro-i}}$ 表示第 i 种作物经济产量；$H_{\text{cro-i}}$

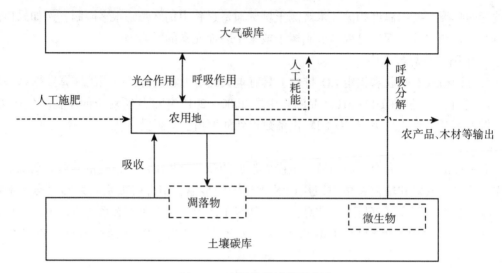

图 5-25　农用地碳过程示意图

表示第 i 种作物经济系数，即第 i 种农作物的经济产量和生物产量之间的比重；P_{cro-i} 表示第 i 种作物的含水率。

$$C_{cro} = \sum D_{cro-i} \times f_{cro-i}$$

式中，C_{cro} 表示作物碳吸收总量，即在生长季中作物从大气 CO_2 中固化的碳量；f_{cro-i} 表示第 i 种作物碳吸收率，即第 i 种作物光合作用合成单位重量有机质(干重)所需吸收的碳。主要农作物经济系数、含水率和碳吸收率等参数如表 5-27 所示。

表 5-27　主要农作物碳吸收量参数

作物种类	经济系数	平均含水率	碳吸收率
小麦	0.4	0.125	0.4853
水稻	0.45	0.1375	0.4144
薯类	0.7	0.133	0.4226
玉米	0.4	0.135	0.4709
大豆	0.35	0.125	0.45
棉花	0.1	0.083	0.45
油菜籽	0.25	0.09	0.45
花生	0.43	0.09	0.45
麻类	0.39	0.133	0.45
烟草	0.55	0.082	0.45
甘蔗	0.5	0.133	0.45

注：表中经济系数来源于李克让(2002)；平均含水率来源于方精云(2007)；碳吸收率中小麦、水稻、薯类和玉米数据来源于 IPCC(1995)，其余来源于王修兰(1996)。

8. 基于碳循环过程的自然资源碳汇估算

1) 基于碳循环过程的水域碳汇估算

水域包括河流、湖泊、水库和湿地等，其自然碳过程既表现为碳汇，也表现为碳源。水体碳储量主要为水面溶解碳和有机质碳库，有机质碳库主要包括水生动植物和水底沉淀中的有机碳。从自然角度考虑，水体碳吸收主要指水生植物光合作用和水面碳溶解，水体碳输出主要指水面碳挥发。如图 5-26 所示。

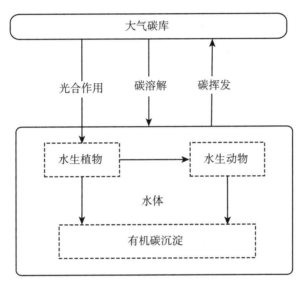

图 5-26　水域碳过程示意图

（1）水域碳吸收，包括水域固碳和水域干湿沉降两部分，水域固碳是指水域本身由水生植物光合作用等过程吸收大气中的 CO_2 合成有机质，同时水域沉积物中积累的大量有机质由于水体厌氧环境得不到充分分解，由此碳以有机质的形式被固化在水域沉淀物中；水域干湿沉降是指大气中的含碳物质受重力或降水作用进入水体的过程。可以通过分别计算水域固碳和干湿碳沉降量来得到水域碳吸收量，其公式为：

$$C_{wat} = CSR \cdot L_{wat} + CDWP \cdot L$$

式中，C_{wat} 表示水域碳吸收总量，CSR 表示单位水域面积固碳速率，L_{wat} 表示水域面积；CDWP 表示单位土地面积干湿沉降带来的碳输入，L 表示研究区域面积。水域碳吸收计算参数表见表 5-28。

表 5-28　水域碳吸收计算参数表

碳吸收途径	参数值	单位	单位解释	取值区域
水域固碳速率	76.615	$t/(km^2 \cdot a)$	水域面积	各河流湖泊
水域干湿沉降	7.675	$t/(km^2 \cdot a)$	研究区面积	各区域面积

根据相关研究，水域单位面积固碳速率（CSR）由沉积速率和沉积物中有机碳含量来计算，其公式为：

$$CSR = \rho \cdot SOC \cdot R$$

式中，ρ 为容重，SOC 表示沉积物有机碳含量，R 表示沉积速率。ρ 与 SOC 之间存在相关关系，其公式为：

$$\rho = 1.665 \times \frac{SOC}{10^{-0.887}}$$

（2）水域碳挥发，是指自然水域在蒸发等过程中碳以 CO_2 的形式返回大气中的过程，属于自然水气交换过程，其强度主要取决于地域差异。可以通过水域面积核算水域碳挥发输出量，其公式为：

$$C_{wat} = L_{lak} \times f_{lak} + L_{riv} \times f_{riv}$$

式中，C_{wat} 表示水域碳挥发总量；L_{lak}，L_{riv} 表示湖泊水域和河流水域面积；f_{lak}、f_{riv} 表示单位面积湖泊和河流的碳挥发系数，系数值见表 5-29。

表 5-29 水域碳挥发计算参数表

碳挥发途径	参数值	单位	单位解释	取值区域
湖泊挥发	0.041	$t/(km^2 \cdot a)$	水域面积	东部平原
河流挥发	0.026	$t/(km^2 \cdot a)$	河流面积	长江

2）基于碳循环过程的草地碳汇估算

草地的自然碳过程既表现为碳汇，也表现为碳源，前者是植被通过光合作用吸收大气中的 CO_2，后者是植被及土壤通过呼吸作用释放 CO_2 到大气中。

（1）碳吸收。利用赵荣钦（2012）的研究成果计算植被碳吸收量。其公式为：

$$C_{pla} = \sum GPP_{pla-i} \cdot L_{pla-i}$$

式中，C_{pla} 表示植被碳吸收总量，GPP_{pla-i} 表示第 i 种植被单位面积光合作用碳吸收量，L_{pla-i} 表示第 i 种植被类型的用地面积。

（2）呼吸作用碳排放。植物呼吸作用碳排放包括植被自养呼吸（RA）和土壤异养呼吸（RH）。其公式为：

$$C_{RA} = \sum RA_{pla-i} \cdot L_{pla-i}$$

$$C_{RH} = \sum RH_{pla-i} \cdot L_{pla-i}$$

式中，C_{RA} 和 C_{RH} 分别表示植被自养呼吸和土壤异养呼吸碳排放量，RA_{pla-i} 和 RH_{pla-i} 分别表示第 i 种植被单位面积自养呼吸和土壤异养呼吸碳排放量，L_{pla-i} 表示第 i 种植被类型的用地面积。草地碳过程参数表见表 5-30。

表 5-30 草地碳过程参数表

植被类型	GPP		RA		NEP		RH	
	t/(hm²·a)	%	t/(hm²·a)	%	t/(hm²·a)	%	t/(hm²·a)	%
草地	1.580	100	0.632	40	0.948	60	0.948	60

注：表中参数来源于赵荣钦(2012)，由于在生长周期中不直接产生 NEP 净增量，故草地 NEP 等于 RH。

5.7.3.3 低碳城市综合评价

低碳城市要具有经济低碳化、基础设施低碳化、生活方式低碳化、低碳技术全面、低碳政策制度完善、生态环境优良等特征，内涵包括：以低碳经济为主要经济发展模式，以低碳生活为主要居民行为理念，以低碳社会为主要发展目标。主要通过"压力-状态-响应"模型建立低碳城市评价指标体系，利用德尔菲法、层次分析法、线型加权法、设定目标临界值法以及因子分析法、熵值法，分析低碳城市水平，考虑的因素主要包括政策制度、基础设施、经济结构、能源结构、消费体系等方面。

常用的低碳指标主要包括低碳经济、低碳社会、低碳环境等方面，如表6-31所示。

表 5-31 常见低碳城市综合评价指标

一级指标	二级指标	一级指标	二级指标
低碳经济	人均碳排放量	低碳社会	节能环保支出占财政支出比例
	单位 GDP 碳排放量		公交车数量
	单位一产增加值碳排放量		私人机动车保有量
	单位二产增加值碳排放量		新能源汽车保有量
	单位三产增加值碳排放量		轨道交通线路长度
	工业生产碳排放量		交通运输碳排放量
	单位 GDP 能耗		单位面积道路碳排放量
	地均农业碳排放量		人均生活废弃物碳排放量
	地均工业碳排放量		建筑工地碳排放量
低碳环境	植被覆盖度		绿色出行率
	人均植被覆盖面积		绿色建筑数量
	植被碳汇量		垃圾处理率
	人均植被碳汇量		……
	碳汇源比		

5.7.4　海绵城市

海绵城市是指城市能够像海绵一样，在适应环境变化和应对自然灾害等方面具有良好的"弹性"，下雨时吸水、蓄水、渗水、净水，需要时将蓄存的水"释放"并加以利用，其本质是渗、滞、蓄、净、用、排，逐步改善并恢复城市的自然生态平衡。国家先后公布两批中央财政支持的海绵城市建设试点，共计 30 个，分别为迁安、白城、镇江、嘉兴、池州、厦门、萍乡、济南、鹤壁、武汉、常德、南宁、重庆、遂宁、贵安新区、西咸新区、福州、珠海、宁波、玉溪、大连、深圳、上海、庆阳、西宁、三亚、青岛、固原、天津、北京。

5.7.4.1　不透水面提取

不透水面作为城市的重要组成部分，表现为建筑物、沥青道路、停车场等硬化地表，与透水面相对，透水面则主要是城市中的水体、植被和裸土，两者共同构成城市整体。不透水面的面积和分布与地表径流有关，对城市水循环产生重要的影响。常用的提取方法包括遥感提取方法和基于调查数据的提取方法。

1. 遥感提取法

近年来，国内外学者提出了大量不透水面的遥感提取方法，主要包括面向对象分类法、光谱混合分解法、回归模型法、人工神经网络和指数法等。其中，面向对象方法主要针对高分辨率遥感影像，但该方法无法解决高分辨率遥感影像的光谱混淆和阴影问题，同时受图像分割结果的影响较大，很难得到广泛应用。光谱混合分解方法主要用于低分辨率遥感影像提取，如利用线性光谱分解法将城市地表分解为植被、土壤、低反照率和高反照率 4 种地物类型，并通过提取低反照率和高反照率地物实现不透水面的提取。光谱混合分解方法可以有效解决混合像元对不透水面覆盖信息提取结果的影响，但是由于城市景观复杂、端元数量不确定及混合模式多样等问题，光谱混合分解法很难适用于大范围不透水面的提取。指数法利用不透水面的光谱特性，通过不同光谱波段之间的代数运算来突出不透水面与非不透水面之间的差异，以实现不透水面信息的提取。目前指数法可分为 3 类：通过波段比值运算构建不透水面指数、基于指数特征构建复合指数模型、基于多源遥感数据提取不透水面。

常用不透水面提取指数为归一化不透水指数，其原理是通过增大强、弱二者辐射的差距来使得不透水表面信息得到显著增强。其公式为：

$$\mathrm{NDISI} = \frac{\mathrm{TIR} - (\mathrm{VIS}_1 + \mathrm{NIR} + \mathrm{MIR})/3}{\mathrm{TIR} + (\mathrm{VIS}_1 + \mathrm{NIR} + \mathrm{MIR})/3}$$

式中，NIR、MIR 和 TIR 分别为影像的近红外、中红外和热红外波段，VIS_1 代表可见光中的某一波段，可以任选红、绿、蓝任一波段。

2. 基于地理国情成果的不透水面提取与修正

根据地理国情数据采集标准，建立地表覆盖类型和不透水面的对应关系，提取不透水面，如表 5-32 所示。

表 5-32 不透水面包含的地表覆盖类型

一级类	二级类	一级类	二级类
房屋建筑（区）	高密度多层及以上房屋建筑区	构筑物	露天堆放物
	低密度多层及以上房屋建筑区		其他硬化地表
	高密度低矮房屋建筑区		堤坝
	低密度低矮房屋建筑区		城墙
	多层及以上独立房屋建筑		温室、大棚
	多层独立房屋建筑		游泳池
	中高层独立房屋建筑		污水处理池
	高层独立房屋建筑		其他固化池
	超高层独立房屋建筑		工业设施
	低矮独立房屋建筑		其他构筑物
铁路与道路	有轨道路	人工堆掘地	垃圾堆放物
	无轨道路		其他堆放物
构筑物	广场		建筑工地
	露天体育场		拆迁待建工地
	停车场		房屋建筑工地
	停机坪与跑道		道路建筑工地
	硬化护坡		其他建筑工地
	场院	荒漠与裸露地	岩石地表

受地理国情数据采集规则限制，地理国情成果在表达不透水面时还需要进行修正，主要包括房屋建筑区、建筑工地、人行道和车行道。

1) 房屋建筑区修正

基于地理国情普查与监测成果，可以根据各类地表覆盖的透水特性提取不透水面。根据地理国情数据采集要求，房屋建筑区中连片面积小于 1600m² 的绿化、道路等不采集，就近归入房屋建筑区，建筑工地中也存在一定面积的透水面，需要对国情数据进行修正。

对于旧城建筑区，房屋建筑密度较高，主要为 2~3 层砖木结构、联排式毗连布局的紧凑式楼房。此类房屋建筑区内几乎无绿化，不透水面面积无须做修正处理。对于可区分独栋房屋的情况，用房屋建筑区面积扣除独栋房屋和硬化地表面积后即为可透水面面积。对于无法区分独栋房屋的情况，仍含有一定比例的绿化面积，需采用估算方法，根据住宅小区绿地率的相关规定要求，补充 30% 的面积给透水面，其余为不透水面。对于近年来新建的高层、带地下车库的房屋建筑区，在变化监测采集时，已将小区内绿地和房屋区分开，房屋建筑一般作为独立房屋采集，其他用地多为禁止车行的整体绿化步行区（覆土厚度为 600～1500mm）。这种情况下，提取的房屋建筑即为不透水面，无须做修正，但在透水面提取时，需对此部分地下车库上的绿化做修正处理。

2）建筑工地修正

对于建筑工地，利用最新的高分辨率遥感影像，逐一核查所有建筑工地的所属类型，通过目视解译修正其中真正属于不透水面的面积。

3）人行道和车行道修正

对于人行道和车行道，使用城市道路数据估算道路两侧的人行道面积，估算原则为快速路两侧不宜设立人行道，主干路两侧人行道估算宽度为 3m。

城市道路主要包括快速路、主干路、次干路、支路，其中快速路两侧不宜设立人行道，主干路两侧人行道宽度估算为 3m。其公式为：

$$S_{主干路两侧人行道} = l_{主干路} \times 3 \times 2$$
$$S_{次路两侧人行道} = l_{次干路} \times 2 \times 2$$
$$S_{支路两侧人行道} = l_{支路} \times 2 \times 2$$

式中，$l_{主干路}$、$l_{次干路}$、$l_{支路}$ 分别表示主干路、次干路和支路的长度，单位为 m。

5.7.4.2　地表径流系数估算

地表径流是指任意时段内的径流深度或径流总量与同一时段内的降水深度或总量的比值，径流系数表明了降水量转化为径流量的比例，综合反映了自然地理要素对降水-径流关系的影响，也是海绵城市建设的核心指标，直接反映了海绵城市建设实施的效果。其公式为：

$$\varphi = \frac{S_1 \times \varphi_1 + S_2 \times \varphi_2 + \cdots + S_i \times \varphi_i + \cdots + S_n \times \varphi_n}{S}$$

式中，φ_i 表示地块 i 的地表径流系数，S_i 表示地块 i 的面积，n 表示该区域中所有地块的块数，S 表示该区域的面积。

影响地表径流系数的因素很多，不透水面只是一个方面，地形、坡度、土壤透水性、地下空间开发利用、市政排水管网和泵站等都会影响地表径流系数。

5.7.5　资源环境承载能力

承载力的概念最初来源于力学，是指物体在不产生任何破坏时所能承受的最大负荷，后被用于生物学测算某一生态环境能支持某物种的最大数量和区域系统对外部环境变化的最大承受能力。现在，承载力被引入到人地关系中，催生了资源环境承载能力概念。

资源环境承载能力从狭义上是指在自然生态环境不受危害并维系良好的生态系统前提下，一定地域空间的资源禀赋和环境容量所能承载的人口与经济规模。人地关系系统中，资源环境等自然界物质系统承载着人类生活和生产系统，通常把前者叫做承载体，把后者叫做承载对象，两个系统相互作用便形成了资源环境承载能力。

资源环境承载能力评价研究经历了一个漫长的发展过程,从单项承载力研究逐渐扩展到综合承载力评价,形成了丰富的理论体系与实践方法。结合国家发改委、国家海洋局等13部委联合印发的《资源环境承载能力监测预警技术方法(试行)》(以下简称《方法》),以及自然资源部印发的《资源环境承载能力和国土空间开发适宜性评价指南(试行)》(以下简称《指南》),本节重点介绍土地资源、水资源、环境和生态的单项承载能力评价方法,以及资源环境综合承载能力的评价方法。

5.7.5.1 土地资源承载能力评价

土地资源是最主要的自然资源之一,是人类生存所不可或缺的。土地资源承载能力研究大体上可分为对不同承载主体的研究(如居住用地、工业用地、交通用地等)、对不同承载对象的研究(如人口数量、城市规模和综合承载对象)以及对不同影响因素的研究(如位置、面积、地基条件、人类生产生活需求水平等)。在评价方法上,包括土地总量和人均用地的传统方法、以城市发展模拟和容量分析为主的模型方法、侧重因子分析的指标体系法等。

依据《方法》,结合城市土地资源开发和利用特点,以武汉市为例,将土地资源承载能力评价指标细分为能力指标、状态指标和综合评价指标,如表5-33所示。

表 5-33　土地资源承载能力评价指标

	总量指标	相对指标	对比分析
能力指标	适宜建设开发用地面积(考虑高程、坡度、地质条件,扣除永久基本农田、生态保护用地)	—	分区及街道对比
	已开发建设用地面积(房屋、道路、构筑物、堆掘地)	—	分区及街道对比
	可开发土地面积占比	人均可开发土地面积	分区及街道对比
状态指标	已开发建设用地面积占比	人均建设用地面积、地均GDP	全市指标(对标国标、先进城市),分区对比
	种植土地面积占比	人均种植土地面积、亩产粮食量	分区及街道对比
	生态用地面积占比(林草、裸露地、水域)	人均生态空间用地	分区及街道对比
	土地资源质量	—	分区及街道对比

续表

	总量指标	相对指标	对比分析
综合评价	可开发土地面积、占比与分布	—	分区及街道对比
	土地资源利用效益(地均 GDP、人口密度)	—	全市指标(对标先进城市)、分区、街道对比

　　土地资源承载能力通过适宜建设开发用地、已开发建设用地和可开发土地面积反映。其中适宜建设开发用地从自然条件与政策支持两方面考虑土地资源对建设开发的支撑程度,已开发建设用地来源于地理国情监测的地表覆盖分类数据,包括房屋建筑(区)、铁路和道路、构筑物和人工堆掘地等,可开发土地资源是适宜建设开发用地与已开发建设用地之差。

　　土地资源承载状态通过总量占比和相对指标反映,总量指标主要反映各区土地资源利用程度与差异,相对指标主要从人均、地均等角度考虑土地资源利用现状。同时,对其中部分指标进行全市域评价,与国标、国内外先进城市对标来反映差距。

　　选取可开发土地面积和土地资源利用效益指标来综合评价土地承载力,分析各区土地资源对人口集聚、工业化和城镇化发展的支撑程度,以及各区的发展潜力与方向。

5.7.5.2　水资源承载能力评价

　　水资源是人类生存、自然环境所不可或缺的。水资源承载力具有自然、社会双重属性,应该兼顾区域自然环境、水资源量和社会经济结构等诸多因素。

　　水资源承载能力评价是判断和评价区域水资源是否超载的重要依据,研究方法由过去单一指标、静态分析逐渐发展为系统多目标和动态综合分析,主要有常规趋势法、综合评价法、系统动力学法及多目标分析法等。

　　依据《方法》,结合城市水资源开发和利用特点,以武汉市为例,将水资源承载能力评价指标细分为能力指标、状态指标和综合评价指标,如表 5-34 所示。

表 5-34　水资源承载能力评价指标

	总量指标	相对指标	对比分析
能力指标	地表水资源量	人均可利用水资源量	分区及街道对比
	地下水资源量		
	降水量		
	客水量		全市指标,全市总量与5%取水限制比较
	客水取水量		
	Ⅰ、Ⅱ、Ⅲ类地表水资源量与分布		分区及街道对比

续表

	总量指标	相对指标	对比分析
状态指标	居民生活用水量及占比	人均生活用水量	全市指标(对标考核指标、先进城市),分区对比
	工业生产用水量及占比	万元二产增加值耗水量	
	农业生产用水量及占比	万元一产增加值耗水量	
	生态环境用水量及占比	地下水利用率	
综合评价	客水满足率(客水取水量与用水量对比)	—	全市指标(对标其他城市)
	水资源利用达标率(万元GDP用水量,人均生活用水)	—	全市指标(对标国标、先进城市),分区对比

水资源承载能力指标反映城市水资源总量和质量,包括地表水、地下水、降水、客水等。其中,地表水资源是指湖泊、水库等地表水中可以逐年更新的淡水量;地下水资源是指存在于地下可以为人类所利用的水资源;降水量是指从天空降落到地面的液态或固态水,未经蒸发、渗透、流失在水平面上积聚的水;客水是指从本地区以外的来水,主要是过境河流流入或由外地引进的水;可利用水资源是指在技术上可行、经济上合理的情况下,通过工程措施能进行调节利用且有一定保证率的水资源量。一般来说,我国北方城市地表水资源短缺,以开采地下水为主,南方城市地表水资源丰富,沿河沿江城市多直接利用过境水资源。

水资源承载状态指标反映城市水资源利用现状,包括居民生活、工业生产、农业生产和生态环境用水等,以及不同产业增加值耗水量等用水效率指标。

水资源承载力综合评价从能力与状态指标中选取关键指标,对标国标和其他城市,反映城市和地区的优势、不足和差异。

5.7.5.3 环境承载能力评价

环境科学所说的环境是以人类社会为中心的外部世界,通过物质循环与能量流动维持一定的抗干扰和自我调节能力。特定环境对人类活动的支持能力是有限的,环境承载能力可以定义为:在现实或拟定的环境结构不发生明显不利于人类生存变化时,某一时期、某一地区的环境在维持其系统正常功能发挥的情况下,所能承受的人类活动的阈值。国内学者围绕基础理论、评价方法及实践应用等方面对大气、水、土壤、噪声、固体废弃物等单一环境要素和环境综合承载力进行了研究,主要研究方法包括指标体系法、供需平衡法、系统模型法和环境容量法。

依据《方法》,针对城市环境问题,以武汉市为例,从大气环境、水环境、声环境、固体废弃物4个方面构建环境承载力评价指标体系,利用"短板效应",针对性分析城市环境现状,评价城市环境承载能力,如表5-35所示。

表 5-35　环境承载力评价指标

监测内容	总量指标	相对指标	评价尺度
大气环境	大气环境污染浓度超标指数（SO_2、NO_2、CO、O_3、PM_{10}、$PM_{2.5}$）	大气环境污染物浓度降低值	市级
	空气质量优良天数	空气质量优良天数增加率	
水环境	工业废水排放量	万元工业增加值废水排放量	不规则格网
	生活废水排放量	人均生活污水排放量	
	区域综合平均水质	水质达标率	
		工业废水处理率	
		生活污水处理率	
声环境	等级声效值	—	市级
固体废弃物	固体废弃物排放量	固体废弃物处理率	栅格单元
综合评价	大气环境污染浓度超标指数、水质达标率、等级声效值、固体废物处理率	—	市级

　　大气环境方面，利用 SO_2、NO_2、CO、O_3、PM_{10}、$PM_{2.5}$ 等大气主要污染物的浓度和空气优良天数反映大气承载状态。水环境方面，从污水排放、污水处理和水质达标等方面反映水环境承载状态。声环境方面，利用等级声效值反映声环境总体承载状态。固体废弃物方面，从排放量和处理率等方面反映承载状态。综合评价方面，选取大气环境污染浓度超标指数、水质达标率、等级声效值、固体废物处理率 4 个表征大气环境、水环境、声环境和固体废弃物处理的典型指标进行综合评价，分析环境综合承载状态。

5.7.5.4　生态承载能力评价

　　从生态系统的视角看，生态承载力是生态系统提供服务功能、预防生态问题、保障区域生态安全的能力。根据评价思路的不同，生态承载力的评价方法可分为指标体系评价法、产品周期评价法和综合评价法。指标体系评价方法中，根据所构建指标体系的差异，又分为 UNCSD 指标体系法、综合评判法、生态足迹模型法、状态空间法和资源–需求差量方法。常用的产品周期评价法包括能值理论、生命周期理论和物质流分析方法。综合评价法包括自然植被第一性生产力估测法、系统动力学方法、生态脆弱性分析方法。

　　依据《方法》，结合城市生态资源构成和特点，以武汉市为例，从生态用地结构和生态用地状态两方面评价生态用地重要性和生物环境状况，以生态系统健康度评价生态承载力，如表 5-36 所示。

表 5-36 生态承载力评价指标

总量指标				相对指标		对比分析
状态指标	生态用地结构	林草覆盖占比	生态用地重要性	—		分区及街道对比
		水域及湿地占比		—		
		荒漠与裸露地		—		
	生态用地状态	—		植被覆盖度	生物环境状况	
		—		生物丰度		
		—		水网密度		
		—		土地退化强度		
综合评价		生态系统健康度(短板分析,生态用地重要性、生物环境状况)		—		分区对比

生态用地结构方面,通过林草、水域和湿地、荒漠和裸露地等生态用地结构反映生态用地的重要性。生态用地状态方面,通过植被覆盖度、生物丰度、水网密度、土地退化强度等指标反映生物环境状况。在此基础上,利用短板分析方法综合评价生态健康度,分析各区的生态综合承载力。

5.7.5.5 资源环境承载能力综合评价

资源环境承载能力和国土空间开发适宜性评价(简称"双评价")是编制国土空间规划、完善空间治理的基础性工作。根据自然资源部印发的《指南》,资源环境承载能力评价包括土地资源、水资源、环境、生态和灾害5个方面单项要素评价和集成评价,基于资源环境要素单项评价结果,分别开展生态保护、农业生产、城镇建设功能指向下的资源环境承载能力集成评价,并根据集成评价结果进行国土空间开发适宜性评价。资源环境承载能力综合评价总体框架如图 5-27 所示。

1. 资源环境单项要素评价

资源环境单项要素评价从土地资源、水资源、环境、生态和灾害五个方面建立指标体系,为开展生态保护、农业生产和城镇建设不同功能指向下的适宜性评价奠定基础,如表5-37 所示。土地资源评价包括农业耕作条件评价和城镇建设条件评价,水资源评价包括水资源丰度评价,环境评价包括城镇建设环境条件评价,生态评价包括生态系统服务功能重要性评价和生态敏感性评价,灾害评价主要包括气象灾害风险评价和地质灾害风险评价。

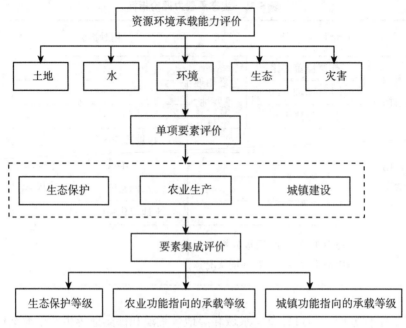

图 5-27　资源环境承载能力评价总体框架

表 5-37　资源环境承载能力单项要素评价指标体系

功能	土地资源	水资源	环境	生态	灾害
生态保护	—	—	—	生态系统服务功能重要性：水源涵养；生态敏感性：水土流失	—
农业生产	农业耕作条件：坡度、高程、耕地等别	水资源丰度：降水量、水资源总量		—	气象灾害风险：洪涝
城镇建设	城镇建设条件：坡度、高程	水资源丰度：降水量、水资源总量	城镇建设环境条件：水环境容量	—	地质灾害风险：地质易发、地面塌陷等

2. 资源环境集成评价

基于资源环境要素单项评价结果，开展生态保护、农业生产、城镇建设不同功能指向下的资源环境承载能力集成评价，根据集成评价结果，将相应的资源环境承载能力等级依次划分为高、较高、一般、较低和低 5 个等级。将单要素评价结果分别集成为生态保护等级、农业耕作条件、城镇建设条件，用于备选功能区识别。集成评价应遵循的基本准则如下：

（1）保护等级高值区应具备重要的水源涵养、水土保持、防风固沙、生物多样性维护、海岸防护等生态功能，或属于水土流失、石漠化、土地沙化、海岸侵蚀等生态问题的敏感区域。

（2）承载能力高值区应具备较好的水土资源基础，即同时要求土地资源、水资源均对农业生产、城镇建设具有较好的支撑能力。

（3）承载能力高值区还应具备较好的生态环境本底，即同时要求环境容量较高、生态功能重要性较低。

（4）承载能力一定程度上还受自然灾害的约束，即自然灾害危险较高的地区，其承载能力受到约束。

参考文献

[1] 李德仁，眭海刚，单杰．论地理国情监测的技术支撑[J]．武汉大学学报信息科学版，2012，37(5)：505-512.

[2] 李建松，周军其．地理监测原理与应用[M]．武汉：武汉大学出版社，2014.

[3] 朱阿兴，闾国年，周成虎，秦承志．地理相似性：地理学的第三定律？[J]．地球信息科学学报，2020，22(4)：673-679.

[4] 伍光和．自然地理学[M]．第3版．北京：高等教育出版社，2000.

[5] 蔡运龙．综合自然地理学[M]．第3版．北京：高等教育出版社，2019.

[6] 叶宝明．人文地理学[M]．北京：人民教育出版社，2006.

[7] 刘艳芳．经济地理学：原理、方法与应用[M]．第2版．北京：科学出版社，2017.

[8] 许学强，周一星，宁越敏．城市地理学[M]．北京：高等教育出版社，2009.

[9] 柴彦威．城市地理学思想与方法[M]．北京：科学出版社，2012.

[10] 赵英时，等．遥感应用分析原理与方法[M]．北京：科学出版社，2003.

[11] 孙家抦．遥感原理与应用[M]．武汉：武汉大学出版社，2013.

[12] 佟国峰，李勇，丁伟利，岳晓阳．遥感影像变化检测算法综述[J]．中国图象图形学报，2015，2012：1561-1571.

[13] Wu C，Zhang L，Du B. Kernel slow feature analysis for scene change detection[J]. IEEE Transactions on Geoscience and Remote Sensing，2017，55(4)：2367-2384.

[14] Du B，Wang Y，Wu C，et al. Unsupervised scene change detection via latent dirichlet allocation and multivariate alteration detection[J]. IEEE Journal of Selected Topics in Applied Earth Observations and Remote Sensing，2018，11(12)：4676-4689.

[15] 贾俊平．统计学[M]．北京：中国人民大学出版社，2016.

[16] 汤国安．地理信息系统教程[M]．北京：高等教育出版社，2007.

[17] 张超．地理信息系统实习教程[M]．北京：高等教育出版社，2000.

[18] 葛东旭．数据挖掘原理与应用[M]．北京：机械工业出版社，2020.

[19] 韩昊英，于翔，龙瀛．基于北京公交刷卡数据和兴趣点的功能区识别[J]．城市规划，2016，40(6)：52-60.

[20] 王铮，吴健平，邓悦，王凌云，熊云波．城市土地利用演变信息的数据挖掘——以上海市为例[J]．地理研究，2002(6)：675-681.

[21] 苏跃江，吴德馨，李晓玉．出租汽车GPS数据的空间分布特征及应用——以广州市为例[J]．城市交通，2020，18(1)：95-101，8.

[22]张琛，马祥元，周扬，郭仁忠．基于用户情感变化的新冠疫情舆情演变分析[J/OL]．地球信息科学学报，2020-11-16：1-10.

[23]郭倩倩，张志斌，师晶，等．中国西北地区城市网络结构的时空演变——基于铁路客运流视角的分析[J]．城市问题，2019(9)：19-27.

[24]薛峰，李苗裔，党安荣．中心性与对称性：多空间尺度下长三角城市群人口流动网络结构特征[J]．经济地理，2020，40(8)：49-58.

[25]Liu Y, Kang C, Gao S, et al. Understanding intra-urban trip patterns from taxi trajectory data[J]. Journal of Geographical Systems, 2012, 14(4)：463-483.

[26]龙瀛，张宇，崔承印．利用公交刷卡数据分析北京职住关系和通勤出行[J]．地理学报，2012，67(10)：1339-1352.

[27]Hollenstein L, Purves R. Exploring place through user-generated content：Using Flickr to describe city cores[J]. Journal of Spatial Information Science, 2010(1).

[28]Cranshaw J S R H J. The livehoods project：utilizing social media to understand the dynamics of a city[C]. 2012.

[29]刘纪平，董春，王亮，等．地理国情统计分析技术与实践[M]．北京：科学出版社，2020.

[30]秦昆．GIS 空间分析理论与方法[M]．第 2 版．武汉：武汉大学出版社，2010.

[31]刘湘南，黄方，王平．GIS 空间分析原理与方法[M]．第 2 版．北京：科学出版社，2008.

[32]应新洋．地理信息系统中拓扑空间关系及空间推理研究[D]．重庆大学，2003. DOI：10. 7666/d. y795533.

[33]Egenhofer M J, Mark D M. A critical comparison of the 4-intersection and 9-intersection models for spatial relations：Formal analysis[A]. MCMASTER R ARMSTRONG M. Auto Carto Ⅱ[C]. Minneapolis, 1993：1-11.

[34]Wan S J, Wong S K M, Prusinkiewicz P. An algorithm for multidimensional data clustering[J]. ACM Transactions on Mathematical Software, 1988, 14(2)：153.

[35]Rose K, Gurewitz E, Fox G C. Statistical mechanics and phase transitions in clustering[J]. Physical Review Letters, 1990, 65(8)：945-948.

[36]Krishna K, Narasimha Murty M. Genetic K-means algorithm[J]. IEEE transactions on systems, man, and cybernetics. Part B, Cybernetics：A Publication of the IEEE Systems, Man, and Cybernetics Society, 1999, 29(3)：433-439.

[37]周志华．机器学习[M]．北京：清华大学出版社，2016.

[38]Xu R, Wunsch D. Survey of clustering algorithms[J]. Trans. Neur. Netw. , 2005, 16(3)：645-678.

[39]Choi D I, Park S H. Self-creating and organizing neural networks[J]. IEEE Transactions on Neural Networks, 2002, 5(4)：561-575.

[40]王法辉．基于 GIS 的数量方法与应用[M]．北京：商务印书馆，2009.

[41]王立柱．时间序列模型及预测[M]．北京：科学出版社，2018.

[42]易丹辉．时间序列分析：方法与应用[M]．第 2 版．北京：中国人民大学出版社，2018．

[43]Molles M C. Ecology：Concept and Application[M]. Beijing：Science Press，2000.

[44]Forman R T T，Gordon. Landscape Ecology[M]. New York：John Wiley and Sons，1986.

[45]杜栋．现代综合评价方法与案例精选[M]．第 3 版．北京：清华大学出版社，2015．

[46]白先春．统计综合评价方法与应用[M]．北京：中国统计出版社，2013．

[47]邓聚龙．灰色控制系统[M]．武汉：华中科技大学出版社，1993．

[48]罗名海．地理市情监测研究[J]．地理空间信息，2012，10(5)：1-4．

[49]罗名海．武汉市地理国情普查的基本思路[J]．地理空间信息，2013，11(6)：1-2．

[50]罗名海．城市地理国情统计分析研究与应用初探[J]．地理空间信息，2014，12(6)：1-4．

[51]罗名海．从地理国情普查到监测转变的谋划[J]．地理空间信息，2015，13(6)：1-4．

[52]罗名海．武汉市地理国情监测的总体任务与有关思考[J]．地理空间信息，2017，15(2)：6-8．

[53]罗名海．大数据在地理国情监测中的应用探索[J]．地理空间信息，2018，16(11)：1-6．

[54]罗名海，蒋子龙，程琦，等．地理国情在武汉市土地资源承载力评价中的应用[J]．武汉大学学报信息科学版，2018，43(12)：2317-2323．

[55]罗名海，秦思娴，谭波，等．基于大数据的武汉封城效果与疫后恢复分析[J]．地理空间信息，2020，18(9)：5-14．

[56]罗名海．国土空间监测的基本原理与主要内容[J]．地理空间信息，2023，21(6)：1-6．

[57]Minghai L，Sixian Q，Haoxue C，et al. Disaggregation Method of Carbon Emission：A Case Study in Wuhan，China[J]. Sustainability，2019，11(7)：2093.

[58]Luo M，Qin S，Tan B，et al. Population Mobility and the Transmission Risk of the COVID-19 in Wuhan，China[J]. International Journal of Geo-Information，2021，10(6)：395. DOI：10. 3390/ijgi10060395.

[59]武汉市测绘研究院．武汉市地理国情监测与城市协调发展研究 2016[M]．北京：测绘出版社，2017．

[60]武汉市测绘研究院．武汉市地理国情监测与城市协调发展研究 2017[M]．北京：测绘出版社，2018．

[61]武汉市测绘研究院．武汉市地理国情监测与城市协调发展研究 2018[M]．北京：测绘出版社，2019．

[62]武汉市测绘研究院．武汉市地理国情监测与城市协调发展研究 2019[M]．北京：测绘出版社，2020．

[63]武汉市测绘研究院．武汉市地理国情监测与城市协调发展研究 2020[M]．武汉：武汉大学出版社，2022．